普通高等学校学生管理规定
条文精义与案例解析

The Interpretation of the Ordinary College and
University Student Management Rules

李华 赵建
编著

经济管理出版社
ECONOMY & MANAGEMENT PUBLISHING HOUSE

图书在版编目（CIP）数据

《普通高等学校学生管理规定》条文精义与案例解析/李华，赵建编著 . —北京：经济管理出版社，2017.8

ISBN 978 - 7 - 5096 - 5275 - 6

Ⅰ. ①普…　Ⅱ. ①李…②赵…　Ⅲ. ①高等学校—学校管理—规定—中国　Ⅳ. ①G647

中国版本图书馆 CIP 数据核字（2017）第 189915 号

组稿编辑：曹　靖
责任编辑：杨国强　张瑞军
责任印制：黄章平
责任校对：雨　千

出版发行：经济管理出版社
　　　　　（北京市海淀区北蜂窝 8 号中雅大厦 A 座 11 层　100038）
网　　　址：www. E - mp. com. cn
电　　　话：（010）51915602
印　　　刷：玉田县昊达印刷有限公司
经　　　销：新华书店
开　　　本：710mm × 1000mm/16
印　　　张：17
字　　　数：333 千字
版　　　次：2017 年 9 月第 1 版　　2017 年 9 月第 1 次印刷
书　　　号：ISBN 978 - 7 - 5096 - 5275 - 6
定　　　价：48. 00 元

序

　　高等学校学生管理问题的实质是涉及高等学校与学生的权利及义务冲突与协调的问题。随着我国社会主义民主法治和政治文明建设的推进，教育管理体制改革不断深化，在高等学校学生管理过程中，由于学生权利意识、法律意识不断增强，高等学校学生管理体制的严重行政化倾向，高等学校与学生因管理发生的冲突与纠纷日益增多，并成为社会关注的焦点、学校管理的难点。因此，高等学校学生管理必须走向法治化，必须用法治思维分析高等学校与学生的各种关系，必须用法治方式解决因管理而产生的冲突与纠纷。正如2012年教育部出台《全面推进依法治校实施纲要》强调必须全面推进依法治校，并指出："推进依法治校，是学校适应加快建设社会主义法治国家要求，发挥法治在学校管理中的重要作用，提高学校治理法治化、科学化水平的客观需要……是适应教育发展新形势，提高管理水平与效益，维护学校、教师、学生各方合法权益，全面提高人才培养质量，实现教育现代化的重要保障。"

　　《普通高等学校学生管理规定》（以下简称《规定》）是教育部制定的有关高等学校学生管理的，并以令的形式颁布的部门规章。根据《中华人民共和国行政诉讼法》第六十三条规定，人民法院审理行政案件，以法律和行政法规、地方性法规为依据，参照规章。因此《规定》具有法律适用的效力，是分析和解决在高校学生管理过程中产生的各种法律关系的重要依据。因此，正确理解和适用《普通高等学校学生管理规定》，对规范高等学校学生管理行为、维护高等学校正常的教育教学秩序和生活秩序、保障学生合法权益、促进普通高等学校学生管理的法治化有重要的意义。

　　本书坚持理论与实践有机结合，对新修订的《普通高等学校学生管理规定》进行逐条理论阐释，方便高校学生教育与管理工作者以及高校学生有效理解并运用条文；对学生管理工作中涉及的理论热点、实践难点进行了梳理，帮助学生管理工作者和高校学生理性思考学生管理中出现的各种新问题；对已经发生的个别典型案例进行了深入分析，提升高校学生管理工作者和高校学生用法治思维、法治方式分析及解决高等学校管理过程中发生的法律问题能力。因此，本书既可以成为广大高校学生管理工作者理解和适用《学生管理规定》的工作参考书，也可以成为广大学生自觉遵守《学生管理规定》的行为指导书。

目　录

第一章　总则

　　总则就是总的原理和准则。本章是《普通高等学校学生管理规定》（以下简称《规定》）涉及问题的概括和总结，是高校学生管理基本的指导思想和基本原则，规定了《规定》制定的目的和依据、高等学校和高等学校学生的原则性义务，对高等学校学生管理具有规范作用和指导意义。

第一条　【立法目的】

　　第一条　为规范普通高等学校学生管理行为，维护普通高等学校正常的教育教学秩序和生活秩序，保障学生合法权益，培养德、智、体、美等方面全面发展的社会主义建设者和接班人，依据教育法、高等教育法以及有关法律、法规，制定本规定。

　　本条是关于制定目的与立法根据的规定，① 凸显了对学校学生管理行为的规范和学生合法权益的保障，实现了二者的有机统一。

一、关于立法目的

　　《规定》的立法目的是规范普通高等学校学生管理行为，维护普通高等学校正常的教育教学秩序和生活秩序，保障学生合法权益，培养德、智、体、美等方面全面发展的社会主义建设者和接班人。

---

　　① 根据《中华人民共和国立法法》第二条规定，国务院部门规章的制定、修改和废止，依照《中华人民共和国立法法》的有关规定执行。因此《普通高等学校学生管理规定》是教育部部门规章，其制定、修改和废止，也属于立法。

1. 规范普通高等学校学生管理行为

一般而言，普通高等学校学生管理权是高等学校依法享有作用于学生并体现于高校内部行政事务、学籍事务和民事事务上的管理权。它是由高校对学生的行政管理权、自治管理权和民事管理权三种不同法律性质的"权"组合成的集体概念，如图1-1所示。①

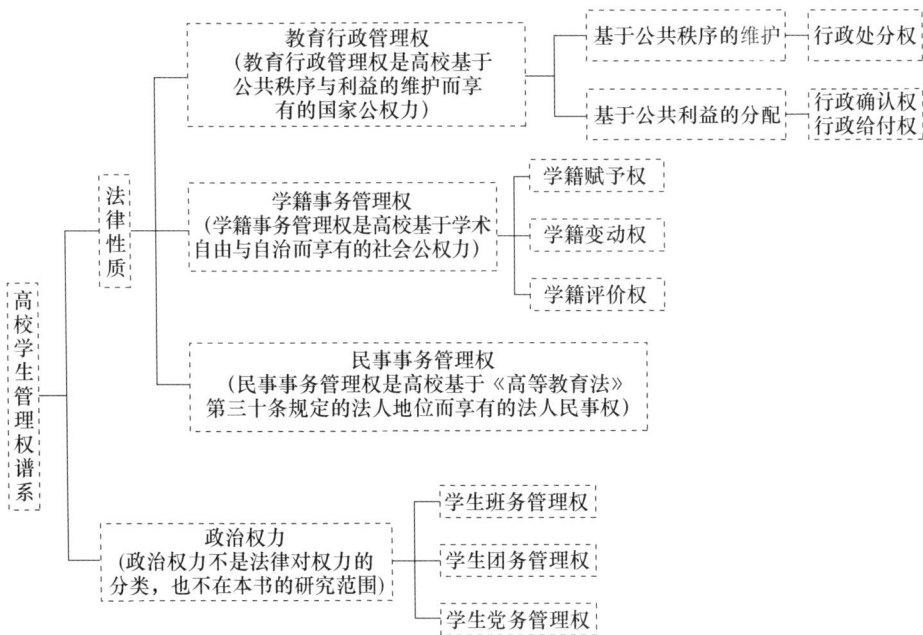

图1-1 高等学校学生管理权谱系

行政管理权本质上是国家行政管理权在高等学校内部的延伸，表现为高等学校可以对违法、违规、违纪的学生进行纪律处分。这是由中国特色社会主义的社会性质和社会制度决定的。自治管理权本质上归属于社会公权力，是基于学术自由下的大学生自治权的体现，表现为高等学校可以对学生实施相应的学籍处理。民事管理权是在教育体制改革过程中高等学校被赋予法人地位所表现的民事权利。高校学生管理权的性质决定了高校在行使高校学生管理过程中与学生形成的法律关系具有三重性和不平等性。"学校处于优位、学生处于劣位"、"学校处于上位、学生处于下

① 李华：《法治视野中高校学生管理权研究》，人民出版社2015年版。

位"的不平等关系，极易导致高校滥用高校学生管理权，假借教育行政权、大学自治与学术自由之名，对学生实施不当的管理行为而侵害学生的权益。因此，修订后的《规定》开宗明义指出，高校学生管理规定首要的目的是约束高校学生管理权、规范高校学生管理行为，保障学生合法权益，而不主要是规范和约束学生行为。《规定》作为教育部颁布的教育行政规章，属于行政法的范畴。因此，从行政法理角度审视，规范约束教育公权力应该是《规定》主要的目的与任务。《规定》中约有27处直接明确了学校应当履行的义务。

2. 维护普通高等学校正常的教育教学秩序和生活秩序

普通高等学校（以下简称高等学校）是指按照国家规定的设置标准和审批程序批准举办的，通过全国普通高等学校统一招生考试，招收高中毕业生为主要培养对象，实施高等教育的全日制大学、独立设置的学院和高等专科学校、高等职业学校和其他机构。高等学校是国家实现高等教育、公民接受高等教育的主要场所。因此，维护高等学校正常的教育教学秩序和生活秩序，对保障高等教育顺利进行和保障学生接受高等教育权的实现有着重要的意义。为维护校园的教育教学秩序和生活秩序，《规定》第四章还以专章的形式对校园秩序的维护和管理作了更加具体的规定。同时，《规定》通过第五章"学生奖励和处分"，赋予高等学校对违法违规违纪学生的纪律处分权，来维护学校正常的教育教学秩序与生活秩序。《规定》第三十九条规定，维护校园正常秩序，保障学校环境安全、稳定，保障学生的正常学习和生活，是学校和学生的共同义务。

3. 保障学生合法权益

教育必须以人为本，以学生的权益保障和学生的健康发展为本，高等教育也应如此。当前，在高等学校的学生管理过程中，重学生义务轻学生权利、重实体轻程序的现象依然比较突出，对学生实体权利与程序权利的保障力度不足，在对违法、违规和违纪的学生进行纪律处分时或者在对学生学籍进行相关学籍处理时，往往强调处理结果而忽视学生在处理过程中所享有的知情权、陈述权和诉愿权等合法权益。因此，《规定》在本次修订强调要以"保障学生合法权益"为立法目的，并重点通过两个方面实现：

第一，加强对学生程序权利的保障。《规定》第六条明确了学生在高校学生管理过程中享有的具体实体权利，同时第五十五条、第六十条、第六十二条、第六十五条等条文明确规定学生在学生管理过程中享有的参与权、知情权、陈述权、申辩权等程序性权利，努力实现保障学生实体权利与保障学生程序权利相统一。

第二，《规定》通过直接设定高等学校在学生管理过程中必须履行的相应义务,以维护学生合法权益,保障学生身心健康。如第二十一条规定"学校应当制定学生转专业的具体办法,建立公平、公正的标准和程序,健全公示制度"。第四十条规定"学校应当建立和完善学生参与管理的组织形式,支持和保障学生依法、依章程参与学校管理"。第四十五条规定"学校提倡并支持学生及学生团体开展有益于身心健康、成长成才的学术、科技、艺术、文娱、体育等活动"。

4. 培养德、智、体、美等方面全面发展的社会主义建设者和接班人

德、智、体、美是评价教育全面发展的重要内容。德主要表现为学生的世界观、人生观和价值观,道德品质,政治观念和思想方法等。智主要表现为学生科学文化知识和专业技能。体主要表现为学生的体力和体质。美主要体现为学生学习美、创造美的能力。《国家中长期教育改革和发展规划纲要》(2010~2020)指出:"坚持教育为社会主义现代化建设服务,为人民服务,与生产劳动和社会实践相结合,培养德智体美全面发展的社会主义建设者和接班人。"《教育法》第五条规定"教育必须为社会主义现代化建设服务,必须与生产劳动相结合,培养德、智、体等全面发展的建设者和接班人"。《高等教育法》第四条规定"高等教育必须贯彻国家的教育方针,为社会主义现代化建设服务、为人民服务,与生产劳动和社会实践相结合,使受教育者成为德、智、体、美等方面全面发展的社会主义建设者和接班人"。《规定》把"培养德、智、体、美等方面全面发展的社会主义建设者和接班人"作为立法的根本目的,并通过相关条文予以体现,是对党和国家的教育方针、对《教育法》和《高等教育法》的贯彻与落实。如《规定》第十四条规定了学生思想品德的考核、鉴定与学生体育成绩的评定;第四十五条规定:"学校提倡并支持学生及学生团体开展有益于身心健康、成长成才的学术、科技、艺术、文娱、体育等活动。"

二、关于制定依据

"教育法、高等教育法以及有关法律、法规"是《规定》制定的法律依据。

教育法是为了发展教育事业,提高全民族的素质,促进社会主义物质文明和精神文明建设,根据宪法制定的教育基本法律。《中华人民共和国教育法》(以下简称《教育法》)是规范我国教育工作、依法治校、依法治教的基本法。《教育法》的颁布对落实教育优先发展的战略地位,促进教育的改革与发展,建立具有中国特色的社会主义现代化教育制度,维护教育关系主体的合法权益,加速教育法制建设,提供了基本法律保障。

高等教育法是为了发展高等教育事业,实施科教兴国战略,促进社会主义物质文明和精神文明建设，根据宪法和教育法，制定的高等教育的基本法律。高等教育法是教育法的特别法。根据特别法优于一般法的法理，对所有高等教育和管理行为，如果高等教育法有规定的适用高等教育法，如果高等教育法没有规定的适用教育法。

"其他法律、法规"中的"法律"是指全国人民代表大会制定的有关教育规定的其他基本法律；这里的"法规"主要是指国务院制订的有关教育的行政法规。《规定》作为教育部制定的部门规章，是对宪法、法律、法规关于高校学生管理规定的落实。因此，《规定》不能与宪法、法律、法规相冲突。

> ◆热点问题：如何理解"维护普通高等学校正常的教育教学秩序和生活秩序"与"保障学生合法权益"的关系
> 疑问：如何理解"维护普通高等学校正常的教育教学秩序"与"保障学生合法权益"的关系？

分析："维护普通高等学校正常的教育教学秩序和生活秩序"是学校的权利与义务。学校可以基于学校正常教育教学秩序和生活秩序的维护，根据《规定》制定相关校纪校规来实现对学生学籍行为、学生日常行为的管理，以及对违法违规违纪的学生给予相应的纪律处分。根据《规定》第三十九条规定，学生也有义务维护学校正常的教育教学秩序和生活秩序，遵守学校相关的校纪校规。

"保障学生合法权益"是学校的义务，是学生的权利。学校应从实体和程序两个方面规范自己的管理行为，防止管理权滥用侵害学生的合法权益；学校应有效地维护学校正常的教育教学秩序和生活秩序，充分保障学生受教育权的正常实现、人身财产安全得到相应保障。当然，学生也可以用《规定》行使和捍卫自己的合法权益，还可以通过《规定》实现申诉权、诉讼权。《中华人民共和国行政诉讼法》第六十三条规定人民法院在审理教育行政案件时，也可以用本《规定》作判决参考①。因此，维护学校正常的教育教学秩序和生活秩序，保障学生合法权益既是学校的权利与义务，也是学生的权利与义务。权力（权利）与义务统一于"培养德、智、体、美等方面全面发展的社会主义建设者和接班人"这一根本目的。

---

① 《中华人民共和国行政诉讼法》第六十三条　人民法院审理行政案件，以法律和行政法规、地方性法规为依据。地方性法规适用于本行政区域内发生的行政案件。人民法院审理民族自治地方的行政案件，并以该民族自治地方的自治条例和单行条例为依据。人民法院审理行政案件，参照规章。

第二条 【适用范围】

第二条 本规定适用于普通高等学校、承担研究生教育任务的科学研究机构（以下称学校）对接受普通高等学历教育的研究生和本科、专科（高职）学生（以下称学生）的管理。

本条是关于《规定》的适用对象与调整范围的规定。

一、关于适用对象

《规定》的适用对象是《规定》作为规章能够约束的法律主体。根据本条规定，普通高等学校学生管理是普通高等学校、承担研究生教育任务的科学研究机构对接受普通高等学历教育的研究生和本科、专科（高职）学生的管理。学校是管理主体，学生是管理对象。因此，在适用对象上，《规定》既作用于作为管理者的高等学校，也作用于作为管理对象的学生。

1. 规范作为管理主体的学校的行为

本规定所称的高等学校既包括普通高等学校，也包括承担研究生教育任务的科学研究机构。高等学校应依据《规定》行使对学生的管理权，实施对学生的行政管理、自治管理和民事管理。高等学校在行使对学生的管理过程中，既可以依据《规定》行使相关的行政管理权、自治管理权和民事管理权，也应按照《规定》履行相应职责与义务，以保障学生合法权益的实现。

2. 规范作为管理对象的学生的行为

规范高校学生的行为是高校学生管理的重要内容。《规定》第四条明确学生的原则性义务，第七条对学生的义务进行具体的规定。学生在享有《规定》第六条规定的权利的基础上，应当按照《规定》承担自己相应的义务。学生违反《规定》则可能受到相关的学籍处理或相应的纪律处分。

二、关于调整内容

本规定所适用的管理是指普通高等学校、承担研究生教育任务的科学研究机构（以下称高等学校或学校）对接受普通高等学历教育的研究生和本科、专科（高职）学生，为维护公共秩序与公共利益而对行政事务进行的行政管理，为基于学术自由和大学自治而对学籍事务进行的自治管理，为基于民事主体之间平等自愿而对民事事务进行的民事管理。行政管理主要体现于《规定》第四十二条至第四十九条所规定的校园秩序的维护管理，自治管理权主要体现于《规定》第三章所规定的学籍管理，民事管理主要体现于第五十条所规定的寝室住宿管理。《规定》调整学校在行使行政管理权、自治管理权和民事管理权过程中产生的权利义务关系。以学生权利审视高校学生管理过程中的权利义务关系，高等学校学生权利谱系如图1-2所示。

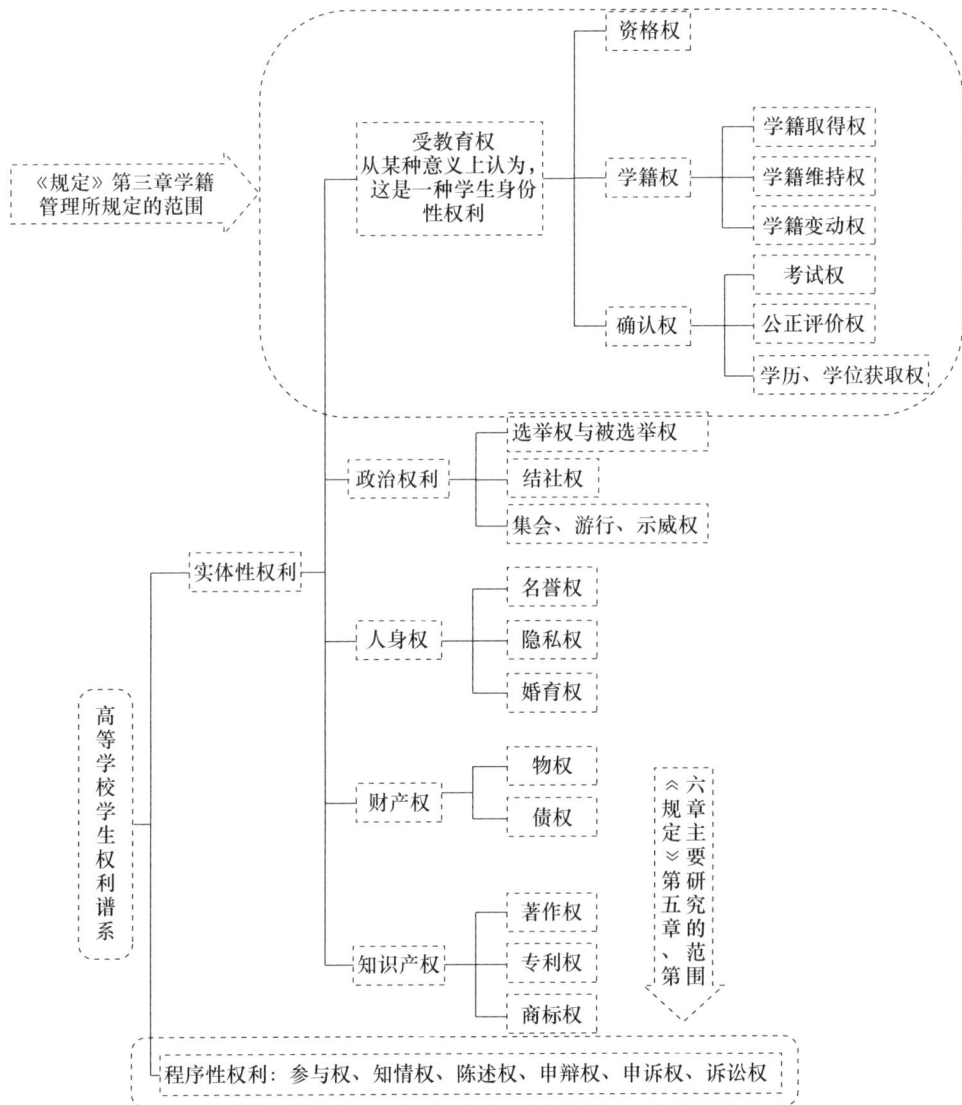

图1-2 高等学校学生权利谱系

◆ **热点问题：《规定》是只"管理"学生还是要"管理"学校**

疑问：《普通高等学校学生管理规定》是只"管理"学生还是要"管理"学校？

分析：1990 年国家教委颁布的《普通高等学校学生管理规定》（现已失效）第四条明确规定"本规定所称学生管理，是指对学生入学到毕业在校阶段的管理，是对高等学校学生学习、生活、行为的规范"。2005 年教育部修订后的《普通高等学校学生管理规定》删除了这一条。因此，从教育部立法层面上分析，1990 年的《普通高等学校学生管理规定》所称的学生管理是对高等学校学生学习、生活、行为的规范，重在对学生的约束，忽视了《规定》对学校的约束效力。2005 年修订后的《普通高等学校学生管理规定》则着重体现了《规定》既是学生学习、生活、行为的规范与指引，也是高等学校行使对学生管理权的规范与限制；既是高校行使办学自主权的法律保障，也是高校学生维护权利的法律保障，实现约束管理权力与保障学生权利相统一。这是法治社会中高等教育管理发展的必然要求，是社会民主法治进程推进在高等教育管理中的体现。2017 年修订的《普通高等学校学生管理规定》第一条更加直接明确：《规定》的立法目的是规范学校对学生管理行为、保障学生合法权益。这突出表现高校学生管理的两方面价值转向——从管理法向控权法转变的思路。

第一，行政法是约束行政权力的。《规定》作为高等学校管理学生的重要教育行政规章，其首要目的就是规范学校对学生的管理行为，主要是约束学校自己的管理行为。"依法治校，科学管理，健全和完善管理制度，规范管理行为"是高等学校应该履行的基本职责与义务。

第二，行政法是保障行政对象的合法权益的。新修订的《规定》明确了：维护学生合法权益是高校管理学生的根本目的之一和实施学生管理工作的基本原则，凸显了学生的主人翁地位。"因为学生参与学校管理，对学校与学生权益相关事务享有知情权、参与权、表达权和监督权，是实现依法依规治校的根本要求，也是保障学生依法行使民主权利的直接体现"。① 《规定》不仅强调行政法的控权意蕴，在"维护普通高等学校正常的教育教学秩序和生活秩序"之前加上了"规范普通高等学校学生管理行为"，还强调学生合法权益的保障，将"保障学生身心健康"修改为"保障学生合法权益"。新修订的《规定》力在实现学生权利与学校权力的

---

① 晋浩天：《〈普通高等学校学生管理规定〉：让学生成为"主人翁"》，http：//gaojiao.jyb.cn/gjsd/201702/t20170217_696114.html，2017 年 2 月 17 日。

平衡。

因此《普通高等学校学生管理规定》，既约束学校行为也约束学生行为，是"管理"学校管理行为的规范，是保障学生合法权益的规范。为维护学校正常的教育教学秩序和生活秩序，学生在依法享有各项合法权益的基础上，应当承担《规定》规定的相应义务。

第三条　【学校原则性义务】

第三条　学校要坚持社会主义办学方向，坚持马克思主义的指导地位，全面贯彻国家教育方针；要坚持以立德树人为根本，以理想信念教育为核心，培育和践行社会主义核心价值观，弘扬中华优秀传统文化和革命文化、社会主义先进文化，培养学生的社会责任感、创新精神和实践能力；要坚持依法治校，科学管理，健全和完善管理制度，规范管理行为，将管理与育人相结合，不断提高管理和服务水平。

本条规定了学校在学生管理过程中的原则性义务。

一、学校要坚持社会主义办学方向，坚持马克思主义的指导地位，全面贯彻国家教育方针

1. 坚持社会主义办学方向

办什么样的大学、怎样办好大学，培养什么样的人、怎样培养人，是中国特色社会主义大学必须思考和回答的根本问题，是高等教育改革发展必须回答的根本性、方向性问题。坚持社会主义大学的办学方向，是中国大学最鲜明的特色。《宪法》第十九条规定："国家发展社会主义的教育事业，提高全国人民的科学文化水平。"《教育法》第三条规定："国家坚持以马克思列宁主义、毛泽东思想和建设有中国特色社会主义的理论为指导，遵循宪法确定的基本原则，发展具有中国特色社会主义的教育事业。"因此坚持社会主义办学方向，就是要坚持以马克思列宁主义、毛泽东思想和建设有中国特色社会主义的理论为指导，遵循宪法确定的基本原则，发展具有中国特色社会主义的教育事业。

2. 坚持马克思主义的指导地位

马克思主义是"由马克思恩格斯所创立，由列宁推进到新的阶段，并由毛泽东、邓小平等为代表的中国共产党人进一步加以中国化和发展了的观点和学说的体系"；是"关于工人阶级和劳动人民革命和解放、建设社会主义和向共产主义远大目标迈进的科学，是关于自然、社会和思维发展普遍规律的科学，是工人阶级及其政党的科学世界观的意识形态和科学世界观"；"是一个完备的和不断发展的理论体系，为工人阶级和劳动人民认识世界和改造世界提供了强大的思想武器"。① 马克思主义是社会主义意识形态的旗帜和灵魂，是我们立党立国的根本指导思想。马克思主义决定了社会主义核心价值体系的性质和方向。建设社会主义核心价值体系，最根本的是坚持马克思主义的指导地位。历史和现实告诉我们，只有用马克思主义的立场、观点、方法来正确认识经济社会发展的大势，正确认识社会思想意识中的主流和支流，才能在错综复杂的社会现象中看清本质、明确方向。《高等教育法》第三条规定："国家坚持以马克思列宁主义、毛泽东思想、邓小平理论为指导，遵循宪法确定的基本原则，发展社会主义的高等教育事业。"因此，高等学校在学生教育管理过程中，必须始终坚持马克思主义的指导地位，保证社会主义办学方向。

3. 全面贯彻国家教育方针

教育方针是国家或政党在一定历史阶段提出的有关教育工作的总方向和总指针，是教育基本政策的总概括。它是确定教育事业发展方向，指导整个教育事业发展的战略原则和行动纲领。党的十八大报告指出，要"坚持教育为社会主义现代化建设服务、为人民服务，把立德树人作为教育的根本任务，全面实施素质教育，培养德智体美全面发展的社会主义建设者和接班人，努力办好人民满意的教育"。

全面贯彻国家教育方针是党和国家对教育工作提出的总方向和总指针。为谁服务，既是党的教育方针的核心内容，也是教育中带有全局性和根本性的重大问题。教育必须始终服务于社会主义现代化建设的总方向。党的十八大谋划出"五位一体"的中国特色社会主义事业总体布局，提出"两个百年"的宏伟目标。为了实现这一目标，需要培养数以亿计的高素质劳动者、数以千万计的专门人才和一大批拔尖创新人才，教育肩负着重大的责任和使命。教育必须始终坚持为人民服务不动摇。培养全面发展的高素质人才是教育为人民服务的根本落脚点。要大力促进教育公平，不断提高教育质量，把促进人的全面发展、适应社会需要、推动社会建设作

---

① 赵曜、王伟光等：《马克思列宁主义基本问题》，中共中央学校出版社2001年版。

为衡量教育质量的根本标准。

二、学校要坚持以立德树人为根本，以理想信念教育为核心，培育和践行社会主义核心价值观，弘扬中华优秀传统文化和革命文化、社会主义先进文化，培养学生的社会责任感、创新精神和实践能力

1. 坚持以立德树人为根本

党的十八大报告指出："坚持教育为社会主义现代化建设服务、为人民服务，把立德树人作为教育的根本任务，培养德智体美全面发展的社会主义建设者和接班人。"《高等教育法》第五条规定："高等教育的任务是培养具有社会责任感、创新精神和实践能力的高级专门人才，发展科学技术文化，促进社会主义现代化建设。""培养什么人、怎样培养人"是事关党和国家前途命运的重大问题，也是我国社会主义教育事业发展必须解决好的根本问题。立德，就是要立社会主义核心价值观这个大德；树人，就是要培养德智体美全面发展的社会主义的建设者和接班人。高等学校学生管理是为高等学校学生教育服务的、是为高等教育服务的，必须坚持以立德树人为根本。

2. 以理想信念教育为核心

理想信念是人们事业与生活的精神支柱，是人们对未来的希望与追求，是一定的世界观、人生观和价值观在人生奋斗目标上的集中表现。理想信念，更是一个民族、一个国家的精神支柱。一个民族、一个国家，如果没有自己的精神支柱，就等于没有灵魂，就会失去凝聚力和生命力。坚持以理想信念教育为核心，是适应新形势、加强和改进思想政治工作的迫切需要，是推进社会主义现代化建设、实现经济和社会全面发展的必然要求，是我们党思想政治工作的优良传统。加强和改进高校思想政治工作，事关办什么样的大学、怎样办大学的根本问题，事关党对高校的领导，事关中国特色社会主义事业后继有人，是一项重大的政治任务和战略工程。高校学生管理是实现加强和改进高校学生思想政治工作的重要途径。因此，在高校学生管理过程中，必须坚持以理想信念教育为核心，坚持不懈地对学生进行党的基本理论、基本路线、基本方针的教育，坚定青年大学生的共产主义理想和中国特色社会主义的信念。

3. 培育和践行社会主义核心价值观

社会主义核心价值观是社会主义核心价值体系的内核，体现社会主义核心价值

体系的根本性质和基本特征，反映社会主义核心价值体系的丰富内涵和实践要求，是社会主义核心价值体系的高度凝练和集中表达。党的十八大提出，倡导富强、民主、文明、和谐，倡导自由、平等、公正、法治，倡导爱国、敬业、诚信、友善，积极培育和践行社会主义核心价值观。这与中国特色社会主义发展要求相契合，与中华优秀传统文化和人类文明优秀成果相承接，是我们党凝聚全党全社会价值共识作出的重要论断。富强、民主、文明、和谐是国家层面的价值目标，自由、平等、公正、法治是社会层面的价值取向，爱国、敬业、诚信、友善是公民个人层面的价值准则，这 24 个字是社会主义核心价值观的基本内容，为培育和践行社会主义核心价值观提供了基本遵循。面对世界范围思想文化交流交融交锋形势下价值观较量的新态势，面对改革开放和发展社会主义市场经济条件下思想意识多元多样多变的新特点，积极培育和践行社会主义核心价值观，对于巩固马克思主义在意识形态领域的指导地位、巩固全党全国人民团结奋斗的共同思想基础，对于促进人的全面发展、引领社会全面进步，对于集聚全面建成小康社会、实现中华民族伟大复兴中国梦的强大正能量，具有重要的现实意义和深远的历史意义。①

大学生是祖国的未来和希望，高等学校学生教育管理工作必须坚持以立德树人为根本，以理想信念教育为核心，创新管理服务，将培育和践行社会主义核心价值观贯穿高校学生管理的全过程。

第一，以社会主义核心价值观引领日常管理。日常管理是帮助大学生理解认同社会主义核心价值观的重要方式，是帮助大学生形成良好思想道德情操和日常行为表现的必要手段。社会主义核心价值观为大学生确立了思想道德标准，在对大学生进行日常管理的过程中就必须注重社会主义核心价值观的思想导向。要以社会主义核心价值观为指导建立科学的、具体的操行评价体系，并加强对日常表现的评估，在大学生中树立一批践行社会主义核心价值观的模范和榜样，使大学生见贤思齐、学有榜样、行有示范，营造人人崇尚先进、学习先进、争当先进、赶超先进的良好氛围。

第二，以社会主义核心价值观引领学风建设。学风是决定高校人才培养质量的重要因素，学风建设是改进校风的重要手段，也是帮助大学生认同社会主义核心价值观的重要手段。学风问题不是仅仅产生于学习领域，而是更多地产生于思想领域，部分学生往往是由于理想不够坚定、目标不够明确、态度不够端正等思想认识不到位的问题而产生了各种学风问题。因此，在加强学风建设的过程中，要发挥社会主义核心价值观的引领和指导作用。为此，要关注学生的思想问题，从源头解决

---

① 中共中央办公厅印发《关于培育和践行社会主义核心价值观的意见》，http://news.xinhuanet.com/politics/2013 - 12/23/c_ 118674689.htm，2013 年 12 月 23 日。

学风问题。要积极发挥社会主义核心价值观的导向作用，通过深度辅导、班会、主题活动等形式，帮助大学生树立崇高的理想和坚定的信念，端正学习态度，激发学习动力，调动学习积极性。

第三，以社会主义核心价值观引领生活社区管理。加强生活社区的建设与管理是保证大学生勤奋学习、健康成长的必要手段，也是大学生形成良好集体意识和道德品质的重要途径。学生生活社区的建设与管理要注重社会主义核心价值观的文化导向。首先要在生活社区的规划、建设中体现社会主义核心价值观的要求，融入育人元素，营造良好氛围，打造既便利舒适又有文化品位的生活社区；要通过生活社区活动增进学生间的友谊，增强集体主义观念和团队协作精神。其次要在生活社区的管理中充分发挥学生党员和干部践行社会主义核心价值观的模范带头作用。发挥学生自我教育、自我管理和自我服务的作用，尤其要为学生党员等优秀分子发挥示范作用搭建平台。①

4. 弘扬中华优秀传统文化和革命文化、社会主义先进文化

"在 5000 多年文明发展中孕育的中华优秀传统文化，在党和人民伟大斗争中孕育的革命文化和社会主义先进文化，积淀着中华民族最深层的精神追求，代表着中华民族独特的精神标识。"习近平总书记在"七一"讲话中的这一重要论述，指明了中华优秀传统文化、革命文化和社会主义先进文化，共同构成了中华民族独特的精神标识。

第一，中华优秀传统文化是中华民族的基因。"中华文明绵延数千年，有其独特的价值体系。中华优秀传统文化已经成为中华民族的基因，植根在中国人内心，潜移默化影响着中国人的思想方式和行为方式。"② 我们提倡和弘扬社会主义核心价值观，必须从中汲取丰富营养。

第二，革命文化是中华民族最为独特的精神标识。革命文化是中国共产党和中国人民在革命、建设和改革开放各个历史时期形成的精神追求、精神品格、精神力量，既传承了中华优秀传统文化，又引领和发展了社会主义先进文化，在中华文明历史长河中起到了传承、融合和发展创新的作用，是中华民族最为独特的精神标识。③

第三，社会主义先进文化是马克思主义政党思想精神上的旗帜，推进社会主义

---

① 隋璐璐、王洛忠：《在大学生中培育和践行社会主义核心价值观的路径探析》，《思想教育研究》2014 年第 2 期。

② 习近平：《青年要自觉践行社会主义核心价值观——在北京大学师生座谈会上的讲话》，http://www.moe.edu.cn/publicfiles/business/htmlfiles/moe/moe_176/201405/167911.html，2014 年 5 月 5 日。

③ 秦洁：《革命文化：中华民族最为独特的精神标识》，《红旗文稿》2016 年第 17 期。

先进文化建设是推动社会主义文化大发展大繁荣的根本要求和重要内容。社会主义先进文化是以马克思主义为指导，以培育有理想、有道德、有文化、有纪律的社会主义公民为目标，面向现代化、面向世界、面向未来的，民族的、科学的、大众的文化。它植根于中华优秀传统文化，形成和发展于我们党团结带领全国各族人民进行革命、建设和改革的伟大实践，代表时代进步潮流和历史发展要求，在多样化的文化观念和社会思潮中居于主导地位。社会主义先进文化具有现实性与理想性的有机统一、科学性与人文性的有机统一、民族性与开放性的有机统一的特点。社会主义先进文化是我国经济社会发展的强大精神支撑和民族凝聚力、向心力的重要源泉。

青年大学生是祖国的未来和希望，是中国特色社会主义事业的建设者和接班人。学校应当将弘扬中华优秀传统文化和革命文化、社会主义先进文化贯穿于学生教育管理过程中，努力让青年学生成为社会主义先进文化的倡导者、实践者和引领者。

5. 培养学生的社会责任感、创新精神和实践能力

高等学校在学生管理过程中，必须坚持以教育为根本，以培育学生社会主义核心价值观和学生德智体全面发展为路径，培育与增强学生的社会责任感、创新精神、实践能力。

（1）培养学生的社会责任感。社会责任是指有现实能力的人在社会生活中应该承担的义务、职责、使命，以及对自己行为后果的承受。社会责任感是指个体在对社会责任的认识与评价过程中形成的主观心理态度。个体的社会责任感强弱直接影响着个体对社会责任履行良好与否，从而进一步影响着社会的进步与发展。大学生作为现实和未来社会的精英群体，是未来推动人类社会前进和文明进步的主力军。然而，大学生处于身心成长由不成熟走向成熟的转折时期。这一时期，既是大学生的世界观、人生观和价值观由波动走向稳定的复杂时期，也是社会责任感逐步确立、巩固、发展与提升的关键时期，更是对其进行社会责任感教育的重要时期。高等学校在学生管理过程中，应当努力培育和增强学生的社会历史责任感。

（2）培养学生的创新精神。创新是人类特有的认识能力和实践能力，是人类主观能动性的高级表现，是推动民族进步和社会发展的不竭动力。《中华人民共和国国民经济和社会发展第十三个五年规划纲要》指出："创新是引领发展的第一动力。当前及以后一段时间，创新是国家发展战略，必须把创新摆在国家发展全局的核心位置，不断推进理论创新、制度创新、科技创新、文化创新等各方面创新，让创新贯穿党和国家一切工作，让创新在全社会蔚然成风。""大众创业、万众创新"是时代的主旋律。创新精神是指要具有能够综合运用已有的知识、信息、技能和方法，提出新方法、新观点的思维能力和进行发明创造、改革、革新的意志、信心、勇气和智慧。高等学校作为培育社会高级专门人才的地方，应该肩负起培育创新精神的创新型人才的历史使命。高等学校要优化学科专业布局，改革人才培养机制，健全人才培育制度，强化实践教学，着力培养学生的创新精神，增强学生创意创新创业能力。

（3）培养学生的实践能力。实践能力是人在社会实践活动过程中发现问题、认识问题、分析问题和解决问题的能力，是人认识自然与社会、改造自然与社会的能力的重要体现。大学生的实践能力通常表现为一般实践能力、专业实践能力和综合实践能力三个方面（见图1-3）。①一般实践能力。一般实践能力是学生在日常学习、工作和生活中都应具备的实践能力。主要包括表达能力、适应环境能力、自学能力、人际交往能力、外语能力和计算机应用能力、组织管理能力等。②专业实践能力。专业实践能力是指大学生利用所学专业理论知识解决社会和专业领域实际问题的能力。如实际操作能力、数据分析能力、记忆分析能力、观察想象能力、逻辑思维能力、信息处理能力、专业写作能力、实验能力、科研能力、设计能力、发明创造能力等。③综合实践能力。综合实践能力是指大学生运用在校期间已经积累的丰富知识，通过自己不断地探索研究，在头脑中形成独创性的思维，独立地分析解决现实生活中新问题、攻关新课题的创新能力。

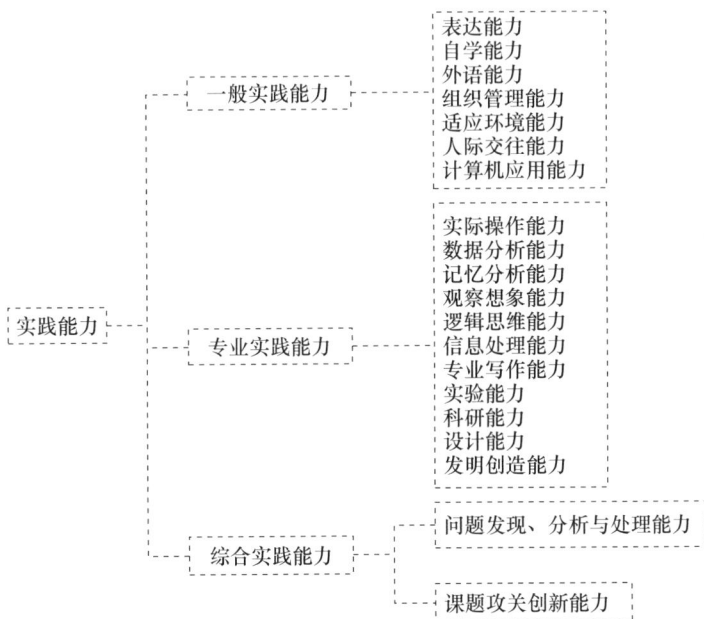

图1-3　学生实践能力结构

三、要坚持依法治校，科学管理，健全和完善管理制度，规范管理行为，将管理与育人相结合，不断提高管理和服务水平

1. 坚持依法治教、依法治校、科学管理

依法治教是指依据国家法律来管理国家教育事业，是国家教育事业规范化、制度化及科学化发展的必然要求，是依法治国在教育领域推行的必然结果。依法治校是依法治教的核心，是教育事业深化改革、加快发展，推进教育法制建设的重要内容。实行依法治校有利于运用法律手段调整、规范和解决教育改革与发展中出现的新情况和新问题，保障各方的合法权益，化解矛盾，维护稳定与和谐。2012年教育部发布《全面推进依法治校实施纲要》，指出了全面推进依法治校对现代学校制度建设的重要意义，并对全面推进依法治校的总体目标等方面做出了全面的部署和要求。

（1）依法治校的重要性。推进依法治校，是学校适应加快建设社会主义法治国家要求，发挥法治在学校管理中的重要作用，提高学校治理法治化、科学化水平的客观需要；是深化教育体制改革，推进政校分开、管办分离，构建政府、学校、社会之间新型关系，建设现代学校制度的内在要求；是适应教育发展新形势，提高管理水平与效益，维护学校、教师、学生各方合法权益，全面提高人才培养质量，实现教育现代化的重要保障。

（2）依法治校的紧迫性。与教育改革发展的新形势、新任务相比，与全面推进依法治国的新要求相比，依法治校还存在较大差距，主要体现在：工作进展不平衡，一些地方和学校对推进依法治校认识不到位，制度不健全；一些人民群众反映强烈的违法办学、违规招生、违规收费等问题在个别地区和学校还时有发生；学校管理者和教师运用法律手段保护自身权益，依法对学生实施教育与管理的能力、意识还亟待提高，权利救济机制还不健全；政府教育管理职能转变还未完全到位，部分教育行政管理人员依法行政意识和能力还不强。这些问题的存在，在一定程度上影响了国家教育方针的贯彻落实，影响到教育科学发展与深化改革的进程。解决以上问题，必须进一步深化教育改革，加快转变政府职能，全面加快推进依法治校。

（3）依法治校的要求。全面推进依法治校的总体要求。学校要牢固树立依法办事、尊重章程、法律规则面前人人平等的理念，建立公正合法、系统完善的制度与程序，保证学校的办学宗旨、教育活动与制度规范符合民主法治、自由平等、公平正义的社会主义法治理念要求；要以建设现代学校制度为目标，落实和规范学校办学自主权，形成政府依法管理学校、学校依法办学、自主管理，教师依法执教，

社会依法支持和参与学校管理的格局；要以提高学校章程及制度建设质量、规范和制约管理权力运行、推动基层民主建设、健全权利保障和救济机制为着力点，增强运用法治思维和法律手段解决学校改革发展中突出矛盾和问题的能力，全面提高学校依法管理的能力和水平；要切实落实师生主体地位，大力提高自律意识、服务意识，依法落实和保障师生的知情权、参与权、表达权和监督权，积极建设民主校园、和谐校园、平安校园。

依法治教、依法治校，落实在高等学校的学生管理过程中，就是要实现科学管理。因此，依法治教、依法治校、科学管理，是高等学校在学生管理过程中必须遵循的基本原则。

2. 健全和完善管理制度，规范管理行为

健全和完善管理制度，规范管理行为，是实现依法治教、依法治校、科学管理的基本路径和要求。健全和完善的管理制度，是实现高等学校学生管理规范化、科学化、民主化、法治化的前提。高等学校对学生的管理权是高等学校依法享有作用于学生并体现在高校内部行政事务、学籍事务和民事事务上的管理权。它是由高校对学生的行政管理权、自治管理权和民事管理权三种不同法律性质的"权"组合成的集合性权利。[1] 行政管理权是国家公权力的体现，自治管理权是社会公权力的体现，民事管理权是私权的体现。不同权之主体，应该对应不同的权利与义务，并对其从事不同法律性质的行为承担相应的法律责任。高等学校应当在法律的授权范围内，从行政事务、学籍事务和民事事务三个方面，不断健全和完善自己的学生管理制度，规范自己的管理行为，防止管理权的缺位、越位、错位和虚位，防止因滥用管理权而侵害学生的合法权益。

3. 将管理与育人相结合，不断提高管理水平

管理是"为了有效地实现组织目标"、提高组织效益而"由专门的管理人员利用专门的知识、技术和方法对组织活动进行计划、组织、领导与控制的过程"。[2] 尽管实现组织目标、提高组织效益是管理目的所在，但是，在现代民主法治社会中，管理作为权力的表现，必须尊重和保障组织内部成员的基本权利，并不得以牺牲和侵害个体成员的基本权益来实现组织的利益。

教育是根据社会需要而进行的有组织、有计划、有目的地"把受教育者培养成为一定社会需要的人"的社会实践活动。教育的目的是培养人和促进人身心发

---

[1]　李华：《法治视野中高校学生管理权研究》，人民出版社 2015 年版。
[2]　陈传明、周小虎：《管理学原理》，机械工业出版社 2007 年版。

展。所有教育活动都围绕着"如何培养人"而展开的"教师教什么"、"教师与学生怎样互动"、"学生学什么"的社会实践活动。

高等学校要在学生教育管理过程中尊重教育的基本规律，其目的也是为保障高等教育的健康发展。因此高等学校的学生管理必须将管理与教育相结合，不断提高管理水平。高等学校在对学生进行事务管理过程中，必须努力事前做好防范和引导教育、事中做宣传与保障教育、事后做到评价与鼓励教育，通过管理育人，提升学生的法治意识、责任意识和公民意识。

◆**热点问题：学生教育与学生管理的区别与协调问题**
    疑问：学生教育与学生管理有什么区别？如何协调？

分析：教育与管理是人类两种重要的社会实践活动，有着明显而重要的区别。一是本质不同。教育的本质在于通过教育者言行影响培育受教育者。管理的本质在于管理者通过一定制度规范约束被管理者的行为。教育重在对受教育者心灵的影响，管理重在对被管理者行为的约束。二是对象不同。一般而言，教育的对象是普适的大众。只是人在不同时期所接受的教育内容侧重不同而已。管理的对象则是特定组织的内部成员及内部事务。三是目的不同。教育的目的在于通过引导、激励与谴责等方法影响人、培育人，促进人的发展进而促进社会的发展。管理的目的在于通过计划、组织、领导与控制等方法来规范和约束人的行为促进组织的效益。四是基点不同。教育的基点在于受教育者具有教化性、可塑造性，即源于人的善性。否则教育则无存在之必要。管理的基点在于人的非善性。即在组织中，个体可能会为自己的利益而损害群体或组织的利益从事某种行为，同时组织也旨在提高组织的利益，故而对其成员或事务进行规范与控制，着重于对人的行为的控制。

教育与管理的区别决定在高等学校学生管理过程中，在学生思想政治教育过程中，要注意防止两种错误的倾向：一是为完成学生思想政治教育工作的任务，以道德高标准，采取强制、处罚等措施，严重忽略鼓励、激励、引导等学生思想政治教育工作的核心方法。这极易使思想政治教育工作形式化、表面化，减损思想政治教育工作感染力，并侵害学生的合法权益。二是对违法违纪的学生，管理者本应该为促进社会公平而公正地行使管理权力对其严肃处理，却可能以教育挽救为目的，减轻或免除对违法违纪学生的处罚，从而损害管理的公正性与公平性，破坏法律的权威性。社会公平的基本表现在于社会规则应该公平地施用于每一位社会公民，绝不因身份、职位、权力、金钱等不同而不同。

因此，高等学校学生管理者要合理区分高等学校学生工作的性质，正确把握高等学校学生工作的原则，建构适当的高等学校学生工作机制。高等学校学生管理者，要善于发现问题、识别问题、分析问题、分解问题、解决问题。该思想教育的要努力引导好，该政治教育的要坚持正确的方向，该道德教育的要注意有效的方法，该心理教育的要注意疏导结合。属于学生学籍处理、学生纪律处分的，一定要事实清楚、程序正当、证据充分、依据明确、定性准确、处分适当。属于班团事务管理的，一定要充分发挥民主管理，吸引学生并充分保障学生知情权、参与权、表达权和监督权。总之，把教育的还给教育，把管理的还给管理。以教育为主的，要努力坚持管理为教育服务，绝不能以管理为主；以管理为主的，要努力坚持教育为管理服务，绝不能以教育为主。主与次分明、理与法结合，是高等学校学生管理工作者和教育工作者必须努力长期思考并认真实践的主题。用育"心"的方法去直接管"行"，容易拖沓而无原则；用管"行"的方法去直接育"心"，容易单一而无灵活性。

※典型案例：情侣大学生教室接吻被开除案①

1. 案情回放

2004 年 5 月 9 日，成都某高校两名情侣学生，男生叫王波（化名），女生叫陈芳（化名），吃过晚饭后来到学校的一间自习室上自习。晚上 8 点左右，由于自习室里还没别人，两人一时没忍住而拥吻了，后来顺势躺在地上，过了一会儿起身继续学习，再过一会儿学校的工作人员推门进来了。

因在教室接吻、拥抱，被监控录像录下，学校于 5 月 20 日以发生"非法性行为"为由，并根据该校《大学学生违纪处分规定》第十三条第三款"发生非法性行为者，给予开除学籍处分"的规定，给予两名学生勒令退学的处分。5 月 24 日，学院领导口头通知学生家长。7 月 5 日，学校向两学生宣读了处分决定书，取消他们参加该学期期末考试的资格。

两位情侣学生不服，认为自己只是接吻、拥抱，不存在"非法性行为"，认为学校认定的"非法性行为"不成立，多次找学校交涉未果。为此，陈芳无奈选择通过做处女膜方式证明自己的"清白"。医院检查结果为："处女膜完好无损。"陈芳持这份证据要求学校撤销处分决定。

8 月 18 日，学校对他们的申请答复时指出，处分决定中所认定的"非法性行

---

① 《教室接吻认定为非法性行为　成都两大学生被退学》，新华网，http://news.xinhuanet.com/news-center/2004 – 09/03/content_ 1941969. htm，2004 年 9 月 3 日。本书所有案例涉及的学校和学生，作者都进行了相应的化名处理。

为"是指违反学校规章,在极不合适的场所,男女双方基于性的需求,身体密切接触的行为。因此学校认为,对两位学生的处理证据确凿,事实清楚,适用规章得当,决定维持原来的处理意见,并拒绝送达处分决定书并不送省教育厅备案。

当天,他们一纸诉状将母校告上法庭,起诉的理由是:校方的行为侵犯了他们的三项权利:①在事实不清、证据不足的情况下作出这样的处分决定,侵犯了他们的受教育权;②作出决定后拒不送达处分决定书又不报省教育厅备案,致使他们无法申诉,侵犯了他们的申诉权;③将他们的拥抱、亲吻行为录像供多人观看,并印发多份定性为非法性行为的处分决定,这一行为侵犯了他们的隐私权。

成都武侯区法院受理此案后,经过审查作出裁定:中止审理。后来考虑到这起案件难以在短时间内作出裁判,学校的行为是否合法又处于待定状态,在这种情况下,勒令退学决定的执行很可能会给学生造成难以弥补的损失,因此在停止执行处分决定并损害社会公共利益的前提下,法院又作出一份裁定:暂停执行学校对学生所作的勒令退学处分决定,并向该学校送达了行政裁定书。

2004年12月6日,成都武侯区法院开庭,原告与被告就法院是否应当受理此案展开了激烈争辩。法官随后称,法院将对此案是否属于受理范围进行研究,并宣布择日再审。2005年1月4日,成都市武侯区法院向原告送达裁定书,驳回原告起诉,诉讼费共200元由原告负担。

2. 案件评析

避开其他问题,在本案中,两人的行为是否可以被认定为"非法性行为"?学校自治管理权的界限在何处?

首先,成年男女接吻、拥抱是《宪法》赋予的个人自主权中的基本权。正是这个权利,一些高校准许学生结婚,或者准许结婚后考入本校学习,研究生、博士生大多如此。成都这所高校的校规涉嫌侵犯成年学生的个人自主权。

其次,"非法性行为"中的法应该从广义理解为国家的法律、法规,而不是高校自治的校规。根据我国《治安管理处罚法》、《刑法》和相关司法解释等关于非法性行为的规定,非法性行为主要包括猥亵、侮辱、卖淫、嫖娼、强奸等行为。同时,由于我国婚姻法规定了夫妻有"互相忠实"的义务,因此有配偶者与第三人发生的性行为也属于"非法性行为"。因此,根据"法无禁止即可为"的法治原则,除法律明确定性为非法的性行为,其他性行为无论多么"伤风败俗",都仍属于道德与伦理范畴,而不宜采取强制的手段。

再次,学生在教室接吻、拥抱,只能算道德伦理问题,可以谴责、教育与引导。学校不能将监控录像拍摄他们拥抱、亲吻的行为公开并供多人观看。学校以此录像为事实、以学校的校规为依据,给学生以勒令退学的处分,涉嫌侵犯学生的隐私权、受教育权。

最后，学校的各项管理行为也必须受到法的约束。学校不可假"法"以治，通过自治校规给予学生严厉的处罚，甚至直接剥夺学生的受教育权。学校作为承载国家教育职能、行使教育公权力的组织，应在法律授权的范围内、在法律许可的范围内制定合法、合理的校规，以规范和约束学生的日常行为。只有学校自己的教育与管理行为要合法，自觉依法治校、依法治教，营造良好的法治文化氛围，才能培养出具有良好法治意识的社会公民。

尽管本案发生在 2004 年，但如何健全和完善管理制度，规范学校的管理行为，如何将管理与教育相结合，提高管理水平，时至今日仍值深思。

第四条 【学生原则性义务】

第四条 学生应当拥护中国共产党领导，努力学习马克思列宁主义、毛泽东思想、中国特色社会主义理论体系，深入学习习近平总书记系列重要讲话精神和治国理政新理念新思想新战略，坚定中国特色社会主义道路自信、理论自信、制度自信、文化自信，树立中国特色社会主义共同理想；应当树立爱国主义思想，具有团结统一、爱好和平、勤劳勇敢、自强不息的精神；应当增强法治观念，遵守宪法、法律、法规，遵守公民道德规范，遵守学校管理制度，具有良好的道德品质和行为习惯；应当刻苦学习，勇于探索，积极实践，努力掌握现代科学文化知识和专业技能；应当积极锻炼身体，增进身心健康，提高个人修养，培养审美情趣。

本条规定了学生在高校学生管理过程中的原则性义务。

一、学生应当拥护中国共产党领导，努力学习马克思列宁主义、毛泽东思想、中国特色社会主义理论体系，深入学习习近平总书记系列重要讲话精神和治国理政新理念新思想新战略，坚定中国特色社会主义道路自信、理论自信、制度自信、文化自信，树立中国特色社会主义共同理想

1. 学生应当拥护中国共产党领导

中国共产党是中国工人阶级的先锋队，同时是中国人民和中华民族的先锋队，

是中国特色社会主义事业的领导核心，代表中国先进生产力的发展要求，代表中国先进文化的前进方向，代表中国最广大人民的根本利益。中国共产党在领导中国各族人民的革命斗争中，把马克思列宁主义的普遍真理与中国革命的具体实践结合，经过长期的反对帝国主义、封建主义、官僚资本主义的革命斗争，取得了新民主主义革命的胜利，建立了人民民主专政的中华人民共和国，并且在新中国成立以后顺利地进行了各方面的社会主义改造，完成了从新民主主义到社会主义的过渡，确立了社会主义制度，经过了改革开放，发展和壮大了社会主义的政治、经济和文化，使中国的面貌发生了巨大的变化。"历史和现实雄辩地证明，没有共产党就没有新中国，只有社会主义才能救中国，只有中国特色社会主义才能发展中国。"① 大学生作为中国特色社会主义事业的建设者和接班人，应当坚定不移地拥护中国共产党的领导。

2. 学生应当努力学习马克思列宁主义、毛泽东思想、中国特色社会主义理论体系

马克思列宁主义揭示了人类社会历史发展的规律，它的基本原理是正确的，具有强大的生命力。坚持马克思列宁主义的基本原理，走中国人民自愿选择的适合中国国情的道路，中国的社会主义事业才能取得最终的胜利。毛泽东思想是马克思列宁主义在中国的运用和发展，是被实践证明了的关于中国革命和建设的正确的理论原则和经验总结，是中国共产党集体智慧的结晶。在毛泽东思想指引下，中国共产党领导全国各族人民，经过长期的反对帝国主义、封建主义、官僚资本主义的革命斗争，取得了新民主主义革命的胜利，建立了人民民主专政的中华人民共和国；新中国成立以后，顺利地进行了社会主义改造，完成了从新民主主义到社会主义的过渡，确立了社会主义基本制度，发展了社会主义的经济、政治和文化。中国特色社会主义理论体系，是包括邓小平理论、"三个代表"重要思想、科学发展观在内的科学理论体系，是对马克思列宁主义、毛泽东思想的坚持和发展。马克思列宁主义、毛泽东思想和中国特色社会主义理论体系，是中国特色社会主义事业前进的行动指南。大学生应当努力学习马克思列宁主义、毛泽东思想和建设有中国特色社会主义理论体系，自觉树立中国特色社会主义共同理想并努力为之奋斗。

3. 学生应当深入学习习近平总书记系列讲话精神和治国理政新理念新思想新战略

习近平总书记系列重要讲话以一系列富有创见的新思想新观点新论断，深化了

我们党对共产党执政规律、社会主义建设规律、人类社会发展规律的认识，发展了21世纪马克思主义、当代中国马克思主义，开辟了马克思主义中国化新境界。习近平总书记系列重要讲话规划了在新的起点上强党、强国、强军的一整套重大战略部署，形成了一系列治国理政新理念新思想新战略，为在新的历史条件下深化改革开放、加快推进社会主义现代化提供了科学理论指导和行动指南。习近平总书记系列重要讲话以开阔的视野洞察党情、国情、世情的发展变化，科学分析我国发展环境的基本特征，准确把握战略机遇期内涵的深刻变化，深刻回答党和国家事业发展的一系列根本性问题，成为指导具有许多新的历史特点的伟大斗争的最鲜活的马克思主义。①

党中央治国理政新理念新思想新战略以对当代中国国情的新认识为立论基础，以实现中华民族伟大复兴的中国梦为根本目标，以坚持和发展中国特色社会主义为主题主线，以"四个全面"战略布局和五大发展理念为战略支持和理念指引，以发展21世纪中国马克思主义以及培育和践行社会主义核心价值观为理论指归和精神动力。党的十八届五中全会公报指出："党的十八大以来，以习近平同志为总书记的党中央毫不动摇坚持和发展中国特色社会主义，勇于实践、善于创新，深化对共产党执政规律、社会主义建设规律、人类社会发展规律的认识，形成一系列治国理政新理念新思想新战略，为在新的历史条件下深化改革开放、加快推进社会主义现代化提供了科学理论指导和行动指南。"

4. 学生应当坚定中国特色社会主义道路自信、理论自信、制度自信、文化自信

习近平总书记在庆祝中国共产党成立95周年大会上的讲话中深刻指出，坚持不忘初心、继续前进，就要坚持中国特色社会主义道路自信、理论自信、制度自信、文化自信。坚定道路自信，就是要深刻认识和自觉把握中国特色社会主义道路的内涵与实质；坚定理论自信，就是要深刻认识和自觉把握中国特色社会主义理论体系的逻辑与特点；坚持制度自信，就是要深刻认识和自觉把握中国特色社会主义制度的本质与优势；坚持文化自信，就是要传承和弘扬优秀传统文化，强力推进文化事业发展，加快文化与相关产业的跨界融合，大力培育和践行社会主义核心价值观。

文化自信是基础和源泉，体现中国共产党、中华人民共和国、中华民族的主体自信。文化自信是道路自信、理论自信、制度自信的精神支撑与心理基石，构成道路自信、理论自信、制度自信的精神基因，也是一切自信的源泉和根基。

---

① 辛鸣：《理论新飞跃　行动新指南　斗争新武器》，《中国共青团》2016年第11期。

理论自信是灵魂，体现真理自信、价值自信、逻辑自信。中国特色社会主义理论自信构成中国自信的精神高地与理性支撑，它是道路自信、制度自信、文化自信的滋养力量。

制度自信是根本，实质和核心是客体自信，体现实践自信、创新自信、审美自信。中国特色社会主义制度自信来源于它是植根于中华文化沃土、反映中国人民意愿、汲取人类文明优秀成果、适应中国和时代发展进步要求、有着深厚历史渊源和广泛现实基础的制度创新体，来源于它的明显制度优势具有自我净化、自我完善、自我革新等能力，彰显出旺盛的生命活力等。

道路自信是表征，实质和核心是过程自信、手段自信、体现方向自信。道路自信来源于文化自信，根植于理论自信，从属并直接服务于制度（目标或目的）自信，也是理论自信、制度自信、文化自信的现实表征。

自信是一种积极、健康、进取、向上而富有生机活力的情感、意识、态度与能力。一个拥有坚定自信的民族，才能获得直面挑战、迎难而上、战胜风险、自立自强、攻坚克难、超越自我的强大内在能量，并以此激发全民创新、创造、创业的活力，聚集起强大的社会正能量，支撑起实现"两个一百年"奋斗目标、实现中华民族伟大复兴中国梦的宏伟事业。当代青年大学生应当坚定中国特色社会主义道路自信、理论自信、制度自信、文化自信。①

5. 学生应当树立中国特色社会主义共同理想

理想是人们所追求、所向往的目标，是人们政治立场和世界观的集中反映，是人们的精神支柱和力量源泉。共同理想是一个党、一个国家、一个民族赖以存在和发展的根本前提和奋勇前进的精神动力。

习近平总书记指出，"中国特色社会主义是科学社会主义理论逻辑和中国社会发展历史逻辑的辩证统一，是由道路、理论体系、制度三位一体构成的，三者统一于中国特色社会主义伟大实践"②。中国特色社会主义道路是实现途径，中国特色社会主义理论是行动指南，中国特色社会主义制度是根本保障。

中国特色社会主义共同理想就是要坚定不移地走中国特色社会主义道路，把我国建设成富强、民主、文明、和谐的社会主义现代化国家，实现中华民族的伟大复兴。中国特色社会主义共同理想是中国历史发展的产物，是当代中国发展的客观需

---

① 李永胜：《辩证把握"四个自信"的关系》，http：//theory.gmw.cn/2016－09/13/content_21951883.htm，2016－9－13。

② 王伟光：《指导和推动中国特色社会主义伟大实践的科学指南——学习〈习近平总书记系列重要讲话读本〉》，《光明日报》2014年6月26日第2版。

要，是人类社会发展历史趋势的反映，是振兴中华的精神支柱和精神动力。当代青年学生应当树立中国特色社会主义共同理想，为实现中华民族伟大复兴而努力奋斗。

二、学生应当树立爱国主义思想，具有团结统一、爱好和平、勤劳勇敢、自强不息的精神

民族精神是一个民族在长期共同生活中形成的为本民族大多数成员所认同的价值取向、思维方式、道德规范、精神气质的总和。民族精神是一个民族赖以生存和发展的精神支撑。一个民族，没有振奋的精神和高尚的品格，不可能自立于世界民族之林。在5000多年的发展中，中华民族形成了以爱国主义为核心的团结统一、爱好和平、勤劳勇敢、自强不息的伟大民族精神。

1. 爱国主义是中华民族精神的核心

爱国主义是中华民族精神的核心，是实现中华民族伟大复兴永不枯竭的精神动力。爱国主义精神深深植根于中华民族之中，是中华民族的精神基因，维系着华夏大地上各个民族的团结统一，激励着一代又一代中华儿女为祖国发展繁荣而不懈奋斗。中华民族从鸦片战争开始一次次地面临着世界列强的欺辱，但中国人民从来都没有放弃抗争，并最终在中国共产党的领导下，实现了民族的独立和国家的富强。回顾近现代中国的历史，中国人民之所以能最终战胜各种艰难险阻，能自信地挺起中国人民的脊梁，就是因为中国人民有伟大民族精神的坚强支撑。中华民族正是凭着对国家和民族的深厚感情，依靠在爱国主义旗帜下熔铸而成的凝聚力和向心力，中国人民和中华民族才得以经受住了各种难以想象的困难及风险的考验，一直保持坚强的团结和旺盛的生机。

2. 团结统一是中华民族精神的首要前提

中华民族是一个多元一体的民族。团结统一是整个中华民族的共同利益和基本共识。团结统一是中华民族的优良历史传统。整个中华民族的发展史就是一部各民族人民团结、统一、奋进的历史。没有中华民族的团结统一精神，就没有整个中华民族的产生，更没有我们现在统一国家的存在。民族团结与国家统一是中华民族的最大利益，是中华各族人民最根本的福祉，是各族人民共同追求的目标。团结统一精神是中华民族精神的基本表现，是中华民族凝聚力和向心力的直接源泉。① 历史

---

① 夏鑫：《团结统一：中华民族精神的首要前提》，《中共济南市委党校学报》2003年第2期。

反复证明，中华民族生生不息，靠的就是各民族团结友爱。只有 56 个民族同心同德、群策群力，中华民族才能焕发出无比磅礴的伟大力量，中华民族伟大复兴的中国梦才会展现出宽广灿烂的实现前景。祖国统一、民族团结、社会稳定，是我们化解发展过程中各种威胁和风险，保障经济社会可持续发展，提高综合国力，实现祖国繁荣富强、人民安居乐业和中华民族伟大复兴梦想的前提和保证。

3. 爱好和平是中华民族精神的重要体现

爱好和平的民族精神是指中华民族在内部各民族之间、与国家民族之间交往中体现的平等相待、友好相处、求同存异，为维护团结、促进和平而努力贡献的精神。历史证明，中国人民是爱好和平的人民，中华民族是爱好和平的民族。①爱好和平的民族精神是中华民族长期共同生活和社会实践的文化积淀和结晶，成为中华民族的优秀性格。从天人之和、身心之和、人伦之和、社会之和到万邦之和，中华传统文化蕴含着丰富的和平主义思想。"以和为贵"，一直深深地扎根于中华民族传统之中。②和平共处五项原则是当代中国国际交往的基本原则，现已被世界大多数国家所接受，并成为国际法的基本原则。当代的世界是以和平与发展为两大主题的世界。争取和平、稳定的国际环境，是保证我国全面建设小康社会顺利进行的必然要求。奉行独立自主的和平外交政策，是我国致力于维护世界和平与稳定，促进各国共同发展的根本要求。推进和平共处的外交政策有利于不断提高中国的国际地位。①

4. 勤劳勇敢是中华民族精神的重要内容

勤劳勇敢是中华民族在漫长的历史发展过程中，在艰苦的自然条件和严酷的社会斗争中形成的一种吃苦耐劳、艰苦奋斗、不畏艰险、勇于攀登、俭朴勤奋的不屈不挠精神。勤劳主要是指人民对待劳动的态度及其行为的品质。勇敢是人们面临危难时所表现出来的一种意志特征，是一种临危不惧、不畏艰险的英勇斗争的精神。勤劳勇敢的精神深深植根于中华民族发展的历史沃壤，贯穿中华民族整个发展历史进程，体现于中华民族社会生活的各个领域。中华文明史，从某种意义上讲，就是中华民族用勤劳勇敢写成的一部艰苦奋斗史。在 5000 年历史发展进程中，中华民族以其勤劳和智慧创造了无数的奇迹。万里长城、京杭大运河、京张铁路，新民主主义革命的胜利，社会主义革命的胜利，中国特色社会主义建设事业的伟大成就，无一不是中华民族勤劳勇敢、艰苦奋斗的结果。当前，全面建成小康社会、实现中华民族伟大复兴，更需要勤劳勇敢民族精神的支撑和推动。②

---

① 吴威威：《爱好和平：中华民族精神的重要体现》，《中共济南市委党校学报》2003 年第 2 期。
② 朱喜坤：《勤劳勇敢：中华民族精神的重要内容》，《中共济南市委党校学报》2003 年第 2 期。

三、学生应当增强法治观念，遵守宪法、法律、法规，遵守公民道德规范，遵守学校管理制度，具有良好的道德品质和行为习惯

1. 学生应当增强法治观念，遵守宪法、法律、法规

党的十五大报告指出："依法治国，就是广大人民群众在党的领导下，依照宪法和法律规定，通过各种途径和形式管理国家事务，管理经济文化事业，管理社会事务，保证国家各项工作都依法进行，逐步实现社会主义民主的制度化、法律化，使这种制度和法律不因领导人的改变而改变，不因领导人看法和注意力的改变而改变。"依法治国是党领导人民治理国家的基本方略，是发展社会主义市场经济的客观需要，是社会文明进步的重要标志，是全面建成小康社会、实现中华民族伟大复兴的中国梦的重要保障。大学生应当遵法、学法、懂法、守法，增强自己的法治观念，学会用法治思维和法治方式分析和解决自己及社会的问题。

宪法是全国人民代表大会制定和修改的，它规定了国家的根本制度和根本任务，是国家的根本大法，是国家活动的总章程，具有最高的法律地位与法律效力。全国各族人民、一切国家机关和武装力量、各政党和各社会团体、各企业事业组织，都必须以宪法为根本的活动准则，并且负有维护宪法尊严、保证宪法实施的职责。一切法律、行政法规和地方性法规都不得同宪法相抵触。

法律是全国人民代表大会及其常务委员会依据法定职权和程序来修改的，规定和调整国家、社会和公民生活中某一方面带有根本性的社会关系或基本问题的规范性文件的总称。法律的地位和效力低于宪法而高于其他法。法律是行政法规和地方性法规的立法依据或基础。行政法规和地方性法规不得与法律抵触。

法规分为两类：行政法规和地方性法规。行政法规是由最高国家行政机关国务院依法制定和修改的，有关行政管理和管理行政两方面事项的规范性文件的总称。地方性法规是由特定地方国家权力机关，根据本地的具体情况和实际需要，在不与宪法、法律、行政法规相抵触的前提下，依法制定和修改的规范性文件的总称。

公民守法是现代法治社会的普遍要求，也是我国全面推进依法治国、建设法治国家的基本要求。高等学校学生，更应该自觉地学法，自觉地守法。遵守宪法、法律、法规，是高等学校学生的基本义务。学生在校期间应当遵守宪法和法律、法规。

2. 学生应当遵守公民道德规范

中共中央 2001 年 9 月 20 日印发《公民道德建设实施纲要》指出：社会主义道德建设要坚持以为人民服务为核心，以集体主义为原则，以爱祖国、爱人民、爱劳

动、爱科学、爱社会主义为基本要求，以社会公德、职业道德、家庭美德为着力点，在全社会大力倡导"爱国守法、明礼诚信、团结友善、勤俭自强、敬业奉献"的基本道德规范，提高公民道德素质，促进人的全面发展。学生应当遵守公民道德规范。

3. 学生应当遵守学校管理制度

高等学校为维护学校正常的教育教学秩序和生活秩序，有权在法律的授权范围内，自主制定学校各项学生管理规定，并依据规定行使对学生的管理权。因此，高等学校学生应当遵守公民道德规范，遵守《高等学校学生行为准则》，遵守学校管理制度。《规定》第六条规定学生在校期间应当遵守学校章程和规章制度，第四十七条规定学生应当遵守国家和学校关于网络使用的有关规定，第四十八条规定学生应当遵守学校关于学生住宿管理的规定，等等。

4. 学生应当具有良好的道德品质和行为习惯

道德品质是一定社会的道德原则和道德规范在个人思想和行为中的体现。道德品质由道德意识和道德行为等因素构成。道德意识引起并调节人们相应的道德行为，道德行为实现、巩固和深化人们相应的道德意识，二者综合构成一个人的道德品质状况。行为习惯是由行为和习惯构成。思想引导行为，行为养成习惯，习惯塑造性格，性格决定命运。高等学校学生应当培育并养成良好的道德品质和行为习惯。

四、学生应当刻苦学习，勇于探索，积极实践，努力掌握现代科学文化知识和专业技能

为学之要贵在勤奋、贵在钻研、贵在有恒。高等学校学生要勤于学习、敏于求知，注重把所学知识内化于心，形成自己的见解；要勇于探索，攀登科学的高峰；要锐意创新；要积极实践，在实践中锻炼自己、成长自己。要通过刻苦学习，勇于探索，锐意创新，积极实践，努力掌握现代科学文化知识和专业技能。

五、学生应当积极锻炼身体，增进身心健康，提高个人修养，培养审美情趣

1. 学生应当积极锻炼身体，增进身心健康

健康是生命的基本保障，是人生的巨大财富。拥有健康是拥有完美人生、拥有

最大幸福的前提。而健康体魄的拥有必须要加强锻炼。只有积极运动，坚持锻炼，才可能拥有健康体魄。高等学校学生应当积极锻炼身体，具有健康体魄。

2. 学生应当提高个人修养，培养审美情趣

修养是文化、品质、思想和知识所表现出来的一种美德，是崇高人生的一种内在力量。个人修养指的是一个人理论、知识、艺术、思想、品德等方面的一定水平，也是一个人综合能力与素质的体现。良好的修养最能体现一个人的品位与价值，一个有很高个人修养的人，才最具有个性和人格魅力。良好的个人修养不仅是个人立身之本，决定着个人事业的成功，而且更是一个国家和社会文明进步程度的标志。在一个国家中，个人是主体，个人的发展展示着社会的文明进步。公民个人修养水平，可以折射出一个社会、一个国家的文明程度。个人修养越高，社会文明就越进步；社会文明进步越高，越能提高和升华社会成员的个人修养。当代大学生要通过自我认真学习、勤于实践和坚持历练，努力提高个人修养。

审美情趣是指人们在认识和接受事物的过程中判断事物美丑的兴趣和爱好。审美来源于人的审美理想，决定着人的审美标准，外化为人的审美行为。当代大学生应当通过课堂美育教育、课外实践体验、校园文化建设、自我道德教育等途径进行文明健康、积极向上的美育教育，不断修正、完善、提升自己的审美素养，培养健康的审美情趣，促进健康全面发展。

◆**热点问题：义务的类别性与层次性**

疑问：什么是义务？如何理解义务的类别性与层次性？

义务是应道德或法律的要求而体现为应尽责任。根据义务的来源可以将义务分为道德上的义务和法律上的义务。

一、关于道德上的义务

道德上的义务具有层次性，这是由道德具有层次性所决定的。在具体的社会形态中，道德具有层次性体现在具体社会的道德规范体系总是由从低到中再到高等不同层次的道德规范构成。尽管每一层次的道德规范都反映着社会母体的本质，但不同层次之间的区别也是客观的，各有不同的形式特点及效应范围。道德义务的层次性决定了不可能用高道德的标准采用强制方法要求所有的人为，正如人人不能也不可能通过强制成为楷模一样。但是社会应该通过激励机制宣传鼓励人去学习楷模，充分发挥道德对社会的引领作用。道德义务的层次性还决定了低层次的道德义务，作为人人必须禁止的行为，必须转化为法律而成为人人必须强制遵守的行为规范。换言之，法律是道德的底线。因此，"应当在中国共产党领导下，坚持以马克思列宁主义、毛泽东思想、邓小平理论、'三个代表'重要思想、科学发展观为指导，沿着中国特色社会主义道路，按照'四个全面'战略布局，为实现中华民族伟大复兴中国梦而努力奋斗，积极培育和践行富强、民主、文明、和谐、自由、平等、公正、法治、爱国、敬业、诚信、友善的社会主义核心价值观"，应当是社会普遍的道德义务，每个主体应当践行这些普通的道德义务。高等学校作为承载国家高等教育职能的法人组织，应该以自己的行为努力践行这些社会普遍的道德义务，并以自己的行为教育、引导践行这些社会普遍的道德义务。

二、关于法律上的义务

法律是国家制定或认可的，以权利义务为调整机制的，以国家强制力保障实施的，规范人的行为并最终作用于社会关系的规范总称。法律上设定的义务，是最低的道德义务，因而守法具有普适性。也就是说，遵守宪法、法律、法规是每一个公民或组织应当履行的义务，而不应当仅是高等学校学生应尽的义务，同时也应当是高等学校应尽的义务。

最后，高校学生管理过程中，要密切注意义务层次性，合理区分道德伦理上高、中、低义务，不同的义务应该采用不同措施与手段；要充分运用激励与惩罚两种管理模式，不断更新管理观念、创新管理模式、健全管理机制，促进高校学生管理的民主化、法治化、科学化。从效力层次分析，《规定》是比法律、行政法规效力低的规章。法律是道德的底线，要可执行、便于执行、必须执行。《普通高等学校学生管理规定》作为教育部的部门行政规章，属于广义上的法，应当考虑所设定义务的层次性，合理区分学生的道德义务和法律义务，采用合理的管理措施，建构科学的管理制度，推动高校学生管理的民主化、法治化、规范化。

第五条 【学生管理的基本原则】

第五条 实施学生管理，应当尊重和保护学生的合法权利，教育和引导学生承担应尽的义务与责任，鼓励和支持学生实行自我管理、自我服务、自我教育、自我监督。

本条法则规定了学校实施学生管理应当遵循的基本原则。高校学生管理应当充分尊重学生的主体地位。学生不仅是高校管理的对象，也应当成为学校管理的参与者。学校在实施学生管理过程中，要激发和培养学生自我管理的意识和能力。

一、实施学生管理，应当尊重和保护学生的合法权利，教育引导学生承担应尽的义务与责任

"保障学生合法权益"是高校管理学生的一项根本目的。"尊重和保护学生的合法权利"是高校实施学生管理工作的一项基本原则，并贯穿整个管理规定。《规定》第六条在明确学生实体性权利的基础上，更加突出了学生的主人翁地位，强调"对学校与学生权益相关事务享有知情权、参与权、表达权和监督权"，进一步在《规定》多处落实这项权利。同时，《规定》增设"学生申诉"专章，对学生申诉的范围、机构、工作程序以及申诉等多方面内容进行系统规定，更加有力保障和救济学生的合法权益。

实施学生管理，学校既应当"尊重和保护学生的合法权利"，也应当"教育引导学生承应尽的义务与责任"。《规定》第六条关于学生权利和第七条关于学生义务的规定，强调与实现学生权利与义务的统一。

二、实施学生管理，应当鼓励和支持学生实行自我管理、自我服务、自我教育、自我监督

在高校学生管理过程中，学校鼓励和支持学生实行自我管理、自我服务、自我教育和自我监督，有利于提升学生主人翁地位、增强学生的社会责任感、培育学生的民主与法治意识。

首先，学生自我管理是指学生通过班级、学生会、学生社团等学生组织，实现自己管理自己，自己约束自己，自己办理自己的事务。学生自我管理有利于发挥互帮互助的精神，培育学生自觉的、民主的主体意识；有利于学生自治约定和规定，民主管理学生自己的公共事务，协调解决学生自己的矛盾与问题。

其次，学生自我服务在学生自治管理过程中有着重要的作用，有利于增强自治的吸引力和凝聚力，团结协作实现自我管理。

再次，学生自我教育是学生团体通过开展自我管理、自我服务活动，使学生个体受到各种教育。在这种自我教育中，教育者和被教育者是统一的。每个学生既是教育者，又是受教育者，每个学生通过自己的行为影响其他学生。

最后，学生自我监督是学生自己监督自我管理、自我服务和自我教育等自己的

行为。学生自我监督是学生实现自我管理、自我服务和自我教育的重要保障。

◆**热点问题：高等学校对学生的管理行为的法律性质如何**

疑问：高等学校对学生的管理行为的法律性质如何？是否属于行政行为？

高等学校对学生的管理行为因高等学校享有管理权的法律性质不同而不同，主要表现在如下三个方面：

一、高等学校对学生享有行政管理权

"从立法依据分析，高等学校依教育部的规章享有对学生实施的行政管理权；从司法实践证实，不是国家行政机关的高等学校是可以被法律、法规授权的行政主体，接受司法审查；从大学管理现实审视，高等学校直接对学生行使着大量有关学生'学习、生活和行为'等方面的行政管理权。"高等学校对学生行使的行政管理权主要表现在高等学校对学生行使的行政处分权、国家奖助学金评定与发放方面的行政确认权与行政给付权。

二、高等学校对学生享有自治管理权

高校在学生管理中的自治管理权，作为高校自治权的延伸，是高校以学生学籍为中心而展开的事务管理权，其行使范围应当限制在基于学术自由而建立的与学生相关的学籍管理事务上，而不能是其他。自治管理权不同于行政管理权，行政管理权是基于社会公共秩序的维护与管理，而自治管理权存在的目的是基于对学术自由的尊重、学术秩序的维护和学术自治的保障，防止国家公权力的不当干涉。高校对学生学籍的管理主要体现在学生入学与注册，课程考核与成绩记载，转专业与转学，休学与复学，退学，毕业、结业与肄业六个方面。

三、高等学校对学生享有民事管理权

法律明确规定高等学校可以作为法人，享有法人财产权，可以独立参与民事活动并独立承担相应的民事责任。高等学校内年满18周岁的大学生，是具有民事权利能力与民事行为能力的完全民事行为能力人。作为法人的高等学校与作为自然人的学生可以相互从事民事行为，形成民事法律关系，并受民事法律的调整。高校对学生行使的民事管理权，实际上是高等学校作为法人法律主体，相对于作为自然人法律主体的学生，所享有的一种民事权利。在学生管理过程中，高校对学生民事事务行使管理权时，可以与学生形成平权型的民事法律关系，并更为主要体现为契约的合同关系。

因此，高等学校对学生的管理权是高等学校依法享有的作用于学生并体现在高校内部行政事务、学籍事务和民事事务上的管理权，分别表现在行政管理权、自治管理权和民事管理权。高校学生管理权是由高校对学生的行政管理权、自治管理权和民事事务管理权三种不同法律性质的"权"组合成的集体概念。这三种权有着不同的运行原则和作用限制。

※典型案例：学生管理人员"私闯"学生公寓引发的思考[①]

1. 案情回放

据《长江日报》2003年1月8日报道，武汉市洪山区一学生公寓管理人员私配钥匙，乘虚而入收缴学生公寓的"热得快"，引发一场争议。据该公寓H栋一女生介绍，2002年12月26日晚，她们公寓本学期第四次由于学生使用大功率电器引发火灾，幸好无人员伤亡。为防止此类事故再度发生，27日上午，该公寓组织保卫科逐个寝室收缴"热得快"等大功率用电器。由于每栋楼管理员处均存有该栋各寝室门的钥匙，管理员可以轻松出入寝室。据了解，当天上午该公寓收缴了电炉、"热得快"等近百件电器，其中就包括学生小张的。中午放学回寝室发现"热得快"被"偷"后，小张激愤难平，他说："公寓没收'热得快'可以理解，但这样'乘虚而入'不是窃贼所为吗？"该公寓不少学生也认为公寓管理员的做法太过分。"既然交了一年1200元的住宿费，我们就是房间的主人，公寓私配房门钥匙，万一遗失了贵重物品责任该谁承担？"而管理员称，这是为学生着想，不会贪学生的财。武汉理工大学一法律专家指出，高校后勤社会化发展到今天，如何界定管理人员私入宿舍行为，法律上尚无明文规定。

2. 案件评析

从法理上分析，"法无规定即可为"是主体行使民事权利的基本民事法学原理。"法无规定不可为"是行政行使权力的行政法学原理。因此，依此分析，既然法律对管理人员私入宿舍行为未做规定，不应该被认定为行政行为，而被认定为公

[①] 程东宁：《管理人员无权"私闯"学生公寓》，《长江日报》2003年1月8日。

寓管理的民事行为。如同酒店对客户管理的性质，它是"一种租赁法律关系。这种法律关系实质上就是一种合同关系，双方的权利和义务都应该在合同中明确确定"。①诸如，不得破坏房间设施、不得使用禁止使用的电器，等等。如有违反按合同约定处理。这才是一种理性地用法律办法处理此类行为的思维，而无须专门制定所谓学生公寓管理办法。如同酒店可以通过与客户进行民事约定进行调节。

这里的关键是：学生公寓管理人员私配钥匙，乘虚而入收缴学生公寓的"热得快"等电器，进入私人寝室算不算是"非法侵入"或"私闯民宅"。

关于"民宅"的这一提法，严格地说不是法律意义上的用语，法律上只有住宅之说。所谓住宅，是指供人居住的场所。这里强调的场所仅限于供人居住，既包括经常居住的住宅和不经常居住的别墅，也包括营业性的旅馆、饭店、招待所等供人居住的客房，还包括渔民家居的船只。

根据以上对住宅的分析，我们可以看出，学生公寓的集体宿舍或个人宿舍都应当属于住宅范畴，这是因为：一是学生入学在住进学生公寓时，向学校缴纳了一定数额的金钱，从而取得了对该房间或房屋的居住使用权利，学生对这种居住使用权利的取得符合法律意义上的合同关系，即权利义务相一致。二是学生在取得对该房间或房屋的居住使用权以后，生活起居都在里面进行，其就享有住宅内个人生活不受干扰，与社会无关的个人信息和个人事务不被不当披露的权利。这不仅包括个人信息的控制权，而且还包括个人生活的自由权和私人领域的占有权。三是学生一旦住进公寓，在一个相对较长或较稳定的时段内，该公寓就成了其对外联系的固定地点，包括接收和发送信件、来人接待，等等。四是在学生公寓里无论是一个学生居住或者是几个学生共同居住，都不能把公寓的"公"理解成人人可进的公共场所，也不能借用是"公寓"就可以去侵犯学生居住使用权的行使。

公寓管理人员虽然享有对公寓的管理权利，但这种管理权是基于财产所有权而形成的财产所有权人对财产的管护权利，是财产所有权、物权的一种行使方式。它不是一种基于公共秩序维护而行使的所谓的行政管理权。因此，公寓管理人员对公寓行使管理权利，同样要遵守国家的法律，如果违背法律进行管理就不叫管理，而是侵犯他人的合法权益。

对大学生公寓进行检查，实际上涉及公权力与私权利的关系问题，在现实生活中，公权力的强化已经不成问题，而且还有加强的趋势。对于私权利，同样也应当与公权力一样得到强化才行。但现实中的私权利却并不能得到有效的强化，而是趋于弱化，因而公权力侵犯私权利事情时有发生。只有加强对私权利的充分保护，加

---

① 刘作翔：《中国法治进程中的权利冲突——权利冲突典型案例剖析及其理论问题的思考》，载《中国法理学论坛》，中国人民大学出版社2006年版。

强对公权力的规制与约束，才能真正地推进民主法治的进程。在强调和全面推进依法治国的今天，法治不是制约权利，而是保障权利，更是制约权力。高校学生管理的管理权与学生权利的冲突及纠纷必须坚持在法治的构架内用法治思维、法治方式分析和解决。

第二章 学生的权利与义务

    权利作为人类社会的一种文化和制度现象，根据权利的产生和演变过程，可以将其分为天赋权利、道德权利、习惯权利、法定权利和现实权利。法律意义上的权利，是指为国家法律认可的权利，就是"规定或隐含在法律规范过程中的，实现于法律关系中的，主体以相对自由的作为或不作为的方式获得利益的一种手段"。法律意义上的义务是与法律意义上的权利相对应的概念，是指"设定或隐含在法律规范中、实现于法律关系中的，主体以相对抑制的作为与不作为的方式保障权利主体获得利益的一种约束手段"①。法律正是通过对主体赋予权利、设定义务来界分利益以实现社会公平与正义。一般而言，权利与义务在结构上是相关的，在数量上是等值的，在功能上是互补的，在价值上是有主次之分的。因此，在民主法治的社会中，没有无权利的义务，也没有无义务的权利。公民在享有法定权利的同时，也应当履行相应的法定义务。"人是生而自由的，但却无往不在枷锁之中。自以为是其他一切主人的人，反而比其他一切更是奴隶。"②

    1990年国家教委颁布的《普通高等学校学生管理规定》未对高等学校学生的权利与义务作出专章规定。随着高等教育改革和社会法治进程的推进，由于学生的法律意识与权利意识的增强以及高校学生管理体制的严重不完善，发生学校管理权与学生权利冲突与纠纷日益增多，并成为社会关注的焦点、学校管理的难点与理论研究的热点。因此，教育部于2005年对《普通高等学校学生管理规定》进行了全新的修订，并在第二章以专章的形式比较明确地规定了学生的权利与义务。这对于保障学生权益、规范学生行为无疑是巨大的进步。但现行《规定》已经执行逾10年，随着国家全面实施依法治国和法治进程的深入推进，随着现代大学制度建设的深入推进，学生对学校享有民主管理权需要加强，学生在校学习期的学术诚信、社会诚信建设需要加强，故本次修订赋予学生民主管理权，充分培育学生的主体地位；设定学生诚信义务、学生遵守学校自治章程及相关管理规定的义务。这些增设规定有利于加强对学生民主权益的保障和学生行为的规范，推进大学治理的法治化和规范化。

---

① 张文显：《法理学》，高等教育出版社、北京大学出版社2007年版。
② ［法］卢梭：《社会契约论》，商务印书馆2011年版。

第六条　【学生的权利】

第六条　学生在校期间依法享有下列权利：

（一）参加学校教育教学计划安排的各项活动，使用学校提供的教育教学资源；

（二）参加社会实践、志愿服务、勤工助学、文娱体育及科技文化创新等活动，获得就业创业指导和服务；

（三）申请奖学金、助学金及助学贷款；

（四）在思想品德、学业成绩等方面获得科学、公正评价，完成学校规定学业后获得相应的学历证书、学位证书；

（五）在校内组织、参加学生团体，以适当方式参与学校管理，对学校与学生权益相关事务享有知情权、参与权、表达权和监督权；

（六）对学校给予的处理或者处分有异议，向学校、教育行政部门提出申诉，对学校、教职员工侵犯其人身权、财产权等合法权益的行为，提出申诉或者依法提起诉讼；

（七）法律、法规及学校章程规定的其他权利。

本条规定了学生在高等学校管理过程中享有的具体权利。

一、学生有权参加学校教育教学计划安排的各项活动，使用学校提供的教育教学资源

参加学校教育教学计划安排的各项活动，使用学校提供的教育教学资源是学生学习以实现受教育权的基本权利。学校教育教学计划是学校对专业、学科教育的基本要求，学生只有按照学校教育教学计划的安排和要求，才能更有效地完成学业，实现受教育权。同时，教育教学资源是学校教育教学实现的基本保障。学校必须提供必要的教育教学资源，以保障学校教育教学计划的实现。当然，作为学校的学生，使用学校提供的教育教学资源，是学生完成教育教学计划的基本物质保障。但是，学校是有偿提供学生使用还是无偿提供学生使用，规定没有明确指出。因此，不同性质的学校，或者同一性质的不同学校，规定都不太一样。笔者认为，学生参加学校教育教学计划安排的各项活动时，学校有义务免费提供基本的教育教学资源，如课堂教学的教室、实验教学的器材、体育教学的运动场等。当然，学校参加学校教育教学计划安排外的相关学习、生活活动而使用教育教学资源，学校可以收

取适当的费用。但学校必须制定相关的管理规定，并向社会、向学生公布，允许学生在高考志愿填写时作出自愿的合理的选择，而不是单方强制任意收费。

同时需要明确的是，根据《规定》第六条和第七条，学生有权"参加学校教育教学计划安排的各项活动"，而且还应当在"参加学校教育教学计划安排的各项活动"的过程中，遵守学校有关规定，这既是权利也是义务。如学生无故不参加学校教育教学计划安排的各项活动，学校可以根据学校的有关规定，给予纪律处分或者根据《规定》第三十条第四项，直接予以退学。学生参加学校教育教学活动，故意损害学校教育教学设施、破坏教育教学资源，给学校造成财产损失的，应当依法承担赔偿责任。

二、学生有权参加社会实践、志愿服务、勤工助学、文娱体育及科技文化创新等活动，获得就业创业指导和服务

1. 学生有权参加社会实践、志愿服务、勤工助学、文娱体育及科技文化创新等活动

第一，社会实践是学生学习成长的重要途径。坚持向实践学习、向人民群众学习，是大学生成长成才的必由之路。学生在社会实践中，理论联系实际，既能锻炼成长自己，又能培育自己的社会责任感。

第二，志愿服务作为伴随改革开放出现的新生事物，是长期开展的学雷锋活动的发展和延续，有着广泛的群众基础和独特优势。志愿服务体现着公民的社会责任意识，是人们自觉为他人和社会服务、共同建设美好生活的生动实践，是现代社会文明程度的重要标志。大学生参加志愿服务，是新形势下大学生培育和践行社会主义核心价值观的有效途径。

第三，勤工助学是指学生在学校的组织下利用课余时间，通过劳动取得合法报酬，用于改善学习和生活条件的社会实践活动。勤工助学是学校学生资助工作的重要组成部分，是提高学生综合素质和资助家庭经济困难学生的有效途径。

第四，学生在校内组织、参加文娱体育活动，有利于保障身心健康，健全体魄，促进德、智、体、美全面发展。

第五，高校是培养人才，生产和传播新知识、新思想的重要基地，学生科技创新活动是学校校园文化建设中不可或缺的重要组成部分。学生通过参与科技文化创新，提升自己培养自己的创新精神和实践能力。但是，需要明确的是，这里的"等"根据《规定》第四十五条规定还包括学术、科技、艺术等活动。根据《规定》第四十五条："学校提倡并支持学生及学生团体开展有益于身心健康、成长成

才的学术、科技、艺术、文娱、体育等活动。""学生进行课外活动不得影响学校正常的教育教学秩序和生活秩序。""学生参加勤工助学活动应当遵守法律、法规以及学校、用工单位的管理制度,履行勤工助学活动的有关协议。"如果这些活动影响到学校正常的教育教学秩序和生活秩序,学校有权根据自制规定作出批评教育和相应的纪律处分。

2. 获得就业创业指导和服务

近年来,在高校毕业生总量进一步增大和大学生就业的结构性矛盾依然突出的基本状态下,"大学生就业工作将由单纯强调就业向就业创业并重、以创业带动就业的模式转变,由强调初次就业率向追求更加充分就业与更高质量就业的升级版转型。""面对这种复杂的形势和艰巨的任务,我们要切实增强责任感紧迫感,不断健全工作机制、完善政策扶持体系、搭建就业创业服务平台,着力拓宽就业渠道、加强基层就业引导、大力促进就业、鼓励创业。"① 因此,为实现党的十八大报告指出要"实现大学毕业生更充分和更高质量就业"的目标,《规定》赋予高校学生有权获得就业创业指导和服务,以激发学生就业创业的积极性和主动性。为保障这项权利的实现,《规定》第十七条还规定学生参加创新创业等活动可以按照相关规定获得相应的创新创业学分,学校应当建立相应鼓励学生创新创业的管理规定。

学生参加社会实践、志愿服务、勤工助学、文娱体育及科技文化创新等活动,获得就业创业指导和服务,是学生在校学习期间享有的重要权利。学校有义务积极支持和保障学生实现这些权利。但是,《规定》要求学生在参加社会实践、志愿服务、勤工助学、文娱体育及科技文化创新等活动和获得就业创业指导和服务时,"不得影响学校正常的教育教学秩序和生活秩序";"学生参加勤工助学活动应当遵守法律、法规以及学校、用工单位的管理制度,履行勤工助学活动的有关协议"。

三、学生有权申请奖学金、助学金及助学贷款

1. 有权申请奖学金、助学金

奖学金是为奖励学习优异学生而设立的奖金。我国的奖学金根据设立的主体不同,可以分为国家奖学金、学校奖学金和社会奖学金。国家奖学金由中央政府出资

---

① 《关注大学生就业创业工作新常态,推动提升就业创业指导服务能力建设——全国高等学校学生信息咨询与就业指导中心主任张凤有在全国高校毕业生就业统计工作部署暨就业指导中心主任联席会上的讲话》,《中国大学生就业》2015年第2期。

设立，用于奖励高校全日制本专科（含高职、第二学士学位）学生（以下简称学生）中特别优秀的学生。学校奖学金由高等学校自行设立，用于奖励本校特别优秀的学生。社会奖学金由社会团体、社会组织或个人捐资设立，用于奖励符合捐资者要求的特定的优秀学生。学生申请国家奖学金、学校评定和发放国家奖学金应当遵守《普通本科高校、高等职业学校国家奖学金管理暂行办法》（财教〔2007〕90号）的相关规定。学生申请学校奖学金，学校评定和发放学校奖学金，应当遵守学校制定的有关奖学金的管理规定。学生申请社会奖学金，应当符合捐资者相关要求。

助学金是为资助在校家庭经济困难学生而设立的资金。我国的助学金根据设立主体不同，可以分为国家助学金、学校助学金和社会助学金。①国家助学金是由国家（中央政府或地方政府）出资设立，用于资助高校全日制本专科（含高职、第二学士学位）在校生中的家庭经济困难学生。学生申请国家助学金、学校评定和发放国家助学金应当遵守《普通本科高校、高等职业学校国家助学金管理暂行办法》（财教〔2007〕92号）的相关规定。②学校助学金是学校根据实际情况自主设立的用于资助满足条件的家庭经济困难学生的资金。学校助学金的认定条件、发放程序等由学校自主规定，学生申请应当遵守这些规定。③社会助学金是由社会团体、社会组织和个人捐资设立，用于资助满足资助条件的家庭经济困难的学生。学生申请社会奖学金，应符合捐资者设定的条件和要求。

这里需要进一步明确三点：其一，国家奖学金和国家助学金是由国家财政直接拨付，授予主体是国家或地方教育行政主管机关。国家奖学金和国家助学金获得主体的认定是行政确认行为，国家奖学金和国家助学金的发放是行政给付行为。因此，评定和发放国家奖学金或助学金的行为，是典型的行政确认和行政给付行为，是国家的教育行政管理行为，应当受行政法和行政诉讼法调整。其二，学校评定和发放学校奖学金和助学金的行为，是高等学校自治管理行为。高等学校依据国家法律授权，自制相关管理规定，来规范学校奖学金或助学金的评定与发放。其三，社会奖学金或助学金的评定和发放，一般是由捐助者指定获奖的对象范围、获奖条件，具体实施由捐助者委托学校或与学校合作实施。因此，社会奖学金和社会助学金的评定与发放，因捐助者的意思表示不同而不同。

2. 有权申请助学贷款

国家助学贷款是党中央、国务院在社会主义市场经济条件下，利用金融手段完善我国普通高校资助政策体系，加大对普通高校家庭经济困难学生资助力度所采取的一项重大措施。它是由政府主导、财政贴息、财政和高校共同给予银行一定风险补偿金，银行、教育行政部门与高校共同操作的专门帮助高校困难家庭学生的银行贷款。符合相关要求的家庭经济困难的学生，依照相关规定，申请助学贷款，以保障学业的顺利完成。借款学生不需要办理贷款担保或抵押，但需要承诺按期还款，并承担相关法律责任。高等学校学生有权向银行申请贷款，用于弥补在校期间各项费用不足，毕业后分期偿还。2015 年 7 月 20 日，教育部等部门联合发布了《关于完善国家助学贷款政策的若干意见》。该意见表示，为切实减轻借款学生的经济负担，将贷款最长期限从 14 年延长至 20 年，还本宽限期从 2 年延长至 3 年整，学生在读期间贷款利息由财政全额补贴。当然，高等学校学生申请国家助学贷款时，必须按照银行要求提交国家助学贷款申请书、本人学生证和居民身份证复印件、本人对家庭经济困难情况说明、学生家庭所在地有关部门出具的家庭经济困难证明等相关资料，必须对其提供证明材料和相关资料的真实性承担法律责任，必须按照贷款协议的要求履行相应义务。学生毕业后，应当按照贷款协议履行相应的还款义务。

四、学生有权在思想品德、学业成绩等方面获得科学、公正评价，完成学校规定学业后获得相应的学历证书、学位证书

学业评价是高等学校与学生关系的重要组成部分。它既包括学业成绩的评定，也包括思想品德的鉴定。学业成绩的评价是对学生在接受教育的某一阶段或某一课程的学习态度、分析问题、解决问题的思路与能力，知识的理解和认识的水平的综合性概括，包括学生在校考试成绩记录、平时学习情况的总结评价等。思想品德评价是学校对学生的思想品德、政治素养以及其行为表现做出的评价，包括对学生政治觉悟、思想品质、道德品质、行为表现、人际关系、劳动态度等评定。为保障学生受教育权的实现，学生有权要求学校在思想品德、学业成绩等方面给予公平、公正的学业和思想品德评价。在对学生评价过程中，学校应当采用统一的标准，公正客观的态度，平等对待，不受主观或客观的影响而破坏评价的公正性。学校也应当建立健全公开公平、完善合理的教育教学的计划体系和考核制度，以保障学生受到公正的评价。

学历证书是高等学校对在校正式注册参加学习并完成学业的学生颁发的书面凭证，据以证明学生完成了一定阶段、一定范围和程度的知识和技能的学习并达到相关标准。《教育法》第二十一条规定"国家实行学业证书制度"，高等学校按照有关规定"颁发学历证书或者其他学业证书"。学位是高等学校授予受教育者，表明其达到相应的专业水平的一种终身的学术称号。《教育法》第二十二条规定："国家实行学位制度。""学位授予单位依法对达到一定学术水平或者专业技术水平的人员授予相应的学位，颁发学位证书。"学历证书只是表明学生在一定的年限内所修的教学内容及是否达到毕业要求，学位证书是表征学生是否达到相应的学术水平或专业技术水平。高等学校在学生毕业前应当对学生总体学术水平和能力进行客观公正的总结性评价，以决定是否颁发毕业证和授予学位证。学生在完成规定的学业后有权获得相应的学历证书和学位证书。学校不得非法扣留学生的学历证书和学位证书。

五、学生有权在校内组织、参加学生团体，以适当方式参与学校管理，对学校与学生权益相关事务享有知情权、参与权、表达权和监督权

1. 学生有权在校内组织、参加学生团体

学生在校内组织、参加学生团体，是《宪法》第三十五条赋予公民结社和言论自由权的重要体现。但是，为保障学校正常的教育教学秩序和生活秩序，《规定》第四十四条规定：学生成立团体，应当按学校有关规定提出书面申请，报学校批准；学生团体应当在宪法、法律、法规和学校管理制度范围内活动，接受学校的领导和管理。

2. 学生有权以适当方式参与学校管理

学生参与学校管理是依法治校、依法治教过程中，学生民主管理权的表现。其一，学生有权参与学校民主管理，是对学生的尊重。学生是学习活动的主体，是学校教育教学活动的参与者和主要受益者，而不应当是学校教育的客体。因此，学校教育教学活动就不能不考虑学生发展的需要及其主观愿望。其二，学生有权参与学校民主管理，有利于增加学生对学校的认同。允许学生参与学校民主管理，对学校发展和教育、教学改革提出意见和建议，可以增加学生与学校的互动沟通，增进学校对学生的了解和学生对学校的认可与信任。其三，学生有权参与学校民主管理，有利于学校健康发展。从某种意义而言，学生参与学校民主管理，对学校发展和教育、教学改革提出意见和建议，不仅是学生表达自己权益、维护自己权益的重要机

会，也是对学校教育管理行为和教师的教育教学行为进行有效监督的重要方式，有利于学校不断健全和完善自己的教育教学计划和各项管理制度，促进学校健康发展。为保障学生参与学校民主管理权的实现，学校应当充分依托学生会等学生组织、通过网络媒体等形式，畅通民主管理渠道，健全民主管理制度，提升学校管理水平。

3. 学生对学校与学生权益相关事务享有知情权、参与权、表达权和监督权

学生要参与学校的民主管理，应当对学生管理相关事务享有知情权、参与权、表达权和监督权。①知情权又称为信息权或了解权，是指学生享有知悉学校与学生权益相关事务信息的权利。学生了解、知悉学校及学生权益相关事务的信息，是学生行使参与权、表达权和监督权的前提。②参与权是指学生享有参与对学校和学生权益相关事务的管理和决策权。学生享有学生事务的参与权是学校学生管理民主化的重要体现，是大学完善大学治理结构的重要内容，是学生监督学校管理的重要方式。③表达权是指学生在参与对学校和学生权益相关事务的民主管理过程中，有提出意见、建议的权利。表达权是参与权的目的。④监督权是指有权监督学校是否公开、公平、公正行使对学生的各项管理权。

学生参与学校管理，对学校与学生权益相关事务享有知情权、参与权、表达权和监督权，是实现依法依规治校的根本要求，也是保障学生依法行使民主权利的直接体现，充分彰显了大学生的主人翁地位。它既有助于学校决策的科学化和民主化，又有助于增强学校管理的公信力。因此，学校应当按照《高等学校信息公开办法》（教育部第 29 号令）和《高等学校信息公开事项清单》（教办函〔2014〕23 号）的要求，建立和健全信息制度，依法依规及时、真实地公开有关信息，保障学生知情权、参与权、表达权和监督权的实现。

六、学生有权对学校给予的处理或者处分有异议，向学校、教育行政部门提出申诉，对学校、教职员工侵犯其人身权、财产权等合法权益的行为，提出申诉或者依法提起诉讼

1. 关于申诉权

申诉权是宪法规定享有制约权力的一项基本的宪法性救济权。① 我国《宪法》

---

① 潘爱国：《论我国高等教育申诉制度的完善——关于学生申诉权问题》,《山西师范大学学报》（社会科学版）2011 年第 11 期。

第四十一条规定:"中华人民共和国公民对于任何国家机关和国家工作人员,有提出批评和建议的权利;对于任何国家机关和国家工作人员的违法失职行为,有向有关国家机关提出申诉、控告或者检举的权利,但是不得捏造或者歪曲事实进行诬告陷害。对于公民的申诉、控告或者检举,有关国家机关必须查清事实,负责处理。任何人不得压制和打击报复。由于国家机关和国家工作人员侵犯公民权利而受到损失的人,有依照法律规定取得赔偿的权利。"一般而言,申诉权是指公民对本人及其亲属所受到的有关处罚或者处分不服,或者受到不公正的待遇,向有关国家机关陈述理由、提出要求的权利。申诉分为法律中的申诉和非法律中的申诉。法律中的申诉是指公民对已经发生法律效力的判决或者裁定不服,而向上级司法机关申诉的行为。非法律中的申诉是指公民对有关国家机关给予的处分或者处罚不服而向司法机关以外的国家机关提出的申诉。高校学生申诉权分为法律中的申诉权与非法律中的申诉权。高校学生非法律中的申诉权,是指高校学生对学校给予的处分或者处理有异议,或者对学校、教职工侵犯其人身权、财产权等合法权益的行为,有权向学校、教育行政部门提出申诉。为便于学生此权利的行使,《规定》第六章专章对学生申诉委员建立、组成以及学生申诉的程序与要求作了比较详细的规定。

2. 关于起诉权

起诉权是程序意义上的诉权,即当事人认为自己权益受到伤害而向法院提起诉讼的权利。在现代法治社会中,公民所享有的诉权是国家为了保证宪法和法律所规定的公民权利具有"实然性"而设定的"权利救济权",没有诉权的存在,宪法和法律所规定的具体权利就不可能成为一种现实的权利。因此,学生有权对学校、教职员工侵犯其人身权、财产权等合法权益,依法提起诉讼。根据我国法律规定,诉讼分为民事诉讼、行政诉讼和刑事诉讼。学生可以根据纠纷的性质,依法向人民法院提起不同的诉讼。

七、法律、法规及学校章程规定的其他权利

法律、法规规定的其他权利是指除了上述权利之外,其他民事、行政法律、法规规定的权利。其中与学生联系最紧密的就是民事法律规定的学生民事权利(见图 2-1)。学生作为公民主要享有的民事权利如下:

1. 人身权

人身权是指民事主体依法享有的,与其人格与身份关系密不可分的权利,主要

民事权利
- 人身权
  - 人格权
  - 身份权
- 财产权
  - 物权
    - 自物权
      - 所有权
        - 国家所有权、集体所有权、私人所有权
        - 业主的建筑物区分所有权
    - 他物权
      - 用益物权
        - 土地承包经营权
        - 建设用地使用权
        - 宅基地使用权
        - 地役权
      - 担保物权
        - 抵押权
        - 质权
        - 留置权
  - 债权
    - 合同之债
    - 不当得利之债
    - 无因管理之债
    - 侵权行为之债
- 继承权
- 知识产权
  - 著作权
  - 商标权
  - 专利权

图 2 - 1　学生民事权利谱系

包括人格权与身份权。人格权是民事主体固有的，由法律确认的，主要包括生命权、健康权、姓名权、肖像权、隐私权、名誉权、荣誉权等。身份权是民事主体基于某种身份而依法专属享有的，以实现人格利益的一种民事权利，主要包括配偶权、亲属权等。

2. 财产权

财产权是指可以与权利人的人格和身份相分离并具有经济价值的民事权利，主要包括物权与债权。物权，是指权利人依法对特定的物享有直接支配并享受其利益的排他性的权利，包括所有权、用益物权和担保物权。债权是债权人根据合同的约定和法律规定而享有的，请求债务人履行一定给付的权利，主要包括基于合同而产生的合同债权，基于不当得利而产生的债权，基于侵权行为而产生的债权，基于无因管理而产生的债权。

3. 知识产权

知识产权指权利人依法对其所创造的智力劳动成果所享有的权利，主要包括著作权，商标权，专利权，发明、发现和其他科技成果权。

大学章程是学校依法由利益相关主体协商一致达成的，约束大学及大学内部各利益群体和成员的，实体与程序相统一的规范性文件。学校章程是学校内部治理的纲领性文件，是学校制定其他自治管理性规定的基础和依据。大学章程是大学办学自主权体现与实现的重要方式。因此，学校在学校章程中赋予学生的权利，也是学生在学校学生管理过程中享有的权利，学校应当予以提供必要保障。

米典型案例：学生毕业逾期不还贷被银行起诉案①

1. 案情回放

24 岁的小王（化名）是某大学航海学院的一名毕业生。2005 年，他因为家境贫困，申请了助学贷款。2006 年，小王终于如愿申请到了 1 万元的助学贷款，借款期限为 7 年。

2008 年，小王毕业了，按照他和银行的合同约定，小王在离校日后次月，就要付利息，首次还本金的日期是 2009 年 9 月 1 日。但是，小王并没有依约还本付息。2010 年 8 月份银行在催讨多次无果后，将小王告上了集美区法院。此时，小王还欠银行贷款本息共计 9135 元。

近日，集美区法院一审支持了银行的诉求。

2. 案件评析

贫困大学生在申请国家助学贷款时，都承诺毕业后绝不会延期还款。然而，等到真的毕业了，他们中的一些人却因为种种原因不按时还贷。同时，拖欠助学贷款的大学生多数为省外生源，毕业后联系方式改变，银行通过电话催收和现场催收无果后，在超过 6 个月后，才起诉至法院。

大多数被告在收到法院传票后，自动归还了贷款，银行随后向法院申请撤销了起诉。少部分被告由于毕业去向不明，无法直接联系，法院缺席判决，学生

① 《贷款逾期不还比例攀高 大学生老赖吓退银行助学》，腾讯网，http://fj.qq.com/a/20120705/000326.htm，2012 年 7 月 5 日。

败诉。

学生不还贷的原因主要有如下几种：

第一，学生缺乏诚信意识、法律意识，对拖欠助学贷款应承担的违约责任没有充分认识。

第二，部分学生因为就业难，毕业后回到农村种田，因不再打算和银行打交道了，所以也无意偿还助学贷款。

第三，个别学生因就业困难毕业后未找到稳定工作，家境又贫寒，确实无力偿还银行贷款。

学生不还贷或不按时还贷，将留下"信用污点"，进入个人银行诚信记录。同时，国家助学贷款作为信用贷款，所有的个人还贷信息都进入个人征信系统。国家助学贷款，本来就是一种资助贫困学生的政策优惠性贷款，学生与银行签订国家助学贷款合同后，在享有国家政策优惠的同时，应按合同约定履行相应的还款义务。

第七条　【学生的义务】

第七条　学生在校期间依法履行下列义务：

（一）遵守宪法和法律、法规；

（二）遵守学校章程和规章制度；

（三）恪守学术道德，完成规定学业；

（四）按规定缴纳学费及有关费用，履行获得贷学金及助学金的相应义务；

（五）遵守学生行为规范，尊敬师长，养成良好的思想品德和行为习惯；

（六）法律、法规及学校章程规定的其他义务。

本条规定了学生在高等学校管理过程中应尽的具体义务。

一、遵守宪法和法律、法规

遵守宪法和法律、法规是每个公民应当履行的基本义务，学生也不例外。我国《宪法》第三十三条规定："任何公民享有宪法和法律规定的权利，同时必须履行宪法和法律规定的义务。"《教育法》第二十九条规定受教育者应当遵守法律法规。《高等教育法》第五十三条规定："高等学校的学生应当遵守法律、法规。"

二、遵守学校章程和规章制度

学校章程是高等学校依据国家授权在法定的范围内，由利益相关主体协商一致达成的，约束大学及大学内部各利益群体和成员的，实体与程序相统一的规范性文件。学校章程是学校内部治理的纲领性文件，是学校内部成员，尤其是学生应当遵守的规范性文件。

学校的管理制度主要有学校民事事务管理制度、学校自治事务管理制度和学校行政事务管理制度。学校民事事务管理制度主要包括学生住宿、寝室管理制度；学校自治事务管理制度主要包括教育教学管理制度、学生学籍管理制度、学生品德行为管理制度；学校行政事务管理制度主要指学校校园秩序管理制度。学生违反学校章程和相关管理制度，应当受到批评教育和相应的纪律处分和学籍处理。

三、恪守学术道德，完成规定学业

1. 学生应当恪守学术道德，坚守学术诚信

学术道德是治学的起码要求，是学者的学术良心。学术道德的缺失无疑意味着学术失范现象的产生和蔓延。学术诚信是大学精神的根本，也是社会诚信的重要体现。针对当前高校学术不端、考试作弊、信用缺失的不良现状，刑法修正案将国家考试作弊纳入刑法调整范围，教育部也出台《学位论文作假行为处理办法》（教育部令第34号）、《教育部关于修改〈国家教育考试违规处理办法〉的决定》（中华人民共和国教育部令第33号）、《普通高等学校招生违规行为处理暂行办法》等行政规章，加大对严重学术不端、不诚信行为的规范与治理。高等学校学生应当遵从学术规范，恪守学术道德，坚守学术诚信，不作弊，不剽窃。

2. 学生应当努力学习，完成规定学业

学生以学习为天职。《教育法》第四十三条规定受教育者应当努力学习，完成规定的学习任务。努力学习，完成规定学业，具体表现在如下三个方面：

第一，学生应按时上课，上课前准备好学习用品。不能无故迟到、早退，去做与学习无关的事情。

第二，上课时专心听讲，勇于提出问题，敢于发表自己的见解，积极回答老师的提问。

第三，在课后，应该认真复习上课所学的内容，按时完成课后作业；珍惜时间，科学安排课余活动。

四、按规定缴纳学费及有关费用，履行获得贷学金及助学金的相应义务

《高等教育法》第五十四条规定："高等学校的学生应当按照国家规定缴纳学费。家庭经济困难的学生，可以申请补助或者减免学费。"高等教育属于非义务教育，对于非义务教育收取一定的学费是世界上所普遍实行的一种制度。新中国成立以来，高等教育曾一度实行免费制。但随着我国改革开放和现代化建设事业的深入发展，社会主义市场经济体制的建立，社会对教育的需求不断扩大，而教育投入不足，教师待遇偏低，办学条件较差，教育体制和运行体制不适应日益深化的经济、政治、科技体制改革需要的状况严重，必须认真处理。

1989 年，当时国家教委、财政部、国家物价局联合下发的《关于普通高等学校收取学杂费和住宿费的规定》指出，"从 1989 学年度开始，对新入学的本、专科学生（包括干部专修科和第二学士学位班学生），实行收取学杂费制度"，"对新入学的住学校宿舍的本、专科学生要收取住宿费"，"对师范院校享受专业奖学金的学生免收学杂费和住宿费。其他享受专业奖学金和定向奖学金的学生免收学杂费，只收取住宿费"，对"家庭经济确有困难的学生，可以酌情减免学杂费，住宿费不予减免"。

1993 年中共中央、国务院发布《中国教育改革和发展纲要》指出，要"改革学生上大学由国家包下来的做法，逐步实行收费制度。高等教育是非义务教育，学生上大学原则上均应缴纳学费"。

1996 年国家教委、国家计委、财政部联合发文《关于颁发义务教育等四个教育收费管理暂行办法的通知》，通知中的《高等学校收费管理暂行办法》对高等教育收费问题再次明确指出："高等教育属于非义务教育阶段，学校依据国家有关规定，向学生收取学费"；"农林、师范、体育、航海、民族专业等享受国家专业奖学金的高校学生免缴学费"；"对家庭经济困难的学生应酌情减免收取学费，具体减免办法，由省人民政府根据国家有关规定制定。同时，各高等学校及其主管部门要采取包括奖学金、贷学金、勤工助学、困难补助等多种方式，切实帮助家庭经济困难学生解决学习和生活上的困难，保证他们不因经济原因而中断学业"；"学校为学生提供的住宿收费，应严格加以控制。住宿费收费标准必须严格按照实际成本确定，不得以营利为目的。具体收费标准，由学校主管部门提出意见，报当地物价部门会同财政部门审批"；"高等学校除收取学费和住宿费以外，未经财政部、国家计委、国家教委联合批准或省级人民政府批准，不得再向学生收取任何费用"。

1998 年国家颁布《高等教育法》规定："高等学校的学生应当按照国家规定缴纳学费。家庭经济困难的学生，可以申请补助或者减免学费。"自此，国家以法律的形式正式确定了高等教育实行收费制。高校学生应当按规定缴纳学费及有关费用，履行获得助学贷款及相应义务。

五、遵守学生行为规范，尊敬师长，养成良好的思想品德和行为习惯

学生在校期间遵守学生行为规范，是学生应当履行的重要义务。《高等学校学生行为准则》是国家教育行政管理机关制定与颁发的，规范高校学生行为的，高校学生应当遵守的基本要求。

尊敬师长是《高等学校学生行为准则》提出的具体要求，是学生良好品德和行为修养的表现。教师以教书育人、培养国家栋梁为使命，理应受到社会，尤其是学生的尊重。学生在平等的基础上对教师的尊重也是保持良好的教育教学秩序所必需的。

六、法律、法规及学校章程规定的其他义务

遵守法律、法规和学校章程，必然意味着应当履行法律、法规和章程所规定的其他义务。

◆**热点问题：学校章程的性质与效力**

疑问：学校章程的性质与效力如何？①

加强章程建设，完善治理结构，构建现代大学制度已成为时代赋予中国大学制度改革的重要目标。"以大学章程为支点，建立现代大学制度，从而撬动整个中国高等教育改革，已经成为教育主管部门从纷纭复杂的头绪中理出的改革新思路。"②然而，当制定大学章程成为当前一段时期内建构现代大学制度的首要任务时，必须清楚认识到大学章程性质的内部性与效力的有限性。正是由于大学章程的内部特性决定着大学章程的作用范围是有限的。在中国特定语境中的大学治理方式改革绝不

---

① 李华：《大学章程的性质与效力审视》，《四川师范大学学报》（社会科学版）2012 年第 4 期。

② 柳园：《大学章程——权力的边界》，《教育与职业》2011 年第 10 期。

仅仅是制定和实施大学章程问题。

曲解大学章程的本质、混淆大学章程的性质、夸大大学章程的效力，是加强章程建设、完善治理结构、构建现代大学制度必须克服的三种倾向。只有在正确把握大学章程的概念基础上准确认知大学章程的效力，从大学章程的有限性出发引入教育行政与司法监督，才能制定出适合我国大学特色和高等教育发展基本规律的大学章程，推动中国高等教育体制的改革和现代大学制度的构建。

一、必须克服认识误区，大学章程不是大学治理的"宪法"

大学章程是大学这一特殊社会组织所制定的协调管理组织内部关系的规范性文件，而不是国家机关制定的具有法律效力的章程。将大学章程视为大学治理之"宪法"，企图通过制定与实施大学章程来实现规范学校与政府间的权力分配并约束政府的理想，既与大学章程之本质相违，也与中国现实的管理体制相违，更与教育作为公益事业的发展规律相违，很难实现"去行政化"的理想目标。法律是国家意志的产物，是国家实现社会治理的工具。因此，大学章程作为大学内部的规范性文件无论如何也不能和法律相提并论，它成不了法官判案的依据。

大学治理方式改革，在当代中国教育体制现实之语境下，是一个深刻的、复杂的、全面的、系统的高等教育体制改革问题，而绝非由某一所大学的内部治理所能完成。大学治理方式的改革需要在国家良好的法律法规指引下进行。制定统一的规范的大学法便成为当前中国现代大学制度建立的重要前提。各大学只有在法律指引下，才能进一步制定适合自己特色的大学章程，协调大学内部各种利益与权力，规范自己的管理行为，实现依法治校、依章治校。

大学章程，是大学制定的内部规范性文件，是大学内部各利益主体博弈后的合意体现。既然大学章程是大学内部各利益主体博弈的合意，则当然只应该对形成合意的各主体具有约束力与强制力。换言之，大学章程只能是大学内部运行的规范性文件，而且某个大学的章程不能对别的大学的章程形成约束力与强制力，更不能对整个高等教育体制改革起到决定性的作用。

二、大学章程的作用范围具有内部性

现象背后总隐藏着某种深刻的本质。透过现象，看到特征，提示本质，是厘清大学章程性质的基本路径。大学章程，是依据国家法律由除去学生主体而与大学设立与运行息息相关的利益主体协商一致达成的约束大学及大学内部各利益群体和成员的实体与程序相统一的规范性文件。它有如下几个特征：

1. 从制定依据看，大学章程是依据国家教育法律而制定的

在民主法治的社会中，国家对大学的控制与管理更多的是通过国家法律来实现。然而，在我国现行的高教行政法体系内，除去高等教育法和教育法对大学章程作出简略规定外，只有教育部颁布的于 2012 年 1 月 1 日实施的《高等学校章程制定管理办法》。作为一部部门规章，其法律位阶太低、效力不强，仅为法院审理案件的参考，而且该办法也未规定和区分我国现行大学的性质，更未设定不制定章程，或者章程违法的法律后果。因此，完善大学章程制定依据是当今大学制度改革的必要前提。在民主的法治的社会中，"游戏的规则比游戏本身更重要"。

2. 从制定主体看，大学章程是与大学设立和运行息息相关的各方利益主体协商一致的结果

大学章程是大学自治管理的基本依据，其主要目的在于平衡大学自治权。而大学自治权的平衡实质就是大学多元主体参与学校管理的机会平等、责任共担和权力共享。[1] 由于大学章程是大学内部权力与权利设定的边界，因而其制定过程必定是权力（利）背后的利益博弈、分配和协调过程。因此，大学章程建设的重点不主要在于制定一部什么样子的章程，而更主要在于在章程的制定过程中，相关利益主体是否得到充分的尊重，尤其是学术研究者的"话语权"是否有足够的影响力。只有理顺大学内部利益主体间的关系，才能实现大学章程制定的合理化、正当化、民主化。只有充分尊重利益主体，提升学术研究者"话语权"的影响力，才能有效地防止行政权力对学术权力的侵蚀。然而大学内部利益主体因大学性质的不同而有所不同。区分大学性质，确定利益主体，便成为当前制定大学章程的重中之重。

3. 从效力范围看，大学章程是约束大学及大学内部各利益群体和成员的规范性文件

如果将大学章程理解为大学相关利益主体博弈的结果，那么这种结果应该体现的效力就是基于合意而对这些利益主体产生的约束力。这种约束力是主体自由意志的必然结果。需要明确的是，作为高校内部成员的学生，因为其流动性和章程的稳定性决定，很难成为大学章程的修改者，更不可能成为大学章程的制定者。那么大学章程为什么会对他们具有约束力呢？可以这样认为：大学章程是对学生进行的一种宣誓性的社会承诺。学校应当在遵守国家法律法规的前提下严格按照大学章程对学生进行管理，实现这种宣誓性承诺。当学校基于自治而对学生实施的管理行为侵

---

① 吴玉萍：《基于大学治理权平衡视角的大学章程建设研究》，《中国高教研究》2011 年第 9 期。

害学生合法权益时，学生可以通过申诉与诉讼实现自己的权益保障与救济。

大学章程也不能对社会其他主体和国家政府产生约束力。其一，政府、国家是高校的管理者，负有依法对大学履行管理的职责，并且还要对国立大学履行出资人的职责。这些职责不是基于大学章程而产生的，而是基于大学章程效力之上的大学法而产生的。其二，大学章程，作为校内的总纲领，是"大学精神的集中体现和大学行为的总规范，实际上是法的治理模式、法的精神和法律法规在一所大学的进一步延伸和具体化、个性化"。① 国家与政府是大学的管理者，自在地享有管理权，社会是大学的监督者，自在地享有监督权。只有有效的管理、有力的监督才能保证大学公益目的的实现。因此通过大学法的制定来界分公立高校权利与政府权力的分配，是比较行之有效的方法。公立大学的大学章程应该认真贯彻执行和实现大学法。

4. 从规范性质看，大学章程是实体性规范与程序性规范的统一体

从规范性质分析，大学章程既是实体性规范，也是程序性规范。但这种"程序"并非一般意义上的程序，它是以"正当程序"为精神并渗透于实体组织、权利与权力运动的"程序性"规范。程序正义既是行政法治的基本要求，也是大学治理民主法制化的重要体现。大学章程在以实体规范界分主体之间权利（力）义务、确认内部管理组织规则的同时，亦应通过建立公平正义的运行机制来实现实体权利、义务，以体现"正当程序"的基本精神。如大学章程制定与修改程序、重大事项的决策程序、日常事务的处理程序、权利实现的救济程序等。② 如果大学章程对内部成员要具有约束力，则只有通过正当程序来制定和实施章程才能获得大学内部成员的普遍服从，从而实现大学章程权威性与自觉性的统一。

三、大学章程的作用效力具有有限性

大学章程是大学治理的内部纲领性文件。也正是这种内部性，决定着大学章程的效力是有限的，而不是无限的。如果说大学章程的效力是一种作用力，则它既不留存于人之脑海中，也不凝固于大学章程之上。它只有通过特定的事项、特定的对象、特定的程序和特定的手段才能发挥作用。大学章程效力的有限性也正是通过作用的事项、对象、程序和手段四个维度表现出来的。

---

① 湛中乐：《现代大学治理与大学章程》，《中国高等教育》2011 年第 9 期。
② 湛中乐、徐靖：《通过章程的现代大学治理》，《法制与社会发展》2010 年第 3 期。

1. 作用事项是有限的

大学章程作用的事项，只能在法律法规授权高校可以自治的范围和框架内，不能跨越和超越法律法规设定的职权事项。大学章程作用事项的有限性主要表现在如下两个方面：其一，大学章程的作用事项必须是国家法律法规授权大学可以自治的事项。如对于学生的纪律处分权和学籍处理权的设定与行使就是如此。大学不能以大学自治为理由通过大学章程以纪律处分的方式干涉学生的本应属于民事领域的人身和财产法律关系。其二，大学章程作用的事项应当属于大学校内的可以自治的事项，而不能作用于校外的相关事项。大学章程是指导特定的具体的大学运行的规范性文件。

2. 作用对象是有限的

大学章程作用的对象表现为三个方面而不能有其他。

第一，大学章程效力作用于参与制定大学章程的主体，如投资者（举办者）、办学者（管理者）、学术者（学术研究者）。大学章程是利益主体博弈后的合意体现。既为一种合意，自然而然地为合意主体所遵守与服从。合意是大学章程获得对制定主体的权威性的根基。

第二，大学章程作用于大学内部的其他成员，如受教育者（学生）和受聘教师。大学在法律法规的授权内按大学章程来治理大学内部事务，而内部事务管理作用则必然表现为对大学教职员工的管理和对大学学生的管理。因此，对学生的管理和对教师的管理均必须按照大学章程所宣示的内容严格遵守。

第三，大学章程作用对象只能是上述两个方面的主体，而不能直接作用于政府与社会。无论是国立大学还是私立大学，政府必须承担社会公共管理的职责，社会必须享有监督的权力。政府管理、社会监督的共同目的旨在保障和维护大学的公益目的。2010 年 9 月 1 日实施的《高等学校信息公开办法》正是高等学校接受社会监督的重要举措，是高等学校运行的必然要求。

3. 作用手段是有限的

大学章程的生命在于运行，而良好的运行需以必要的制裁为手段。但大学对违反大学章程及其相关管理制度的行为所作出的制裁措施应该是有限度的，尤其对学生和教职人员违反校规所作出的处理措施更是如此。大学章程所设定的制裁措施必须在法律法规允许的范围内，与行为性质和情节相适应，并不得侵害教师与学生的基本权利。如学校不得以开除学籍的处分措施任意剥夺学生的受教育权，不得以纪律处分的措施任意干预和剥夺学生的民事权利等。同时，大学章程作用手段的有限性，还表现在大学不可能也绝不能实现完全自治。大学对教师和学生所作的管理行为，如果相对人认为其侵害了自己的合法权益，在穷尽学校所规定的救济制度后仍不服的，可以依法向法院提起诉讼，以保障相对人的合法权益和约束学校的管理行为。由司法审查和监督大学管理行为，是保障大学章程的作用手段是否合法正当的重要制度。大学章程不得以自治的理由剥夺公民的诉权和排除司法审查。

4. 作用程序是有限的

大学治理，从某种意义上讲，更主要体现为治理的过程而不是结果。因此大学治理中正当程序的建立与健全便显得尤为重要。大学治理程序作为一种类行政程序，它同司法程序在程序追求价值的主次上有所不同。行政程序以追求效率为程序运行第一价值，而司法程序则以追求公正为程序运行的第一价值。因此大学章程所规定的治理规则和程序，是大学作为主体的自治规则和自治程序，其主要表现为重大事项的决策程序、日常事务的处理程序以及听证与申诉程序。但这些程序仅是在追求效率价值的同时，兼顾公正价值，绝不能替代司法程序的功能。如果要制止与防止大学管理中的违法行为并充分保障管理相对人的合法权益，则必须借助司法的权威实现。这是民主法治在大学自治中的必然体现。

第三章 学籍管理

　　高校学生管理权是由高校对学生行使的行政管理权、自治管理权和民事管理权三种不同法律性质的"权"组合成的集体概念。高校自治管理权既不同于高校行政管理权，也不同于高校民事管理权。高等学校对学生的自治管理权是基于学术自由、学术自治，以学生学籍为中心而展开的事务管理权。学籍是"经过一定的手续或入学资格考试及格，正式录取，并按照规定办理注册手续后取得的学生资格"。学籍管理是"指对在校学生学历的管理。包括：新生入学，学习成绩考核，升级、留级，休学、复学、退学、转学（包括高等学校转系或转专业），纪律考勤，奖励、处分，鉴定，毕业等方面的规定和处理"。[①] 学籍管理是高校学生管理的主要内容。《教育法》第二十八条规定：学校有权"对受教育者进行学生学籍管理，实施奖励或者处分"。《高等教育法》第四十一条规定：高校有权"对学生进行学籍管理并实施奖励或者处分"。因此，学籍管理是学校依法自主办学而对学生实行自治管理的权力体现，是我国大学办学自主权的重要体现。

　　本章对入学与注册，考核与成绩记载，转专业与转学，休学与复学，退学，毕业、结业与肄业 6 个方面进行了相关规定。从学生权利出发，可将学生在学籍管理方面的权利分为入学资格权、学籍取得权、学籍维护权、学籍变动权、学习评价权、证书取得权等。如图 3-1 所示。

第一节　入学与注册

　　入学与注册是高等学校与学生形成法律关系的重要法律行为。入学涉及入学资格的审查、入学手续的办理和入学后果的处理；注册是在新生按照相关要求、办理入学手续后，学校对学生学籍取得的认可行为。为规范入学与注册行为，保障学生相关合法权益，本节对入学的条件、学校的复查、入学资格的取消与保留以及入学学籍注册作了相关规定。

---

　　① 辞海编辑委员会：《辞海》（1999 年版缩印本：音译），上海辞书出版社 2002 年版。

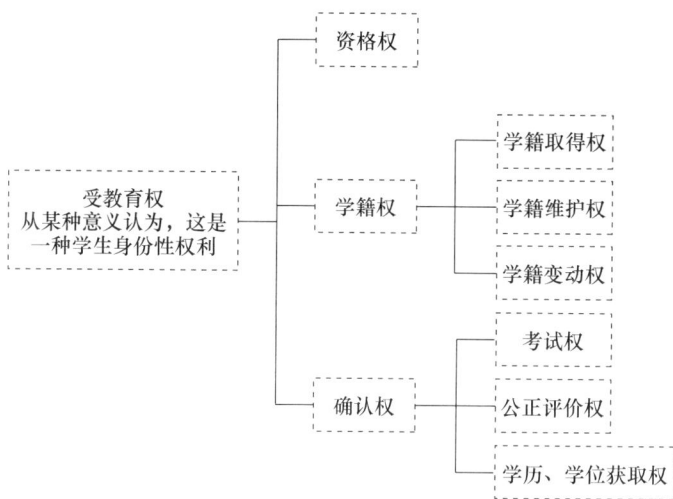

图 3 - 1 学生学籍权利谱系

第八条 【新生入学条件】

第八条 按国家招生规定录取的新生，持录取通知书，按学校有关要求和规定的期限到校办理入学手续。因故不能按期入学的，应当向学校请假。未请假或者请假逾期的，除因不可抗力等正当事由以外，视为放弃入学资格。

本条规定了新生入学的条件。

一、按国家招生规定录取的新生，持录取通知书，按学校有关要求和规定的期限到校办理入学手续

1. 按国家招生规定录取的新生，持录取通知书，才能办理入学手续

根据《教育法》、《高等教育法》以及相关法律法规规定，国家、省级招办和高等学校是招生权的拥有者，国家教育部主要拥有招生与考试工作的管理权，省级招办主要行使监督权，高等学校是具体实施招生录取工作的组织，同时拥有一定的招生自主权。目前根据《国家中长期教育改革和发展规划纲要》（2010～2020），我国高校本科招生呈现多元录取机制："以统一入学考试为基本方式，结合学业水

平考试和综合素质评价，择优录取。对特长显著、符合学校培养要求的，依据面试或者测试结果自主录取；高中阶段全面发展、表现优异的，推荐录取；符合条件、自愿到国家需要的行业、地区就业的，签订协议实行定向录取；对在实践岗位上做出突出贡献或具有特殊才能的人才，建立专门程序，破格录取。"不管高等学校以哪种方式录取的新生，都应当向拟录取学生签发录取通知书。录取通知书是录取学校签发的证明新生被高校录取的书面凭证。新生应当持录取通知书才能入学报到，办理入学手续。如果新生录取通知书遗失，则必须办理其他证明手续，以证明高校录取的学生是学生本人。

2. 按学校有关要求和规定的期限到校办理入学手续

高等学校有权依法根据实际情况就入学时间、注意事项等作出具体规定，并以合理正当的方式告知学生与社会。一般而言，学校应将入学时间、入学注意事项等在录取通知书上载明或者以附件的形式与录取通知书同时寄出。新生应当按照学校有关要求和规定的期限到校办理入学手续。

二、因故不能按期入学者，应当向学校请假

新生如果因故，既可以是因主观原因，也可以是因客观原因，不能按照学校规定的期限或录取通书规定载明的期限到校办理入学报到手续的，应当向学校请假并履行相应的请假手续。只要学生按照学校规定的期限和程序向学校请假的，学校原则上应当同意学生的申请，并不得随意剥夺新生的入学资格。因此，学校对请假申请的审查仅限于程序性审查，而不是对请假原因进行实质性审查。学生也可以结合自己的实际情况，根据《规定》第十条，向学校申请保留入学资格。

三、未请假或者请假逾期者，除因不可抗力等正当事由外，视为放弃入学资格

如果新生未请假或者请假逾期，除因不可抗力等正当事由外，视为放弃入学资格。不可抗力是指不能预见、不能避免并不能克服的客观情况，主要表现为重大自然灾害、突发重大疾病等不以自己意志为转移的客观事由。

◆**热点问题：学校对请假新生入学资格的保留问题**
疑问：学校是否应当保留对未请假新生入学资格？

"未请假或者请假逾期的，除因不可抗力等正当事由以外，视为放弃入学资格"的理解和运用存在如下几方面的问题：

一、"视为放弃入学资格"事由模糊

第一，学生请假逾期，实质上是学生已经向学校请假，只是学生未能按学校规定的时限请假，学校有能力对请假事由进行正当性审查。请假不具正当事由的新生，则视为放弃入学资格；具有正当事由，按照新生报到程序办理新生入学。

第二，未请假的新生，如果有因不可抗力等正当事由的，学校也不得直接视为放弃入学资格。但是，对于未请假的新生，学校是很难甚至不可能知道其未请假的事由，更难判断学生未请假事由的正当性。

二、"请假逾期"的期限模糊

根据本条规定，学校只规定了新生持录取通知书报到的期限。新生应当在规定的期限内报到，不能在规定期限内报到的，应当在此期限内向学校履行请假手续。因此，只要新生在学校规定的报到期限后向学校请假，原则上应当视为请假逾期。但是，条文却未规定逾期后的时间长短。半年后、一年后、两年后……再向学校提出请假，是否也算逾期请假。

三、学校对入学资格保留的管理困境

第一，学生只要未请假，学校则很难知道学生未请假的事由和判断未请假事由的正当性。但是，学校又不能直接视为学生放弃入学资格。加之，条文未直接规定学校保留入学资格的年限。因此，学校就只能无限期保留新生的入学资格。

第二，学生逾期请假，因为条文未直接规定逾多长时间的期，从而也会无限期保留新生的入学资格。

因此，本条规定从保护学生利益角度审视，无疑非常有利。但是，对学校管理而言，则给学校带来非常大的管理难度，不利于学校的管理，也严重限制学校的办学自主权。

第九条 【新生入学初审】

第九条　学校应当在报到时对新生入学资格进行初步审查，审查合格的办理入学手续，予以注册学籍；审查发现新生的录取通知、考生信息等证明材料，与本人实际情况不符，或者有其他违反国家招生考试规定情形的，取消入学资格。

本条是关于对新生入学资格初步审查的规定。

学校在报到时有义务对新生入学资格进行初步审查。根据《教育部办公厅关于做好2016年全国普通高校招生录取工作的通知》（教学厅〔2016〕6号）要求，学校审查的内容一般包括如下几个方面：①对新生报到所需录取通知书、身份证、户口迁移证（未办理户口迁移者除外）、高考加分资格证明等材料要与纸质档案、录取名册、电子档案逐一比对核查；②对录取享受高考加分照顾的新生、自主招生、综合评价招生等形式录取的新生及面向农村学生的各类专项计划录取的新生资格条件要进行逐一复核；③对学生身份信息与省级招生部门录取信息（姓名、性别、身份证号、民族等）要严格核对，如发现信息不一致或录取数据缺失的，应严格按照《高等学校学生学籍学历电子注册办法》（教学厅〔2014〕11号）相关要求，及时联系生源地省级招生部门调查核实，属于招生报名及录取期间发生的数据错误或缺失的，由学校向生源地省级招生部门提出申请，待省级招生部门核实修正或补充录取数据并上报教育部后，再办理该生新生学籍电子注册手续；④加强对专升本、第二学士学位、研究生新生前置学历的复核，复核未通过的不予报到和学籍电子注册。

学校对新生入学资格进行初步审查合格后，办理入学手续并予以注册学籍。学籍是经过一定的手续或入学资格考试及格，正式录取，并按照规定办理注册手续后取得的学生资格。新生经注册后，取得学籍，享受学生权利，承担学生义务。因此，为切实保护学生权益、确保招生公平公正，高校要严格按照经省级招生部门核准的录取名册和报到入学新生名单，及时上网进行新生学籍电子注册。对于学籍管理系统未提供相关信息的已录新生，有关高校要及时与生源地省级招生办联系核实情况，属于漏报或延报的要及时补报录取数据。严防同姓名同身份证号重复注册，普通本专科学生、研究生，在同一学习时段，只注册一个普通全日制学籍（联合培养的除外）。要进一步加强对专升本、第二学士学位、研究生新生报考的学历资格复核，未通过复核的不予新生学籍电子注册并及时通知学生。同时，高校要做好"免费师范生"、"免费医学生"、"贫困地区专项生"等特殊学生类型的标注工作。

学校对新生入学资格进行初步审查后，发现其录取通知、考生信息等证明材料，与本人实际情况不符，或者有其他违反国家招生考试规定情形的，学校根据《规定》第五十六条对其作出取消入学资格的决定，取消其入学资格。新生对学校作出的取消入学资格决定有异议的，可以依据《规定》第六十条向学校申诉委员会提出书面申诉。

第十条 【入学资格的保留与取消】

第十条 新生可以申请保留入学资格。保留入学资格期间不具有学籍。保留入学资格的条件、期限等由学校规定。

新生保留入学资格期满前应向学校申请入学，经学校审查合格后，办理入学手续。审查不合格的，取消入学资格；逾期不办理入学手续且未有因不可抗力延迟等正当理由的，视为放弃入学资格。

本条规定了入学资格的保留。

保留入学资格，是指学校依法依规对新生的入学资格在新生入学后的一定期限内予以保留。保留入学资格，由新生提出申请，学校根据学校规定对其申请进行审查并予以认可。现行《规定》扩大了保留入学资格的范围，赋予新生可以根据自己的实际情况自主申请保留入学资格。同时，《规定》也赋予了学校的办学自主权，允许学校在不违反国家有关招生政策的情况下，可以自主规定申请保留入学资格的条件和期限。新生申请保留入学资格，应当符合学校规定的条件和期限。保留入学资格期间不具有学籍。

保留入学资格期满，新生应当向学校提出申请。学校依据《规定》第八条、第九条之规定进行审查，审查合格，办理入学手续。审查不合格的，学校依据《规定》第五十六条取消入学资格；逾期不办理入学手续且未有因不可抗力延迟等正当理由的，视为主动放弃入学资格。

但是，适用本条规定存在如下两个问题：

（1）由于本条没有明确规定学生申请保留入学资格的条件和期限，而是赋予高校自主规定保留入学资格的条件和期限。如果学校没有规定相应的条件和期限，则学生申请保留入学资格的权益可能无法实现。

（2）根据本条规定，"可以"意味着申请保留入学资格是学生的权利，而不是学生的义务。如果学生不申请保留入学资格，也不向学校履行相关的请假手续，就是不来学校报到，则意味着：①学校不能也无法视其为主动放弃入学资格；②学校可能会无限期为不报到学生保留入学资格。这会给学校学生管理带来很大困难。

因此笔者建议在未来修订《规定》时增加规定："新生不能按照学校规定报到期限到校报到，应当在报到期满前二周内向学校履行请假手续或申请保留入学资格。逾期不报到，且未请假或未申请保留入学资格的，视为其主动放弃入学资格。但学校对请假和申请保留入学资格的条件、期限另有规定的除外。"这样规定既能有效地保证新生申请保留入学资格的权利的实现，又能有效地促进各高校努力完善自己的相关学生管理规定，健全自己的学生管理制度。

第十一条 【新生复查】

第十一条　学生入学后，学校应当在 3 个月内按照国家招生规定进行复查。复查内容主要包括以下方面：

（一）录取手续及程序等是否合乎国家招生规定；

（二）所获得的录取资格是否真实、合乎相关规定；

（三）本人及身份证明与录取通知、考生档案等是否一致；

（四）身心健康状况是否符合报考专业或者专业类别体检要求，能否保证在校正常学习、生活；

（五）艺术、体育等特殊类型录取学生的专业水平是否符合录取要求。

复查中发现学生存在弄虚作假、徇私舞弊等情形的，确定为复查不合格，应当取消学籍；情节严重的，学校应当移交有关部门调查处理。

复查中发现学生身心状况不适宜在校学习，经学校指定的二级甲等以上医院诊断，需要在家休养的，可以按照第十条的规定保留入学资格。

复查的程序和办法，由学校规定。

本条是关于学校对入学后的新生进行复查的规定。

严格新生入学资格复查，有利于切实保护学生权益、确保招生公平公正、维持高等学校办学秩序。本条对新生入学资格复查的主体、时间、依据、内容、程序和后果作了具体的规定。

一、复查的时间、依据和内容

1. 复查的时间

学校应当在新生入学后的 3 个月内进行复查。在新生入学后 3 个月内对学生进行复查，是高等学校应当履行的职责。

2. 复查的依据

学校应当按照国家招生规定对其进行复查。教育部每年都要制定当年的全国普通高校招生录取的相关规定，规范当年的高校招生录取工作。

3. 复查内容

学校对新生进行复查的内容主要包括如下方面：

（1）录取手续及程序等是否合乎国家招生规定。高考录取的流程一般包括八个方面①：①模拟投档：每批正式投档之前，省级招办按照高校确定的投档比例进行模拟投档。②确定投档比例：投档后省级招办及时向高校报送生源分数段颁布情况。高校根据模拟结果决定是否追加计划，是否调整投档比例。③正式投档：省级招办按照高校投档的要求和考生填报的志愿，将符合高校投档的考生电子档案在网上投递给高校。平衡志愿按照考生成绩从高到低只进行一次投档。④阅档：招生高校在规定时间内从网上下载考生的电子档案数据进行审阅。审阅内容包括考生成绩、专业志愿、是否服从调剂选项、体检表及诚信记录等。⑤预录取：招生高校按照相关规定和招生章程等，将符合录取条件的考生进行预录取。预录取和结果上传到省级招办。⑥录取检查：省级招办对高校预退档考生的情况进行审核，如无异议，则录取结束。⑦打印录取名单：省级招办根据招生高校的录取结果打印录取新生名册，加盖省级招办录取专用章后送招生高校。⑧填发录取通知书：招生院校根据录取考生名册填写录取通知书，加盖该校公章后连同入学报到须知、资助政策办法等相关材料一并寄送被录取考生。学校应当对新生的录取手续和程序，依据国家招生规定，进行复查。

（2）所获得的录取资格是否真实、合乎相关规定。根据教育部《普通高等学校招生违规行为处理暂行办法》（2014）第十一条规定："考生有下列情形之一的，应当如实记入其考试诚信档案。下列行为在报名阶段发现的，取消报考资格；在入学前发现的，取消入学资格；入学后发现的，取消录取资格或者学籍；毕业后发现的，由教育行政部门宣布学历、学位证书无效，责令收回或者予以没收；涉嫌犯罪的，依法移送司法机关处理。①提供虚假姓名、年龄、民族、户籍等个人信息，伪造、非法获得证件、成绩证明、荣誉证书等，骗取报名资格、享受优惠政策的；②在综合素质评价、相关申请材料中提供虚假材料、影响录取结果的；③冒名顶替

①　以下流程是根据各省级招办的工作程序整理。各省情况每年都有差别，请以生源地省级招办当年公布的流程为准。

入学，由他人替考入学或者取得优惠资格的；④其他严重违反高校招生规定的弄虚作假行为。违反国家教育考试规定、情节严重受到停考处罚，在处罚结束后继续报名参加国家教育考试的，由学校决定是否予以录取。"

（3）本人及身份证明与录取通知、考生档案等是否一致。复查学生的身份信息是新生复查的重要内容。学校应当复查学生的身份证所记载信息与录取通知、考生档案等材料上所记载信息是否一致。对录取享受高考加分照顾的新生、自主招生录取新生及面向农村学生的各类专项计划录取的新生，学校应当对其入学资格和录取条件进行认真复核。通过身份信息的复查，防止学生提供虚假姓名、年龄、民族、户籍等个人信息，伪造、非法获得证件、成绩证明、荣誉证书等，骗取报名资格。

（4）身心健康状况是否符合报考专业或者专业类别体检要求，能否保证在校正常学习、生活。《普通高等学校招生体检工作指导意见》（教学〔2003〕3号）是高等学校录取新生时对其身体健康状况要求的指导性意见。高等学校可根据本校的办学条件和专业培养要求，提出对考生身体健康状况的补充规定，补充规定必须合法、合理，有详细的说明和解释，但不得以不具备办学条件或不符合培养要求为由，拒收确能进行所报专业学习的残疾考生。补充规定要在招生章程中向社会公布。未列入专业目录或经教育部批准有权自定新的学科专业，学校招生时可根据专业性质、特点，提出学习本专业对身体素质、生理条件的要求，并在招生章程中明确刊登，做好咨询解释工作。因此，学校要根据《普通高等学校招生体检工作指导意见》及学校相关规定，严格进行复核。

（5）艺术、体育等特殊类型录取学生的专业水平是否符合录取要求。对艺术、体育专业或艺术、体育特长生等特殊类型录取新生，学校应当组织专家组，开展入学专业复测，复查其专业水平是否符合录取要求。

二、复查程序

复查程序是复查的步骤、方法，对新生复查的具体程序和办法，由学校规定。学校可以根据自己的实际，制定相应的复查程序和复查办法，并按照复查程序和复查办法，严格对新生入学资格的复查。

三、复查后果

复查后果表现为取消学籍、移送处理和保留入学资格三种情况。

1. 取消学籍

学校复查发现学生有下列情形的，直接取消学籍：①提供虚假姓名、年龄、民族、户籍等个人信息，伪造、非法获得证件、成绩证明、荣誉证书等，骗取报名资格、享受优惠政策的；②在综合素质评价、相关申请材料中提供虚假材料、影响录取结果的；③冒名顶替入学，由他人替考入学或者取得优惠资格的。

2. 移送处理

复查结论证明在学生考试报名、志愿填报、健康状况、考试过程、录取环节存在弄虚作假、徇私舞弊等行为且情节严重的，学校应当将相关材料转送生源省省级招生部门依法查处。根据《普通高等学校招生违规行为处理暂行办法》（2014）第十一条规定，涉嫌犯罪的，还要依法移送司法机关处理。

3. 保留入学资格

复查发现学生身心状况不适宜在校学习，经学校指定的二级甲等以上医院诊断，需要在家休养的，可以按照第十条的规定保留入学资格。

根据教育部办公厅《关于做好2015年普通高等学校录取新生入学资格复查和学籍电子注册工作的通知》，各省级教育行政部门、高等学校要高度重视新生入学资格复查、学籍电子注册和在校生学年电子注册工作，加强组织领导，落实职能部门和专人负责责任制，完善考核机制和问责机制。对弄虚作假、将违规招收的学生留在学校等造成的不良后果，高校要承担直接责任。省级教育行政部门要切实履行指导、检查和监督职能，督促高校严格执行招生和学籍管理的有关规定，对擅自超计划招生的高校要按规定严肃处理并追究有关人员责任。各高等学校要加强校内招生、教务、学生、纪检监察和院系等部门的协调配合，规范程序，严格把关，确保新生入学资格复查和学籍电子注册工作及时有序地完成。

第十二条 【学生学籍注册】

第十二条　每学期开学时，学生应当按学校规定办理注册手续。不能如期注册的，应当履行暂缓注册手续。未按学校规定缴纳学费或者有其他不符合注册条件的，不予注册。

家庭经济困难的学生可以申请助学贷款或者其他形式资助，办理有关手续后注册。

> 学校应当按照国家有关规定为家庭经济困难学生提供教育救助，完善学生资助体系，保证学生不因家庭经济困难而放弃学业。

本条是关于学生学籍注册和资助困难学生的规定。

一、学生学籍注册

学籍管理是高等学校学生管理的重要组成部分，它关系到学生的学习资格和学习状态及结果的认定。学校对学生的学籍办理注册认证手续，既是维持学籍的一种手段，也是学校管理工作的需要。学生学籍注册包括学籍学期注册和学籍学年注册两种情况。

1. 学籍学期注册

每学期开学时，学生应当按照学校规定办理学籍注册手续。学生因疾病、突发事故等正当原因，不能如期注册者，应当履行暂缓注册手续。根据《规定》第六条规定，学生按规定缴纳学费是学生的义务。如果学生未按规定缴纳学费，学校对其不予以注册。"其他不符合注册条件"主要是指学生出现不适合在校学习、不能完成学业的情况。如学生应征入伍需要办理休学的，学生因病需要休学的，学生因故需要退学的，等等。

《高等教育法》第五十四条规定，家庭经济困难的学生，可以申请补助或者减免学费。同时，国家助学贷款是由政府主导、财政贴息、财政和高校共同给予银行一定风险补偿金，银行、教育行政部门与高校共同操作的专门帮助高校困难家庭学生完成学业的银行贷款。借款学生不需要办理贷款担保或抵押，但需要承诺按期还款，并承担相关法律责任。高等学校学生有权向银行申请贷款，用于弥补在校期间各项费用不足，毕业后分期偿还。高校学生可以根据自己的实际情况申请助学贷款。因此，学生可以根据自身情况申请助学贷款或者其他形式资助，办理有关手续后，学校应予以注册。

2. 学籍学年注册

学籍学年注册是教育部规定高等学校应在规定的时间内登录教育部中国高等教育学生信息网，进行高等学校学生学籍学历电子注册。中国高等教育学生信息网（以下简称学信网，网址：http：//www.chsi.com.cn）是高等学校学生学籍学历电子注册信息查询的唯一网站。为规范高等学校学生学籍学历电子注册，向高等学校、学生和社会提供便捷、客观、权威的学籍、学历信息查询、验证及认证服务，保护高等教育受教育者的合法权益，教育部根据《中华人民共和国高等教育法》和《普通高等学校学生管理规定》制定并颁布了《高等学校学生学籍学历电子注册办法》（2014）。该办法第十二条规定："高等学校从学生入学次年起至毕业，应在每学年第一学期进行学年电子注册（以下简称学年注册）。学年注册包括在校生新学年注册（含注册学籍、暂缓注册等）和上学年学籍变动（含留级、降级、跳级、休学、复学、转学、转专业、保留学籍等）、学籍记载（含学业考试情况、社会实践情况、奖惩情况等）、学籍注销（含退学、取消学籍、开除学籍、死亡等）以及学生取得的其他证书（含肄业证书、学习证明等）的标注。实行学分制的学校无须标注留级、降级、跳级情况。"第十三条规定："学年注册在每学年第一学期开学后 1 个月内完成。学籍注销应在学籍处理后 15 个工作日内完成。"第二十六条规定："对违反国家规定入学的学生，学校不得为其注册学籍和学历，已经注册的应予以注销。"同时通过学信网，学生可免费查询本人身份信息、学籍注册信息、学年注册信息和学历注册信息，也可查询本人学籍档案。社会其他部门及个人可依据学生提供的相关信息对学生身份信息、学籍注册信息、学年注册信息、学历注册信息和学生学籍档案进行查询、验证。

二、困难学生资助体系

教育公平是社会公平的重要基础，促进教育公平是国家基本教育政策。党和国家高度重视家庭经济困难学生上学问题，近些年中央有关部门密集出台相关资助政策措施，已建立了高校学生资助政策体系[1]，从制度上保障不让一个学生因家庭经济困难而失学。

1. 经济困难学生资助体系

目前，我国高校已建立"奖、贷、助、补、减"并以"奖、贷"为主体的经济困难学生资助体系。

奖，即奖学金。奖学金是学生在学习、工作、社会实践等某一方面或多方面表现突出而获得的奖励。奖学金可由政府、学校和社会各界等机构、组织或个人设立。目前，国家设立的奖学金有国家奖学金、优秀学生奖学金、专业奖学金、定向

---

[1] 教育部：《不让一个学生因家庭经济困难而失学——2016 年国家学生资助政策简介》，教育部官网，http://www. moe. edu. cn/jyb_ xwfb/xw_ fbh/moe_ 2069/xwfbh_ 2016n/xwfb_ 160825/160825_ sfcl/201608/t20160825_ 276654. html，2016 – 8。

奖学金和研究生优秀奖学金、研究生普通奖学金。除国家设立的奖学金以外，各校和社会单位或个人也设立了相应的奖学金。

贷，即国家助学贷款和学校贷款。国家助学贷款是国家政策支持、商业银行提供的大学生信誉贷款。学校贷款是学校提供的小额短期贷款。

助，即勤工助学。勤工助学活动是指学有余力的学生利用课余时间通过自己的劳动，增长才干，促进德、智、体、美等方面全面发展，并取得一定报酬的助学活动。学校应当鼓励和支持学生依法开展勤工助学活动，并保护学生以诚实劳动和服务获得的收入。在开展勤工助学活动时，应优先安排家庭经济困难学生参加。

补，即由国家或学校提供的专项困难补助。申请困难补助的学生应是月收入（包括家庭收入、社会来源、奖学金、勤工助学收入及各种补贴）低于学校所在地区居民的平均生活水平线的学生。

减，即学费减免。享受学费减免的学生主要是孤残、少数民族、烈士子女、优抚家庭子女、参军立功复员后复学等学生，以及有关法律法规和政策规定应当减免学费的学生。

此外，还有"绿色通道"，即经济困难学生可以先入学报到，然后再根据实情给予救助、贷款等，以帮助学生完成注册手续。

以上措施构成了我国高校对经济困难学生的资困体系，其中奖学金和国家助学贷款已成为资助经济困难学生的主渠道。

2. 高等教育学生资助政策体系

高等教育学生资助政策体系主要表现如下：

（1）本专科生教育阶段：国家奖助学金、国家助学贷款、学费补偿贷款代偿、校内奖助学金、勤工助学、困难补助、伙食补贴、学费减免、"绿色通道"等多种方式的混合资助体系。

1）国家奖学金。本专科生国家奖学金，用于奖励特别优秀的全日制普通高校本专科（含高职、第二学士学位）在校生，每年奖励本专科学生5万名，每生每年8000元。

2）国家励志奖学金。用于奖励资助品学兼优、家庭经济困难的全日制普通高校本专科（含高职、第二学士学位）在校生。国家励志奖学金资助面约为全国全日制普通高校本专科（含高职、第二学士学位）在校学生总数的3%，每生每年5000元。同一学年内，国家励志奖学金和国家奖学金不能同时获得。

3）国家助学金。用于资助家庭经济困难的全日制普通高校本专科（含高职、第二学士学位）学生，国家助学金资助面约为全国全日制普通高校本专科（含高职、第二学士学位）在校学生总数的20%，平均资助标准为每生每年3000元，可分设 2 ~ 3 档。

4）国家助学贷款。国家助学贷款是由政府主导，金融机构向高校家庭经济困难学生提供的不需要担保或抵押的信用助学贷款，帮助解决在校期间的学费和住宿费用，每学年贷款金额原则上不超过 8000 元，贷款期限最长不超过 20 年。国家助学贷款利率执行中国人民银行同期公布的同档次基准利率，不上浮。贷款学生在校期间的贷款利息全部由财政贴息，毕业后的利息由学生支付，并按约定偿还本金。家庭经济困难学生申请国家助学贷款，有两种模式：一是校园地国家助学贷款，即通过就读学校向经办银行申请；二是生源地信用助学贷款，即通过户籍所在县（市、区）的学生资助管理机构提出申请（有的地区直接到相关金融机构申请）。

5）基层就业学费补偿贷款代偿。对中央部门所属全日制普通高等学校应届毕业生，自愿到中西部地区和艰苦边远地区基层单位就业、服务期达到 3 年以上（含 3 年）的，实施学费补偿或国家助学贷款代偿。补偿代偿金额根据毕业生在校期间每年实际缴纳的学费或获得的国家助学贷款确定，每生每年不高于 8000 元。每年补偿或代偿总额的 1/3，分 3 年补偿代偿完毕。地方高校毕业生学费补偿贷款代偿由各地参照中央政策制定执行。

6）应征入伍服义务兵役学费补偿贷款代偿及学费减免。对应征入伍服义务兵役的高等学校在校生及毕业生在校期间缴纳的学费或获得的国家助学贷款实施一次性补偿或代偿，对退役后复学的高校在校生（含高校新生）实行学费减免。补偿代偿金额根据学生在校期间每年实际缴纳的学费或获得的国家助学贷款确定，退役复学学费减免金额按照实际收取学费确定，每生每年均不高于 8000 元。

7）直招士官学费补偿贷款代偿。对直接招收为士官的高等学校学生，入伍时对其在校期间缴纳的学费实行一次性补偿或对其获得的国家助学贷款实行代偿，补偿代偿金额根据毕业生在校期间每年实际缴纳的学费或获得的国家助学贷款确定，每生每年不高于 8000 元。

8）师范生免费教育。在北京师范大学、华东师范大学、东北师范大学、华中师范大学、陕西师范大学和西南大学六所教育部直属师范大学实行师范生免费教育。免费教育师范生在校学习期间，免除学费、免缴住宿费，并补助生活费。地方师范院校师范生资助由各地自行实施。享受师范生免费教育的学生可以申请国家奖学金，但不能申请国家励志奖学金和国家助学金。

9）退役士兵教育资助。对退役一年以上、考入全日制普通高等学校的自主就业退役士兵，给予教育资助。内容：一是学费资助；二是家庭经济困难退役士兵学生生活费资助；三是其他奖助学金资助。学费资助标准，按省级人民政府制定的学费标准，每学年每生最高不超过 8000 元。生活费及其他奖助学金资助标准，按国家现行高校学生资助政策的有关规定执行。

10）新生入学资助项目。从 2012 年起，对中西部地区启动高校家庭经济困难新生入学资助项目，用于解决学生家庭至录取学校间的路费及入校后短期生活费，省（区、市）内院校录取的新生每人资助 500 元，省（区、市）外院校录取的新生每人资助 1000 元。

11）勤工助学。学校设置校内勤工助学岗位，并为学生提供校外勤工助学机会。家庭经济困难学生优先考虑。学生参加勤工助学原则上每周不超过 8 小时，每月不超过 40 小时，劳动报酬原则上不低于当地政府或有关部门制定的最低工资标准或居民最低生活保障标准。

12）校内资助。学校利用从事业收入中提取的资助资金以及社会团体、企事业单位和个人捐助资金等，设立校内奖学金、助学金、困难补助、伙食补贴、校内无息借款、减免学费等。

13）绿色通道。全日制普通高校建立"绿色通道"，对被录取入学、无法缴纳学费的家庭经济困难新生，先办理入学手续，然后再根据学生实际情况，分别采取不同办法予以资助。

（2）研究生教育阶段：国家奖助学金、"三助"岗位津贴、国家助学贷款、学费补偿贷款代偿等多种方式并举。

1）国家奖学金。研究生国家奖学金用于奖励特别优秀的研究生。每年奖励 4.5 万名，其中硕士生 3.5 万名、每生每年 2 万元，博士生 1 万名、每生每年 3 万元。

2）学业奖学金。为激励研究生勤奋学习、潜心科研、勇于创新、积极进取而设立的奖学金。中央高校根据研究生收费标准、学业成绩、科研成果、社会服务以及家庭经济状况等因素，确定研究生学业奖学金的覆盖面、等级、奖励标准和评定办法（可分档设定奖励标准）。研究生学业奖学金标准不得超过同阶段研究生国家奖学金标准的 60%。地方高校研究生学业奖学金政策由各地参照中央政策制定执行。

3）国家助学金。用于资助全国普通高等学校纳入全国研究生招生计划的所有全日制研究生（有固定工资收入的除外）的基本生活支出。硕士研究生资助标准不低于每生每年 6000 元，博士研究生资助标准不低于每生每年 10000 元。

4）"三助"岗位津贴。高等学校利用教育拨款、科研经费、学费收入、社会捐助等资金，设置研究生"三助"（助研、助教、助管）岗位，并提供"三助"津贴。原则上，助研津贴主要通过科研项目经费中的劳务费及科研间接费列支，助教津贴和助管津贴所需资金由高等学校承担。研究生"三助"津贴标准由高校依据国家有关规定，结合当地物价水平等因素合理确定。

5）国家助学贷款。研究生申请国家助学贷款的条件、程序及其他有关规定，与高校本专科生国家助学贷款基本相同。原则上，研究生助学贷款以校园地国家助学贷款为主，每学年每生贷款金额不超过 12000 元。

6）基层就业学费补偿贷款代偿。应届毕业研究生赴基层就业申请学费补偿贷款代偿的条件、程序及相关规定，与本专科毕业生基本相同。研究生补偿代偿金额每生每年不高于 12000 元。

7）应征入伍服义务兵役学费补偿贷款代偿及学费减免。研究生应征入伍服义务兵役申请学费补偿贷款代偿及学费减免的条件、程序及相关规定，与本专科生基本相同。研究生补偿代偿或学费减免金额每生每年不高于 12000 元。

8）直招士官学费补偿贷款代偿。对直接招收为士官的研究生，其申请学费补偿贷款代偿的条件、程序及相关规定，与本专科生基本相同。研究生补偿代偿金额每生每年不高于 12000 元。

9）退役士兵教育资助。对退役一年以上、考入普通高等学校并纳入全国全日制研究生招生计划的自主就业退役士兵，给予教育资助。资助内容与本专科生基本相同。学费资助标准每学年每生最高不超过 12000 元。

第二节　考核与成绩记载

学生学籍档案是反映学生学习状况的原始记录，具有法律依据和凭证作用。学校对学生的课程考核和成绩记载是学生学籍档案的重要内容。本节对学生的课程考核与成绩记载，学生升级、跳级、留级、降级，学生专业辅修、选修，考试作弊和学术诚信等作了相关规定。

第十三条　【学校教育教学考核】

第十三条　学生应当参加学校教育教学计划规定的课程和各种教育教学环节（以下统称课程）的考核，考核成绩记入成绩册，并归入学籍档案。

考核分为考试和考查两种。考核和成绩评定方式，以及考核不合格的课程是否重修或者补考，由学校规定。

本条是关于学校教育教学考核的规定。

一、学生应当参加学校教育教学计划规定的课程和各种教育教学环节（以下统称课程）的考核，考核成绩记入成绩册，并归入学籍档案

高等学校自主规定教育教学计划的课程和教育教学环节的考核，是学校办学自主权的重要体现。《高等教育法》第三十四条规定："高等学校根据教学需要，自主制定教学计划、选编教材、组织实施教学活动。"学生应当按照学校规定的教育教学计划的课程，完成课程；按照学校规定教育教学环节，参加考核。这是学生应当履行的基本义务。

适用本款要注意两个方面：

1. 学校应当完善教育教学考核制度

学校应当制定教育教学计划，在教育教学计划中明确课程的教育教学环节和考核方式，并向社会公示，向学生公开。学生在填报高考志愿时，可以根据学校公开的教学大纲进行判断，并作出合理选择。同时，学校应当保持教育教学计划的科学性、合理性和相对稳定性，不得随意变更和调整教育教学计划。

学生档案是指本校在学生管理活动中形成的，记录和反映学生个人经历、德才能绩、学习和工作表现的，以学生个人为单位集中保存起来以备查考的文字、表格及其他各种形式的历史记录。学习成绩册是学生的重要档案，是反映学生在校课程学习状况的重要文件。学校应当将学生课程考核的成绩如实记入学生学习成绩册，并归入本人档案。

2. 学生应当参加学校教育教学考核

学生应当参加学校教育教学计划规定的课程和各种教育教学环节的考核，是学生应尽的基本义务，是学生履行本《规定》第六条规定"努力学习，完成规定学业"的基本要求与体现。学生要完成规定学业，必须认真努力参加学校教育教学计划规定的课程学习和课程考核。如果学生未按照学校规定参加教育教学的活动，未完成教育教学计划规定的课程，则可能受到学校相应的学籍处理，情况严重的甚至不能获得毕业证和学位证。

二、考核分为考试和考查两种

高等学校课程"考核分为考试和考查两种"。课程是学校教育永恒的主题。学校通过课程实施教育、培养人才。学生通过课程的学习，获取知识、掌握技能。课

程考核作为课程教学的有机组成部分，是评价学生学习效果和教师教学质量的重要手段。考核方式是引导学生学习方式和教师施教方式的指挥棒。根据本条规定，学校课程考核方式分为考试和考查两种。

1. 考试

考试是学校通过课程试题测试学生课程学习效果的形式。根据课程试题或学生作答形式，考试可以分为笔试和口试，根据公开与否分为开卷考试和闭卷形式。课程考核采用何种形式，学校有权根据课程内容和培育方案的要求，自主决定课程考核形式，学生应当按照学校规定的课程考核形式参加课程考核。

2. 考查

考查是学校检查学生课程学习效果的一种方法，考查通常采用口头提问、检查书面作业、书面测验和实践性作业等方法，考查学习课程学习效果。课程考核分为考试和考查两种，并不意味着课程必须要么采用考试、要么采用考查一种形式。学校可以根据课程实际情况，采用考试与考查相结合的方式，测试学生学习的效果。一般而言，采用考试与考查相结合的方式能比较全面地反映学生课程学习和教师教学的效果。这种考试与考查相结合的方式已经成为高校大部分课程考核采用的方式。

三、学校有权规定"考核和成绩评定方式，以及考核不合格的课程是否重修或者补考"

这是学校根据需要自主制定教学计划、选编教材、组织实施教学活动的必然结果，也是学术自由、大学自治最为核心的体现。

学校有权根据需要，自主决定课程考核成绩是通过考试还是考查，或是考试与考查相结合的方式来评定学生课程学习成绩。同时，学校也可以根据实际，自主决定考核不合格的课程是否可以重修或者补考的时间、费用、考核形式等。补考是各办学单位为考试不及格或因故未参加考试的学生而举行的考试。重修是指高校为考核不合格或因故未参加考试的学生，允许其在一定条件下重新进行课程学习并进行考核的学籍处理方式。一般而言，重修分为插班重修和开班的重修两种，并且重修需要参加课程重修的学生缴纳一定的重修费用。因为重修从某种意义上增加了学校的教学成本和管理成本。

学生应当遵守学校关于课程考核的规定，不得有作弊和其他违反考核纪律的行为。学生出现作弊和其他违反考核纪律的行为，学校有权根据《规定》第五十四条给予相应的纪律处分。

◆**热点问题：学校能随意变更与调整教育教学计划吗**

疑问：学校能随意变更与调整教育教学计划吗？

学习是学生的天职，努力学习是学生应尽的天职。然而，学习也是一种行为。为助于学生学习行为的顺利完成，学校应当有相对既定的规范指引。让学生明确自己的学习目标，是学校教育教学必须考虑的环节。因此，学校制定清晰明确的教育教学计划和大纲、学习的进度、学习的课程、课程考核方式，有利于对学生形成良好的学习指引。尽管社会具有历史性，是发展变化的，学校所面临的环境与形势是不断发展变化的，但学校应当努力把握社会发展的规律、努力把握人的发展的规律，针对每个学科、每个专业的特点与要求，制定相对科学的、规范的、清晰的教育教学计划，针对某个特定专业的学生，不说大学四年不变，至少这个学年度、这个学期进行中不能随便调整教学计划和教学课程。否则，还要学生课表干什么，还要教育教学计划干什么。朝令夕改的教育教学计划和设置课程方案，实际上不能对学生形成确定的指引，也严重影响到学生学习效果和学校的教育教学质量，也是对招生承诺的违反。

因此，尽管《高等教育法》第三十四条规定高等学校享有"根据教学需要，自主制定教学计划、选编教材、组织实施教学活动"的办学自主权。但这种自主权受到相应约束，才能保持合理的行使而不是肆意为之。教育教学计划方案不能今天说教学需要就改变，明天说教学需要就改变。学校教育教学计划方案、课程设置应该向社会公开，向考生公开，给学生更多的知情权与选择权，并对本届考生保持大学学习期间相对不变。考生也可以根据学校提供的教育教学大纲来选择和决断填报哪个学校、哪个专业，这是学生学习自由权尊重与实现的重要表现。

第十四条 【学生思想品德和体育课的考核】

第十四条　学生思想品德的考核、鉴定，以本规定第四条为主要依据，采取个人小结、师生民主评议等形式进行。

学生体育成绩评定要突出过程管理，可以根据考勤、课内教学、课外锻炼活动和体质健康等情况综合评定。

本条是关于学生思想品德和体育课考核与评定的规定。

一、学生思想品德的考核与鉴定

思想品德，也称思想道德品质，它是人的世界观、人生观、价值观、道德观通过人的行为所表现出的较为稳定的个人特征和倾向。思想品德一方面表现了个人内在的思想、心理和价值特质；另一方面又表现为个人外在行为活动与行为习惯。因此，在现实生活中，思想品德表现为一个人的主观观念与客观行为的有机统一。思想品德教育的实质是将一定社会的思想道德转化为受教育者个体的思想道德。高校思想品德教育的任务是要加强对学生思想品德教育，努力培育出具有良好思想品德的优秀人才。因此，学生良好思想品德的培养是学校德育的重要目标。高等学校要立德树人，增强学生的社会责任感，努力培养德智体美全面发展的社会主义建设者和接班人。学生也应当积极培育与践行社会主义核心价值观，具有良好的道德品质和行为习惯。

1. 关于考核、鉴定的依据

《规定》第四条是学生思想品德考核、鉴定的主要依据。该条规定："学生应当拥护中国共产党领导，努力学习马克思列宁主义、毛泽东思想、中国特色社会主义理论体系，深入学习习近平总书记系列重要讲话精神和治国理政新理念新思想新战略，坚定中国特色社会主义道路自信、理论自信、制度自信、文化自信，树立中国特色社会主义共同理想；应当树立爱国主义思想，具有团结统一、爱好和平、勤劳勇敢、自强不息的精神；应当增强法治观念，遵守宪法、法律、法规，遵守公民道德规范，遵守学校管理制度，具有良好的道德品质和行为习惯；应当刻苦学习，勇于探索，积极实践，努力掌握现代科学文化知识和专业技能；应当积极锻炼身体，增进身心健康，提高个人修养，培养审美情趣。"

同时，《高等教育法》第五十三条、《高等学校学生行为准则》和中共中央办公厅印发的《关于培育和践行社会主义核心价值观的意见》等，也应当成为学生思想品德考核、鉴定的参考依据。《高等学校学生行为准则》（2005）规定高等学校学生要：志存高远，坚定信念；热爱祖国，服务人民；勤奋学习，自强不息；遵纪守法，弘扬正气；诚实守信，严于律己；明礼修身，团结友爱；勤俭节约，艰苦奋斗；强健体魄，热爱生活。

2. 关于考核、鉴定的方式

学生思想品德考核、鉴定采取个人小结，师生民主评议等形式进行。考虑个人的思想品德是表现为主观与客观两个方面。主观方面更多体现为自我认识，自己对自己评论，能够反映学生内心的认识，所以思想品德考核首先要以个人小结为基础。客观方面，学生内心信念最终要以行为再现并为周围的老师和同学所认知。为保障民主评议能有效地教育和影响学生，所以民主评议要从寝室、班级两个层次进行，充分发挥批评与自我批评，真正既能让民主评论公开、公平与公正，又能使民主评议有效地起到教育和影响学生的作用，促进学生的良好成长。

二、学生体育课成绩评定

高校学生体育课的考核是体育课程教学的重要环节。学生体育课考核与成绩评定的主要目的，是鉴别学生在身体素质与技能学习所表现出来的个体差异。考核结果既是衡量学习质量的重要标志，又为教学提供了有价值的反馈信息。通过考核，可以激励学生努力学习，刻苦锻炼，达到既能掌握体育的基本理论知识、运动技术和科学锻炼的方法，又能增强体质、提高自我保健能力的目的。

学生参加体育锻炼，更在于平时的坚持与锻炼的过程。因此，学生体育课的成绩评定要突出过程管理，可以根据考勤、课内教学、课外锻炼活动和体质健康等情况综合评定。具体的综合评定指标体系可由学校根据学生和学校的实际情况来制定。首先，考勤是衡量学生参加学校体育教育教学环节的主观能动性的基本指标。其次，课内教育是体育课堂教育的重要形式。通过课内教育，学生可以了解掌握体育作为一门学科的基本理论知识、基本运动技术和科学锻炼方法等。再次，课外锻炼活动的情况是表征学生参加体育锻炼、增强身体素质的重要指标。最后，体质健康。高等学校应当建立健全科学合理的学生体育课成绩评定体系，突出过程管理，坚持考勤、课内教育与课外锻炼活动情况相结合，综合评定学生体育课成绩，体现评价内容的多元化、评价方法的多样化、评价时间的系统化，努力做到终结性评价与过程性评价相结合、定性与定量相结合。

◆热点问题：学生思想品德的鉴定与考核问题

疑问：学生思想品德考核、鉴定能量化吗？如何量化？

思想是行为的主观指导，行为是思想的客观反映。但是，一个人的主观思想未必能全部要以客观行为展现出来。换言之，社会认知的一个人的客观行为未必能反映人的思想的全部。对学生思想品德的考核与鉴定，莫过于受考核与鉴定的学生自己对自己的认知。因此，学生的个人评价和自我总结，能够反映学生个人主观思想。但是人受趋利避害的人性、个人认识能力等因素的影响，如果只以学生的自我评价与总结来作为学生思想品德的考核、鉴定依据，则其考核与鉴定有可能不能全面、不能真实、不能客观地反映学生的思想品德状况。

但是，人的行为总是在人的一定思想意识支配下的身体活动。人的主观心理必然要通过其客观活动所再现，并为社会和他人所认知。一个人思想品德的优良与否，更多取决于社会和他人对其评价，而这种评价必须是通过其客观行为并以社会道德价值为标准进行判断而形成的结果。因此，从某种意义而言，学生的思想品德考核、鉴定是能够进行量化的。这需要建立一系列科学、合理、民主的、健全的量化评价体系与标准。

一、关于评价的原则

学生思想品德的评价原则必须是在守好社会道德底线的基础上，积极鼓励学生向上，而不是强制学生向上。这是由道德的层次性决定的。对于高道德的行为尽可能用鼓励的手段，充分发挥教育的引导功能。

二、关于评价的指标

学生思想品德的评价指标必须坚持多元指标与个性发展相结合。多元化指标的确立，应该以《大学生行为准则》为依据，结合学校的实际情况，从九个方面尽可能详细列出鼓励学生从事的具体行为，并且学生在守好学生底线的基础上，无论哪一方面，只要自己努力，都可以成为优秀的学生。

三、关于评价的程序

学生思想品德的评价程序必须坚持自我评价与民主测评相结合的程序。坚持自我评价与民主测评相结合，既有利于发挥个人的主观能动性，也有利于充分发挥班级同学的积极性，更有利于发挥程序对学生的教育和引导作用。同时，每个人在评价事物时，受个人主客观限制，可能具有片面性。因此坚持公开、透明又民主的评议程序，实行少数服从多数的原则，有利于评价更具公正性。

第十五条 【学校关于课程、学分及学生升级、跳级、留级、降级的规定】

第十五条　学生每学期或者每学年所修课程或者应修学分数以及升级、跳级、留级、降级等要求，由学校规定。

本条是关于课程、学分及学生升级、跳级、留级、降级等方面的规定。

一、课程与学分

课程是学校实施教育、培养人才的重要路径。学分是学生成功地完成教学课程所获得的分值单位，是用来计算学生学习成绩的一种单位。学分制是一种以学分为计算学生学习量的单位，并以修满规定的下限学分为学生获得毕业证、学位证资格的基本条件的课程管理制度。它以量化的分值方式，通过学分来记录学生在相应的课程领域的成长经历，以及所达到的发展程度。课程设置、学分配置是学校办学自主权的重要体现，学校可以根据专业、学科及培养需要，在国家规定的限度内，自主设置课程，自主设定学生学期或学年应修的课程和学分数。

二、升级、跳级、留级、降级

升级、跳级、留级、降级，是学校按照学校课程设置和学分配置要求，对获取一定学分的学生作出的一种学籍变动处理行为。

升级是对在学年内正常完成学校教育教学任务、所修学分达到学校基本要求的学生，进行学籍正常晋升的行为。

跳级是对学习努力、成绩优异、所修学分达到学校较高要求的学生，经本人申请，学校批准，从学校的一个年级未经中间的年级就过渡到高两级以上的另一个年级学习的越级晋升行为。一般而言，跳级是对优异学生的鼓励行为。

留级是对在学年内未能正常完成学校教育教学任务、所修学分未能达到学校基本要求的学生，让其继续停留在本年级重新学习的学籍处理行为，带有惩戒性质。

降级是对在学年内未能正常完成学校教育教学任务、所修学分远未能达到学生基本要求的学生，让其降一个年级学习的学籍处理行为，带有强烈的惩戒性质。降级、跳级是两个学籍变动相反的处理行为。

升级、跳级、留级、降级和重修是学生学籍变动的表现形式。学校对升级、跳级、留级、降级、重修的条件与程序的规定，是学校办学自主权的重要体现。学生应当遵守学校关于升级、跳级、留级、降级、重修的相关规定。

第十六条 【学生辅修、选修专业】

第十六条　学生根据学校有关规定，可以申请辅修校内其他专业或者选修其他专业课程；可以申请跨校辅修专业或者修读课程，参加学校认可的开放式网络课程学习。学生修读的课程成绩（学分），学校审核同意后，予以承认。

本条是关于学生跨专业、跨学校辅修、选修课程的规定。

高等学校学生的学习权主要体现为高校学生可以自由选择学习的内容与学习的形式的权利。在保证学校规定的教育教学任务正常完成情况下，赋予学生根据自己实际的情况，在课余时间自由选择、自主学习自己感兴趣的专业课程的权利，既是对学生的学习主体性的尊重，也是学生培育自己的文化与提升自己的技能素养的有效路径。从理论上讲，高等学校还应当对这类学生行为积极鼓励。但是，受教学资源的限制，如果完全允许学生自主选择专业与选择课程，则严重影响学校正常的教育教学秩序，严重限制学校的办学自主权。因此，适用本条应注意如下三个方面：

第一，学校有权基于自己办学实际，在国家授权范围内对调整专业、设置课程、配置学分以及跨专业、跨学校辅修和选修、开放式网络课程的学习作出具体规定。学生可以根据学校有关规定，申请辅修校内其他专业或者选修其他专业课程。学生有义务遵守学校关于课程辅修、选课相关的规定，并按学校规定的条件和程序辅修、选修其他专业课程和跨学校修读课程。

第二，学生可以根据学校辅修、选修课程的相关规定，申请跨校辅修专业或者修读课程，参加学校认可的开放式网络课程学习。

第三，校内其他专业课程、选修其他专业课程、跨校修读课程以及参加开放式网络课程的学习成绩是否记入学生成绩册、纳入学分计算，涉及学校正常教学秩序的维护和正常教学活动的开展，学校有权对其进行审查与核准。无论是学生校内辅修还是选修，或者学生跨校辅修还是修读的相关课程，其修读的课程成绩（学分），必须经学校审核同意后才为学校予以承认。

第十七条 【学生社会活动】

第十七条 学生参加创新创业、社会实践等活动以及发表论文、获得专利授权等与专业学习、学业要求相关的经历、成果，可以折算为学分，计入学业成绩。具体办法由学校规定。

学校应当鼓励、支持和指导学生参加社会实践、创新创业活动，可以建立创新创业档案、设置创新创业学分。

本条是对学生参加创新创业、社会实践等活动的鼓励性规定。

一、学生参加创新创业、社会实践等活动以及发表论文、获得专利授权等与专业学习、学业要求相关的经历、成果，可以折算为学分，计入学业成绩。具体办法由学校规定

创新创业是指基于技术创新、产品创新、品牌创新、服务创新、商业模式创新、管理创新、组织创新、市场创新、渠道创新等方面的某一点或几点创新而进行的创业活动。创新是创新创业的特质，创业是创新创业的目标。高校是人才"第一资源"的集聚区，是"科技第一生产力"的发源地。创新驱动是国家发展重大战略，大学生是国家驱动发展和推动"大众创业、万众创新"的生力军。高等学校应当加强对大学生创新精神的培育、对大学生创新创业活动的引导，通过各类创业实践活动，增强大学生的创业意识、创业本领和创新精神。大学生创新创业活动是在国家实施创新驱动发展战略，建设创新型国家的方针下，大众创业、万众创新的氛围中，激发学生创新热情、培育学生创新精神、培养创新型人才的重要方式。

社会实践是学生学习成长的重要途径。社会实践形式是多样的，主要表现为志愿服务、勤工助学等活动。志愿服务，是新形势下大学生培育和践行社会主义核心价值观的有效途径。勤工助学是学校学生资助工作的重要组成部分，是提高学生综合素质和资助家庭经济困难学生的有效途径。创新实验、自主创业、发表论文、获得专利更是学生学习优秀的表现。

这里需要注意"可以折算为学分"中的"可"的理解。

1. "可"对学生意味着权利

结合《规定》第五条、第四十六条，学生在不影响学校教育教学秩序的情况下，有权参加创新创业、社会实践等活动，有权发表论文和获得专利，并根据学校

相关规定折算成相应的学分，计入学习成绩。这是学生权利得到保障的重要体现。

2."可"对学校意味着义务与权力的统一

第一，"可"对学生意味着权利，则对学校意味着义务。学校即使没有相关规定，也应当给学生折算成相应学分，并计入学生学习成绩。

第二，"具体办法由学校制定"是指高校应当制定折算办法，只是具体折算为多少学分、折算条件与程序，由高校根据自己实际情况来确定，学生应当遵守学校的具体折算办法。

二、学校应当鼓励、支持和指导学生参加社会实践、创新创业活动，可以建立创新创业档案、设置创新创业学分

为激发学生创新热情、培育学生创新精神，培养创新型人才，学校应当通过多种措施鼓励、支持和指导学生参加社会实践、创新创业活动。但是，大学教育主要是通过各类课程的实施来实现的，学生学习的效果也是通过对课程学习后获得相应的学分得以体现。因此，在实行学分制的高等教育教学体系，无相应的课程，则无法体现相应的学分。将学生创新创业、社会实践等活动融入相应的专业课程学习过程中，将学生的专业学术成果融入到课程学习的效果评价中，并以学分体现方式计入学习成绩，是鼓励、支持和指导学生参加社会实践、创新创业活动的主要方式。当然，为鼓励、支持和指导学生参加社会实践、创新创业，学校也可以根据学生社会实践、创新创业的实际情况，单独设立相应课程、建立创新创业档案、赋予相应学分。

◆热点问题：学生创新创业的实现与保障问题

疑问：如果高校不制定具体折算办法，或者迟迟不制定具体折算办法，本条规定的学生权益能否实现？

本条没有具体规定加多少分。探究其立法目的，主要应该有两个方面：

一是学生参加社会实践、志愿服务、勤工助学、创新实验等活动以及自主创业、发表论文、获得专利，不仅是学生的权利，要保障，而且是社会的公益，要鼓励与支持，所以规定"可折算为学分，计入学习成绩"。

二是各高校的实际情况不一样，学科和专业对学生的要求也不一样。同时，如果制定具体折算分数，则可能涉嫌干涉学校具体的办学自主权，影响学校自己的教育教学秩序。故规定为"可折算为学分，计入学业成绩。具体办法由学校制定"。

但问题是，这样的规定，学校极有可能不制定具体折算办法，或者迟迟不制定具体折算办法，使本条立法目的落空。导致这种情况的原因也有两个方面：

一是对"可"的理解也可能存在偏差。是学校可将其"折算为学分，计入学业成绩"，还是学生可以要求学校"折算为学分，计入学业成绩"？规定得模棱两可。

二是具体办法由学校制定。但学校制定还有相当的过程，不是一蹴而就的。

建议本条需要进一步规定具体的最低折算学分。如果学校有办法的，按学校办法执行；如果学校没有办法或没有制定出办法时，按规定最低折算学分执行。

第十八条 【学籍档案的管理与考试作弊的处理】

第十八条 学校应当健全学生学业成绩和学籍档案管理制度，真实、完整地记载、出具学生学业成绩，对通过补考、重修获得的成绩，应当予以标注。

学生严重违反考核纪律或者作弊的，该课程考核成绩记为无效，并应视其违纪或者作弊情节，给予相应的纪律处分。给予警告、严重警告、记过及留校察看处分的，经教育表现较好，可以对该课程给予补考或者重修机会。

学生因退学等情况中止学业，其在校学习期间所修课程及已获得学分，应当予以记录。学生重新参加入学考试、符合录取条件，再次入学的，其已获得学分，经录取学校认定，可以予以承认。具体办法由学校规定。

本条是关于学生学籍档案管理和考试作弊处理的相关规定。

一、学校应当健全学生学业成绩和学籍档案管理制度

学生学业成绩是反映学生在校学习效果的核心标志，学籍档案是反映学生在学校状况的重要形式。社会对学生的了解与认可，也主要是通过学校对学生出具的学生成绩实现的。因此，学校应当健全学生学业成绩和学籍档案管理制度。这是学校应当履行的基本义务。

真实、完整的学业成绩是学生、学校、社会之间建立诚信的根基，既反映学校办学的重量，也反映学生学习的效果。"真实、完整地记载"必然要求学校应当对学生的学习成绩变化标注清晰、明确，尤其是通过补考、重修获得的学习成绩。学生学业成绩不能只体现课程学习获得的最后成绩，补考、重修获得的成绩也要通过

标注来体现。当然，学校出具学生学业成绩时应当注意对学生隐私的保护，不能随意对非学生本人出具学生个人的学业成绩。

二、加强在课程考核中作弊学生处理

课程考核与考试是高校教学过程中的重要环节，是检查教师教学效果、评定学生学业水平的重要方式。课程考核与考试的结果既作为检查教学效果、促进教学改革、改进教学管理的重要参考，又可以为学生自我认识评价、社会选拔人才提供必要的依据。但是，高校考试作弊现象仍屡禁不止且呈现作弊手段多样化、科技化、公开化，学生补考、重修成绩又不能在学生学业成绩中充分体现，这严重影响到高等学校的形象，降低了高等学校的公信力，进而严重影响到社会的诚信体系，严重影响到社会主体核心价值的培育与建设。因此，高等学校在不断完善教育教学计划、过程的基础上，加强课程考核与考试制度完善，不仅是推进校风学风建设、提高高等教育质量的重要举措，而且是树立学生诚信、培育学生社会主义核心价值观的重要形式。根据本款规定，学生严重违反考核纪律或者作弊的，学校的处理体现两个方面：其一，对该课程考核成绩记为无效而不是记为零分，并应当在学业成绩中反映出来。其二，应当视其违纪或者作弊情节，给予相应的纪律处分。根据《规定》第五十一条规定，纪律处分包括警告、严重警告、记过、留校察看、开除学籍五种。因此，对学生严重违反考核纪律或者作弊的，学校必须给予纪律处分，而不能只批评教育。关于考试违纪的认定，学校应当参照《国家教育考试违规处理办法》（2012年修正），制定完善的学生考试违纪认定与处理办法。

三、本条第二款适用需要注意的问题

1. 适用范围

"学生严重违反考核纪律或者作弊的"主要包括学生严重违反课程考核纪律和学生作弊两种情况。

（1）课程考核纪律是学校为维护课程考核秩序而制定的有关课程考核的各项管理规定。如学生必须持证参考、验证入场、对号入座、亮证考试，禁止学生携带与考试无关的手机、计算器等物品入场，禁止学生及相关人员在考场大声喧哗，学生必须服从监考人员的指挥与安排等规定。制订课程考核纪律是学校自治权的重要体现，学生应当服从相关各项管理规定。学生违反考核纪律不一定必须考核无效或受到纪律处分，必须达到"严重"的程度。学校应当本着教育为主的理念，对违反考核纪律达到相当严重的程度的行为，才能给予考核无效和相应的纪律处分。对于轻微违纪的行为，学校管理者可以进行适当口头告诫或警示，及时提前阻止更严重的行为发生。

（2）学生作弊是指学生在课程考核过程中，为获得课程考核的良好评价，采用夹带、传递、替考等多种欺骗的方法，直接实施了可能或直接影响考试成绩的行为。夹带是指考试时私带与试题有关的资料，这是作弊最普通、最容易、最常见的方法。传递是考试过程中相互通过口头、书面、行为等方式传输答案信息，这也是考试作弊比较常见的方法。随着现代科学技术水平不断提高，一些高科技手段，如微型耳机、微型振动器运用到考试过程中，进行考场内外答案信息的传输。替考是用各种欺骗手段假以他人身份代为参加考试的行为。作弊行为直接破坏了考试规则、考试原则和考试公平，应当受到严肃处理。学校应当健全防止课程考试作弊和对考试作弊处理的规定，在防范作弊的基础上，严格按照规定严肃处理作弊行为。

2. 处理依据与结果

第一，在处理依据上，学校应当根据行为的内容、性质及危害教育教学秩序的严重程度，制定课程考核纪律及作弊处理相关管理规定，并及时向社会公布。制定课程考核纪律及作弊处理相关规定，是大学自治权的体现。

第二，在处理结果上，根据本条规定，凡是作弊的，其考核成绩一律无效。同时，学校必须严格根据自己制定的课程考核纪律及作弊处理规定，给予学生批评教育，或按照《规定》第五十六条规定的"事实清楚、程序正当、证据充分、依据明确、定性准确、处分适当"的要求，作出相应的纪律处分。

第三，对"给予警告、严重警告、记过及留校察看处分"的学生，经教育表现较好，在毕业前对该课程可以给予补考或者重修机会。但是，什么情况属于"经教育表现较好"，这是规定赋予高校根据自己实际情况制定相关管理规定的权力。高等学校可以根据学校教育教学实际，制定规定以明确列举学生在哪些情况下属于"表现较好"，以充分发挥规范对学生行为的指引与评价作用。违反考试纪律或者作弊而受到纪律处分的学生，可以根据这些规定，明确自己在未来应该如何行为，才可能完成课程考试，以至于完成自己的学业。同时，制定相应的管理规定，有利于约束大学管理权的自由裁量空间，推动大学治理机制的完善。

四、本条第三款的适用需要注意的问题

本款是本次修订新增的条款，更有利于保障学生权益。

（1）学校对学生给予退学、取消学籍、开除学籍处理决定时，虽然学生的学

籍已经被注销，但是其在校期间所学的课程和取得的学分情况，可能有助于学生创业与就业。在这种情况下，学校对其"在校学习期间所修课程及所获得学分"应当予以记录，并进入学生档案予以保存。学生可以根据自己实际情况回校开具相关证明，证明自己大学期间所学的课程和取得的学分，方便自己就业和创业。

（2）学生因退学、取消学籍、开除学籍后，重新参加入学考试、符合录取条件、再次入学的，其已获得的学分，经录取学校认定，可以予以承认。但是，再次录取的学校可能与原就读的学校不一致，即使一致，也可能教育教学计划已经改变。因此，新录取学校根据办学自主权，有权制定具体认定办法，规范学生"在校学习期间所修课程及所获得学分"的认定。

※典型案例：廖某囡诉某理工大学不履行授予学士学位法定职责一案①

1. 案件事实

廖某系某理工大学经济管理学院会计学专业2010级学生。在2011年6月27日上午的《大学英语（Ⅱ）》期末考试过程中，廖某等4人交换试卷，被监考教师查获。某理工大学以此为由，于2011年7月1日作出了《关于许小磊等学生考试作弊的处分决定》（某理工发〔2011〕94号），决定给予廖某等人记过处分。决定作出后，学校将此处分情况告知了廖某及其家长，廖某亦于2011年8月28日在某理工大学学生考试违纪处分告知单上予以签名确认。

2014年6月24日，廖某向某理工大学学位委员会提出学位申请，但在将学位申请书递交给学校经济管理学院时，被当场拒收，拒收的理由为：由于廖某在大一第二学期受过学校记过处分，不符合学校制定的学士学位授予条件，因而不能授予学士学位。廖某不服，遂诉至法院，请求判令某理工大学向廖某颁发学士学位证书，诉讼费由某理工大学负担。

2. 裁判结果

抚州市中级人民法院2014年12月18日作出〔2014〕抚行初字第37号行政判决：驳回廖某要求某理工大学为其颁发学士学位证书的诉讼请求。案件受理费50元，由廖某负担。

廖某不服，提出上诉，江西省高级人民法院于2015年4月22日作出〔2015〕赣行终字第16号行政判决：驳回上诉，维持原判。

---

① 江西省高级人民法院行政判决决书〔2015〕赣行终字第16号。

3. 裁判理由

法院生效裁判认为：学士学位是对学位获得者学术水平的认可，学位授予单位如何规定及评价学生需具备的学术质量和水平，只要不与法律、法规相冲突，就应认定合法有效。《中华人民共和国学位条例暂行实施办法》第二十五条规定，学位授予单位可根据本暂行实施办法，制定本单位授予学位的工作细则。因此，某理工大学有权在《学生学籍管理办法（修订）》中对本单位学位授予办法进行规定。《中华人民共和国学位条例》第二条规定："凡是拥护中国共产党的领导、拥护社会主义制度，具有一定学术水平的公民，都可以按照本条例的规定申请相应的学位。"国务院学位委员会在《关于对〈中华人民共和国学位条例〉等有关法规、规定解释的复函》中对此条解释为，申请学位的公民要拥护中国共产党领导、拥护社会主义制度，其本身内涵是相当丰富的，涵盖了对授予学位人员的遵纪守法、道德品行的要求。《中华人民共和国学位条例》第四条还规定："高等学校本科毕业生，成绩优良，达到下述学术水平者，授予学士学位：（一）较好地掌握本门学科的基础理论、专门知识和基本技能；（二）具有从事科学研究工作或担负专门技术工作的初步能力。"《某理工大学学籍管理办法（修订稿）》第四十四条第三款规定的未因考试作弊、毕业设计（论文）剽窃等以不正当手段谋求学习成绩与学习奖励受记过及以上处分才可授予学士学位的规定并未违反上述规定，应认定合法有效。某理工大学下发了某理工发〔2011〕94 号《关于许小磊等学生考试作弊的处分决定》，并将给予廖某记过处分决定的内容告知了廖某，并告知了申诉权。廖某没有在异议期内提出申诉，该处分决定应认定为有效。某理工大学认为廖某存在考试舞弊并受记过处分的情况，不符合《某理工大学学籍管理办法（修订稿）》第四十四条授予学位的规定，并无不当。

第十九条 【教育教学考勤】

第十九条 学生应当按时参加教育教学计划规定的活动。不能按时参加的，应当事先请假并获得批准。无故缺席的，根据学校有关规定给予批评教育，情节严重的，给予相应的纪律处分。

本条是关于学生参加教育教学活动的相关规定。

一、学生应当按规定参加教育教学活动

《中华人民共和国高等教育法》第三十四条规定："高等学校根据教学需要，自主制定教学计划、选编教材、组织实施教学活动。"学校制定教育教学计划是大学自治权的重要体现。因此，参加学校组织的教育教学计划规定的活动是学生的基本义务。学生有义务按照学校教育教学计划规定的时间、地点、内容等参加相应教育教学活动。学生如不能按时参加，应当履行相应的请假手续，并获得批准。如果无故未能参加，学校有权根据自己的规定作出相应的处理。根据法治的基本原理必须建立健全相应的教育教学考勤制度，并予以公示。学校教育教学考勤制度，包括请假制度与缺席处理制度。其一，请假制度。学校应当健全请假制度，明确请假的理由、请假时间、请假权限等请假条件与请假程序。学生因病、因事等正当原因，可以根据规定履行相应的合理的请假手续，获得学校批准后可以不按时参加教育教学计划规定的活动。其二，缺席处理制度。学校应当建立旷课节数计算办法；根据学生旷课节数，健全合理地从批评教育、警告、严重警告、处分、留校察看到开除学籍的纪律处分制度。

二、本条适用存在的问题

本条存在的问题是：有些突发、紧急事件的发生，不以学生自己的意志为转移，可能导致学生无法、不能完成事前请假。在这些紧急突发情况下，学校应当允许学生事后根据学校管理规定及时履行相应的请假手续，而且学校应当允许。

第二十条 【诚信教育】

第二十条 学校应当开展学生诚信教育，以适当方式记录学生学业、学术、品行等方面的诚信信息，建立对失信行为的约束和惩戒机制；对有严重失信行为的，可以规定给予相应的纪律处分，对违背学术诚信的，可以对其获得学位及学术称号、荣誉等作出限制。

本条是关于学生诚信教育与诚信记录的规定。

一、学校应当开展学生诚信教育

诚信是中华民族的传统美德，是社会主义核心价值观之一。诚信，究其实质包括诚与信两个方面。诚，指真诚，"是传达与自己的思想相符合、相一致的信息的行为，主要表现为'心口一致'"。信，指守信，"是传达与自己的实际行动相符合、相一致的信息的行为，其主要表现为'言行一致'"。诚信"是维系人际合作从而保障社会存在发展的基本纽带"。[①] 诚信是市场经济活动的基本行为原则，是人与人、人与社会相互关系的基本道德要求，是现代文明的重要标志。大学生是中华民族的希望和未来，是社会主义建设的主力军，是人类文明的传承者，在公民道德建设中具有先导和垂范作用。"大学生诚信是整个社会诚信的晴雨表和风向标。"[②] 对大学生进行诚信教育，既是培养社会主义建设者和接班人的需要，也是促进全社会精神文明建设的需要。对大学开展诚信教育是学校开展大学生思想政治教育的重要内容，是学校培育社会主义建设和接班人的义务，是提升大学生诚信意识的重要举措。学校应当通过多种方式，积极开展对学生的诚信教育。

二、学校应当建立健全学生诚信管理制度

当前不诚信的现象在高校屡见不鲜。例如：在学习上，上课迟到、旷课、考试作弊、伪造实验数据、抄袭作业，有的甚至买卖论文，代考替考，充当"枪手"；在经济上，恶意拖欠学费、拿着贷款高消费、不按协议偿还国家助学贷款；在就业过程中，就业推荐材料作假，修改学业成绩，随意对就业协议篡改，甚至有的学生制造假荣誉证书，夸大个人能力和实绩，个别人甚至还以诋毁其他竞争者的手段来骗取老师和用人单位的信任，还有一些大学生在评奖评优中为了获得荣誉而弄虚作假等。这一系列的失信行为，都反映了大学生存在着严重的诚信危机。针对上述现象，学校在积极开展对学生的诚信教育的基础上，还应当建立健全学生诚信管理制度。一方面，学校要以适当的方式记录学生学业、学术、品行等方面的诚信信息；另一方面，学校要建立对失信行为的约束和惩戒机制。对有严重失信行为的，可以规定给予相应的纪律处分，对违背学术诚信的，可以对其获得学位及学术称号、荣誉等作出限制。

---

① 王海明：《伦理学原理》（第三版），北京大学出版社 2009 年版。
② 岳宗德、王志立：《高校学生诚信教育：缘由、机制》，《黄河科技大学学报》2005 年第 1 期。

❋典型案例：研究生论文造假被开除学籍案[①]

1. 案件事实

兰州晨报讯（记者李辉）——在读研究生郭某因涉嫌学术不端事件，被兰州某大学作出开除学籍处分。之后，郭某不满校方的决定，向法院提起行政诉讼，请求予以撤销。该案经两级法院开庭审理后，3 月 7 日记者获悉，兰州中院终审以兰州某大学作出的开除决定符合法律、法规精神，并无明显不当，驳回了郭某的诉请。

2. 案件裁判

经原审查明，郭某是兰州某大学信息工程学院在读硕士研究生。2013 年，其以两篇论文（均是第二作者身份）参加了某国际学术会议。同年 12 月 12 日，兰州某大学收到了主办方联名提出的"论文严重造假举报信"。兰州某大学对举报事项开展调查。次年 1 月 10 日，该校学风建设委员会作出调查处理意见，并经校务会议研究，决定给予郭某开除学籍处分。城关区法院审理后，以郭某主张兰州某大学仅适用《规范》而未引用上位法就对其作出处罚依据不充分的理由不能成立，驳回其诉请。宣判后，郭某提起上诉。

二审阶段，兰州中院审理查明的案件事实与原审基本一致。法院认为《教育法》第二十八条第一款规定："学校及其他教育机构行使下列权力：第（四）项对受教育者进行学籍管理，实施奖励或者处分。"故兰州某大学对其受教育者具有处分的权力。教育部《普通高等学校学生管理规定》第五十二条规定："对有违法、违规、违纪的学生，学校应当给予批评教育或者纪律处分。学校给予学生纪律处分，应当与学生违法、违规、违纪行为的性质和过错的严重程度相适应。"第五十三条第（五）项纪律处分的种类包括开除学籍。该规定第五十四条规定了学校可以开除学籍处分的情形。2009 年 3 月 19 日教育部下发教社科〔2009〕3 号《教育部关于严肃处理高等学校学术不端行为的通知》明确指出，高等学校对下列学术不端行为，必须进行严肃处理。兰州某大学制定的《兰州某大学研究生学术道德规范（试行）》正是上述法律、规章、规范性文件规定基础之上的进一步细化，其内容并不违反上位法的立法精神。

据此，兰州中院遂依法作出终审判决，驳回上诉，维持原判。

[①] 《论文造假被开除学籍　在读研究生状告母校终审败诉》，《兰州晨报》2016 年 3 月 9 日第 4 版。

第三节 转专业与转学

转专业是指学生在大学学习期间，根据国家和学校相关规定更换并选择适合自己的专业的行为。转学指学生在大学学习期间，根据国家有关规定从一个学校转到另一个学校学习的行为。转专业、转学既涉及学生健康成长，也涉及学校的学籍管理，更涉及高等教育公平、公正。因此，本节对转专业、转学进行了具体的规定。

第二十一条 【学生申请转专业和学校专业调整】

第二十一条 学生在学习期间对其他专业有兴趣和专长的，可以申请转专业；以特殊招生形式录取的学生，国家有相关规定或者录取前与学校有明确约定的，不得转专业。

学校应当制定学生转专业的具体办法，建立公平、公正的标准和程序，健全公示制度。学校根据社会对人才需求情况的发展变化，需要适当调整专业的，应当允许在读学生转到其他相关专业就读。

休学创业或退役后复学的学生，因自身情况需要转专业的，学校应当优先考虑。

本条是关于学生转专业的规定。

根据本条规定，学生转专业分为学生申请转专业、学校专业调整转专业、休学退役复学转专业三种情况。

一、学生向学校申请转专业

1. 学生可以申请转专业

转专业，对学生而言，有利于尊重学生的个性、兴趣、特长和学习自主权，真正把学生当作学习的主体和成熟的个体，体现了以人为本的教育管理思想。因此，本条规定"学生在学习期间对其他专业有兴趣和专长的，可以申请转专业"。注意，只要不是以特殊招生形式录取的学生，根据自己的专业兴趣和专长申请转专业，是学生的一项重要学习权利，有利于激发学生的主体创造性。学校对这类学生原则上应该同意。

对以特殊招生形式录取的学生，根据国家的有关规定或者录取前学校与学生有明确约定不得转专业的，不得转专业。

（1）特殊招生录取的形式。特殊招生一般是指普通高校招生中的一些特殊类型或特殊政策。特殊类型招生考试是普通高校招生考试的组成部分。根据《教育部办公厅关于做好2017年普通高等学校部分特殊类型招生工作的通知》（教学厅〔2016〕10号）相关要求，采用特殊招生录取的形式及要求如下：

1）高校艺术类专业招生。

《普通高等学校本科专业目录（2012年）》中"艺术学门类"下设各专业，以及《普通高等学校高等职业教育（专科）专业目录（2015年）》中"艺术设计类"、"表演艺术类"下设专业和"民族文化类"、"广播影视类"等部分专业，统称为艺术类专业。高校艺术类专业应综合考虑考生艺术专业成绩和高考文化成绩，择优选拔录取。同一高校同一专业（含同一专业下设各招考方向）应采用同一种录取办法。高校应于报名考试前向社会公布学校艺术类专业的招生办法、分省分专业招生计划等信息；设立招考方向的专业，应分别公布各招考方向的招生计划和考核办法。非艺术类专业不得执行艺术类专业招生办法。

考生必须通过艺术专业考试。专业考试包括校考和省级统考两种形式。取得艺术专业考试合格证的考生还须参加高考，按艺术类院校的录取原则录取。省级招生考试机构应因地制宜、分类划定艺术类各专业高考文化课成绩录取控制分数线。艺术类专业考生一般还可兼报除提前批次外的其他批次的普通类专业。

凡艺术类专业录取的学生，入学后不得转入非艺术类专业。

2）高校高水平艺术团招生。

高水平艺术团招生是指为丰富校园文化生活，引领、辐射和带动全国高校相关艺术团的发展和提高，部分高校为其试点建设的高水平音乐团（如合唱团、交响乐团、民乐团等）、舞蹈团（如民族舞团、芭蕾舞团、现代舞团等）、戏剧团（如话剧团、戏曲团、曲艺团等）而招收少量具有艺术特长的考生。考生参加艺术测试合格后，可在高考中享受降分录取的优惠政策。考生被高校录取后进入普通专业学习，并利用课余时间参加文艺排练和演出。

试点高校须制定本校艺术团建设中长期发展规划和年度目标任务，作为长期和年度考核依据。高校艺术团学生要接受所在院系和艺术团双重管理，既要按本专业培养方案完成专业学习任务，也要认真履行参加排练和演出的义务。试点高校要针对艺术团学生专门制订艺术团培养方案，将艺术团排练演出作为艺术团学生附加必修学分进行考核。试点高校要在本校官网或校内网上开设高水平艺术团活动情况公示专栏，公示艺术团成员名单及参加排练、演出、比赛和获得荣誉等情况，接受全校学生监督。

3）高校高水平运动队招生。

报考高水平运动队的考生竞技水平要达到比较高的程度。考生要经过报名、测试、高考等几个环节的严格筛选，才能被高校顺利录取。教育部对高水平运动队招生项目也有明确的规定。各校招生人数不超过本校上一年度本科招生计划总数的1%，并须在经教育部核准公布的运动项目范围内招生。高校运动队录取考生的专业原则上应在当地公布的招生专业范围内。

试点高校须制定本校运动队建设中长期发展规划和年度目标任务，作为长期和年度考核依据。高校运动队学生要接受所在院系和运动队双重管理，既要按本专业培养方案完成专业学习任务，也要认真履行参加训练和比赛的义务。试点高校要针对运动队学生专门制订运动队培养方案，将运动队训练比赛作为运动队学生附加必修学分进行考核。试点高校要在本校官网或校内网上开设高水平运动队活动情况公示专栏，公示运动队成员名单及参加训练、比赛和获得荣誉等情况，接受全校学生监督。

4）高校保送生招生。

符合保送条件的学生应向有关学校或部门提出保送申请，并通过大学综合考核合格后即可进入大学就读。省级优秀学生、中学生学科奥林匹克竞赛国家集训队成员、部分外国语中学推荐优秀学生、公安英烈子女、退役运动员5类人员具备高校保送资格。

按照中央有关要求，为进一步清理和规范保送生项目，对2017年秋季及以后进入高中阶段一年级的学生，将取消省级优秀学生保送资格条件，2020年起所有高校停止省级优秀学生保送生招生；有关外国语中学推荐保送生限额将逐步减少，高校要安排外国语言文学类专业招收外国语中学推荐保送生，并向国家"一带一路"战略发展所需非通用语种专业倾斜。

有关省级教育行政部门应在本单位网站公布省级优秀学生评选办法、公示获评的省级优秀学生基本信息及事迹材料。严禁高校以保送生招生形式将外国语中学推荐保送的学生录取或调整到非外语类专业。逐步调整优秀运动员保送录取办法，鼓励运动员发挥专长，2018年起符合条件的运动员可保送至高校体育学类本科专业；如运动员申请就读其他专业，应参加国家体育总局统一组织的运动训练、武术与民族传统体育专业单独招生文化课考试，由高校自主划定文化课录取分数线。

5）其他特殊招生形式。

其他特殊招生形式主要是指采用高校专项计划（农村学生单独招生）、民族预科、免费师范生、空军招飞、海军招飞、民航招飞、军校招生、公安院校和政法招生等形式。

（2）以特殊招生形式录取的学生转专业的限制。以上述特殊招生形式录取的学生，除国家限制入学后不得转专业外，如果学生入学前与学校有约定不得转专业的，也不得转专业。非以上述特殊招生形式录取的学生或者录取前与学校有明确约定不得转专业的，均可以按照学校规定转专业的具体办法申请、办理转专业。

2. 学校应当制定学生转专业的具体办法

对学校而言，转专业涉及学校正常教育教学秩序的维护和教育教学活动的开展，不同的专业受师资力量和教学条件限制，学校也难以应对学生大规模进行专业调整。因此，为平衡学校的管理权与学生的学习权，既能有效地维护学校正常的教育教学秩序和教育教学活动，又能有效地激发学生学习兴趣，鼓励学生发展个性，《规定》赋予学生可以申请转专业的同时，规定学校应当制定学生转专业的具体办法，建立公平、公正的标准和程序，健全公示制度。

第一，由于招生时，不同的专业的录取分数线不同、录取标准不同，因此，学生入学进行专业更换是一项原则性与政策性很强的学生管理事务。为保证转专业的公开、公平与公正，防止不正之风和权力滥用，学校应当本着公开、公正、公平的原则建立关于转专业的相关规定。学校如果允许转专业，则应当建立健全转专业的实体标准和转专业的办理程序，并严格按照既定的实体标准和办理程序，行使对学生转专业的审查与批准权。

第二，为防止转专业时学校滥用权力和腐败产生，学校应当制定学生转专业的具体办法，建立公平、公正的标准和程序，健全公示制度，对转专业的条件和程序，转专业学生的相关信息（主要包括学生姓名、转出和转入专业、入学年份、录取分数、转专业理由等）通过学校网站等形式向社会和学生公开。学校申请转专业时，应遵守学校制定的关于学生转专业的具体办法。

二、学校对学生进行专业调整

专业设置是高等学校的办学自主权的体现。一般而言，高等学校设置好专业并对社会公布。学生在高考时，根据高等学校向社会公布的专业，进行相应的专业志愿填报。当学生被高等学校录取后，在大学学习期间，学校根据依赖保护原则，不能单方对学生进行专业调整。但是，如果社会对人才需求情况的发展变化，高等学校确有必要对专业进行调整时，应当允许在读学生转到其他相关专业就读。

三、休学创业或退役后复学的学生申请转专业

《高等教育法》第五条规定，高等教育的任务就是要培养具有创新精神和实践能力的高级专门人才。教育部2014年11月28日下发的《关于做好2017届全国普通高等学校毕业生就业创业工作的通知》指出："高校要把深入推进创新创业教育改革作为高等教育综合改革的突破口和重中之重，在培养方案、课程体系、教学方法等方面加大改革力度。着力强化创新创业实践，搭建实习实训平台，实施大学生创新创业训练计划，办好各级各类创新创业竞赛，不断增强学生的创新精神、创业意识和创新创业能力。""高校要改革教学和学籍管理制度，完善细化创新创业学分积累与转换、弹性学制管理和保留学籍休学创业等政策，支持创业学生复学后转入相关专业学习。"因此，学校应该支持和鼓励学生参加创新实践和休学创业。学生参与创新实践，根据《规定》第十七条和本款规定，不仅可以获得相应的创新学分，还可以提出申请经学校批准转入相关专业进行学习。休学创业的学生再复学，也可以提出申请经学校批准转入相关专业学习，学校应当优先考虑其转入相关专业学习。

《宪法》第五十五条规定"保卫祖国、抵抗侵略是中华人民共和国每一个公民的神圣职责。依照法律服兵役和参加民兵组织是中华人民共和国公民的光荣义务"。《兵役法》第三条规定"中华人民共和国公民，不分民族、种族、职业、家庭出身、宗教信仰和教育程度，都有义务依照本法的规定服兵役"。大学生有知识有文化，有义务依法服兵役，高等学校应当积极鼓励大学生依法服兵役，保家卫国。在读大学应征入伍后，学校应当根据本《规定》第二十七条为其保留学籍，并不受学校最长学习年限的规定。学生复役后复学时，可以根据自己的实际情况提出转专业的申请，学校应当优先考虑其转入相关专业学习。

◆**热点问题：大学生转专业的利与弊问题**
疑问：大学生转专业是利大于弊还是弊大于利？

为进一步规范大学生转专业工作，调动学生学习的积极性，尊重学生的个性发展发挥潜能和专长，教育部颁布的《普通高等学校学生管理规定》明确规定了大学生可以按照学校的规定申请转专业。各高校结合实际情况也制定了相应的转专业的细则。高校转专业工作的开展，体现了以学生为本的教育理念，是人本主义教育观的具体要求，能够充分调动学生的学习热情，优化人才培养模式，适应了高等教

育改革发展的需要和社会对新型人才培养的需求。高校允许学生转专业，在一定程度上打破了部分学生高考被录取到自己不喜欢专业的局面，弥补了"一考定终身"的缺憾，给大学生提供了一次再次选择的机会，满足了学生的学习兴趣以及就业、个人发展等因素的要求。然而，目前转专业队伍的日益壮大，其是否对社会及高校发展带来负面影响值得我们深思。

一、为什么要转专业：转专业的原因分析

很多大学生报考填志愿选取专业的时候，基本都是一头雾水，根本不知道适合自己的是什么。由于对高校专业设置并不十分了解，学生高考填报志愿很多都是盲目跟风，有的趋向当时的热门专业，有的根据老师和父母的指点，有的被调剂。这些情况被录取的学生入学后学习积极性不高，部分学生对专业有抵触情绪，导致学生学习成绩不理想，也催生了学生转专业潮的发生。综合分析，学生申请转专业的原因主要表现如下几个方面：①

1. 学习兴趣的原因

部分学生高考填报志愿时是父母包办，或者高考成绩不理想被调剂到别的专业等原因，对所考专业没有兴趣，被动学习。进入大学后学习竞争压力大，对自己所学专业缺乏兴趣，导致学生学习积极性不高，进而导致转专业迫在眉睫。这类学生转专业跨度大，主要在文理科等大的学科方向中流转。

2. 理想落差的原因

部分学生是有自己理想专业的。但是在报考时对专业了解不深或者仅凭感觉选择专业的大类。入学真正接触之后，才发现在一个大的专业之间存在许多不同的方向。在对专业有了深入的了解，才发现理想专业与现实想法存在差别，并非之前想象的那样。这个落差让学生有了转专业的想法。这类学生转专业的跨度较小，可能只在学院内部不同专业或者同一专业的不同方向专业间流转。

3. 学习困难的原因

大学的学习与高中有很大的差别。大学更讲究的是自主学习的动机和自学能力的培养，对学生综合学科知识要求较高。很多学生进入大学后，不能很好地适应大

---

① 郭建钢、林燕、官巧燕、苏健涵：《高校大学生转专业现状分析与思考》，《湖北经济学院学报》（人文社会科学版）2013年第5期。

学的学习。例如工科对学生的数学物理水平要求较高，食品类学科对化学生物水平有特别要求。部分学生恰恰这些科目并不擅长，导致了学习上有困难、学习成绩差。这也是导致学生转专业的一个重要原因。

4. 人际交往的原因

从高中升入大学，学习氛围和生活环境有了很大的改变。学校中同学之间、同学与老师之间的交往和沟通方式使得部分同学感觉不适应。新时期的学生几乎都是独生子女，个性要强，有自己的想法，可能出现与班上同学关系不融洽、不和谐的现象，没办法很好地融入到班级中。于是让他们有了转专业的想法。也有部分同学对大学的集体宿舍生活不适应，与朝夕相处的同学产生矛盾而无法忍受，产生转专业的想法。

5. 就业预期的原因

因为就业问题选择转专业的学生比例居高不下。随着高校不断扩招，社会并未增设相应就业岗位，比例失调导致了毕业生就业困难。因此很多学生都会选择目前热门的专业来增加就业机会，而不能如愿考上理想专业的部分同学则想通过转专业的机会转到热门专业。然而社会需求一直在不断变化，今天的冷门专业可能会成为明天的热门专业。

6. 盲目从众的原因

由于现在大学转专业现象普遍存在，而且有愈演愈烈的趋势。许多同学看到身边的朋友同学转专业了，跟随大流也产生了转专业的想法。有的同学就是因为从众而选择了转专业。而这样导致的结果就是部分适合原专业的同学可能转到了不适合自己的专业，不能很好地发挥自己的优点与才能，反而产生了不好的效果。

7. 父母要求的原因

现在许多学生都是由父母包办一切，包括高考填志愿填报和专业选择。学生觉得父母是过来人比较有经验，对社会需要也比较了解，所以很多都让父母安排了一切。在此过程中，父母只考虑到将来就业形势而忽略了孩子的兴趣及特长。这就导致了很多学生选择了自己并不擅长或者并不喜欢的专业。由于父母要求最后选择了不适合不喜欢专业的学生，在大学中表现出学习积极性不是很高，学习成绩不是太理想。这也导致了后来出现了转专业的想法。

但是，专业不是你想转就转的。学生转专业可能要面临更多的学业困惑、人际困惑、未来困惑，不要盲目跟风、盲目从众、盲目选择，应当仔细思考、慎重抉择。①

二、转专业面临的学业困惑、症状及对策

1. 学业困惑的典型个案

江苏某大学电气工程及其自动化专业的大三学生侯伟（化名）茶饭不思，因为他收到了辅导员传来的学业警告通知书后，实在不知道如何向父母交代。

一年前，侯伟申请从商务英语专业转到电气专业，当他拿到书本时就傻眼了，复杂的电路图表击碎了他的工程师梦。他对自己越来越没有信心，每天硬着头皮走进课堂，迟到、旷课、打游戏渐渐成为家常便饭，一学年累计 5 门课程不及格。"当时头脑发热将专业转过来，没有做一丁点评估。"他很后悔当初的决定。

2. 学业困惑表现症状

转专业前学习成绩优秀，甚至是班级"尖子生"，转专业之后，课程压力明显变大，学习成绩明显下降，甚至对学业产生厌恶，出现不及格现象。调查显示，有相当一部分转专业同学出现了难以完成学业的情况。

3. 破解学业困惑的对策

尽管兴趣是最好的老师，但是学习兴趣必须建立在认真投身于某专业阶段学习后才能得出结论。未有投入，无以谈兴趣。专业选择不但要重视个人兴趣取向，还要与个人特长、特点相匹配。尤其在面临专业性质跨度非常大的转专业选择时，一定要冷静思考，慎重选择。

对学生来说，转专业意味着面临各种改变，比如专业课程的重新适应，教学规律的改变，甚至是教师授课风格的不同。这都要求学生有较强的适应性和耐挫性，要付出比其他同学更多的时间和精力。

三、转专业面临的人际困惑、症状及对策

1. 人际困惑的典型个案

对于一年前转入法学专业的大三学生王利敏（化名）来说，这一年的新专业

---

① 《大学转专业利弊分析》，http://www.v4.cc/News-1904784.html。

生活着实不容易。大一时小王就读于农业水利工程专业，曾以优异的成绩获得校长奖学金，但这个来自四川的女孩一心想学法律，不顾老师的建议毅然转入法学专业。然而，内向、不善于交际的她一开始就感到非常不适应。

"我总觉得现在的自己一直游离在班级之外。"小王无奈地解释说，"原来的圈子越来越远，现在的班级又没有归属感。总感觉我与周围人格格不入，有时甚至连宿舍都不想回。"

2. 人际困惑表现症状

转专业后，班级、寝室、同学、老师的变化，难以适应新的学习、生活环境，心理压力较大。调查发现，超过20%的转专业学生像小王一样，在新的圈子里存在人际交往障碍。

3. 破解人际困惑的对策

大学里的学习成绩和人际交往是一道双选题。既然是学生，肯定还是以学习为主，但是与人交往也是大学的一堂"必修课"。积极主动参加班级、社团活动及社会实践对转专业学生来说是一条迅速适应新环境的捷径。

四、转专业面临的未来困惑、症状及对策

1. 未来困惑的典型个案

转专业大军中不乏"转来又转回"者。四川某高校英语专业大三学生张扬（化名）便是其中一员。高考结束，他被自己并不感兴趣的英语专业录取，所以大二果断转到土地资源管理专业，本以为可以实现"管理梦"的他发现，无机化学、高等数学等课程并不是他的"菜"。

纠结之下，他再次转回到英语专业。几番折腾，如今每天奔波于教室、食堂和寝室，10多门的补修课让他疲惫不堪。"转来转去，一切归零，一定要慎重选择。"张扬经常这样告诫自己的学弟学妹。

2. 未来困惑表现症状

盲目跟风，判断轻率。转专业前缺乏对自身、学校、新旧专业的细致了解。转专业后，对课程学习、专业发展、职业生涯规划迷茫、彷徨、无方向，甚至频繁转专业。

3. 破解未来困惑的对策

总的来说，大学转专业主要出于以下几种诉求，即"有意向叛变型"、"外界说服型"、"兴趣至上型"和"就业瞻望型"。其实转专业并不可怕，只要准确定位，主动融入，科学调适，就可以顺利渡过"窗口期"。

第二十二条　【学生申请转学的条件】

第二十二条　学生一般应当在被录取学校完成学业。因患病或者有特殊困难、特别需要，无法继续在本校学习或者不适应本校学习要求的，可以申请转学。有下列情形之一，不得转学：

（一）入学未满一学期或者毕业前一年的；

（二）高考成绩低于拟转入学校相关专业同一生源地相应年份录取成绩的；

（三）由低学历层次转为高学历层次的；

（四）以定向就业招生录取的；

（五）研究生拟转入学校、专业的录取控制标准高于其所在学校、专业的；

（六）无正当转学理由的。

学生因学校培养条件改变等非本人原因需要转学的，学校应当出具证明，由所在地省级教育行政部门协调转学到同层次学校。

本条是对学生转学的规定。

因学生转学原因的来源不同，可以将学生转学分为学生主动申请转学和学生被动申请转学。学生主动申请转学的原因来源于学生自己，学生被动申请转学的原因来源校方培养条件改变而需要转学的。

一、学生主动申请转学

1. 学生申请转学的许可条件

一般情况下，为维护正常的教育教学秩序，学生入学后不得转学。但是，学生患病或者确有特殊困难、特别需要，无法继续在本校学习的或者不适应本校学习要求的，在校学习期间，可以申请转学。本条规定了学生转学的条件是患病或确有特殊困难、特别需要。

一是因患病而无法继续在本校学习的或者不适应本校学习要求的。这里患病不是一般疾病，而是比较严重的疾病，无法继续在本校学习或者不适应本校学习要求，需要转入其他相应学校学习的，可以根据《规定》第二十三条所规定的程序申请转学。

二是确有特殊困难、特别需要，无法继续在本校学习或者不适应本校学习要求的。特殊困难主要表现两种情况：①家庭原因。因家庭有特殊情况，确需学生本人就近照顾的。如学生家长疾病在床，又无其他人照顾，需要回家乡所在地学校学习等。②导师原因。如果研究生因导师工作调动或健康原因不能继续指导，且学校无相关专业指导教师的，也可以申请转学。

2. 禁止转学的情形

本条在原有规定的基础上，根据教育部办公厅《关于进一步规范普通高等学校转学工作的通知》（教学厅〔2015〕4 号）精神，进行了修改，为维护高考招生制度的公平性和严肃性，防止转学不正之风发生，明确规定了八种禁止转学的情形。

（1）入学未满一学期或者毕业前一年的。这是关于转学最早时间的规定。主要目的在于维护招生录取的公平和学校正常的教育教学秩序。学生入学未满一学期，还不能充分确定学生是否适应在本校学习。因此，入学未满一学期的学生，禁止转学。毕业前一年，也即毕业学年，学生已基本完成大学学业，为维护学校教育教学秩序，也禁止学生转学。

（2）高考成绩低于拟转入学校相关专业同一生源地相应年份录取成绩的。不同录取批次的学校，因学校的学历层次不一样，故录取的分数不一样。但是，即使在同一批次录取的学校，由于学校及其专业的影响力和社会评价不一样，不同学校间的录取分数也不一样，学校内部的不同专业间录取分数也不一样。因此，为维护高考招生制度的公平性和严肃性，本项规定考生成绩低于拟转入学校相关专业同一生源地相应年份录取成绩的，也禁止转学。

（3）由低学历层次转为高学历层次的。根据本项规定，学生转学不能从低学历层次转为高学历层次的学校。例如：由专科层次转入本科层次，或由本科层次转入研究生层次等。

（4）以定向就业招生录取的。定向就业的学生，也称定向生，是指为了帮助边远地区、少数民族地区和工作环境比较艰苦的行业培养人才的需要，在录取时给予优惠政策，并通过协议形式明确其毕业后到这些地方或行业工作的学生。考生自愿填报有关高等学校定向就业招生志愿并按有关政策一旦被录取为定向生，须在入学注册前与高校及定向就业单位签订有关定向就业协议。定向生分为国防定向生和普通定向生两类。对于被确定为定向生的学生，其学习期间的培养费及有关费用按照国家规定由国家提供。对于定向就业的学生，学生和培养学校必须遵守和履行所签署的定向合同，学生不得申请转学，学校也不得受理和批准其转学。

（5）研究生拟转入学校、专业的录取控制标准高于其所在学校、专业的。本项是对研究生转学的特殊规定。高校研究生招生录取的自主性更强。同时，研究生录取标准因研究生考试方式和学校录取形式的不同而不同。为维护研究生录取的公正性和严肃性，本项规定研究生拟转入学校、专业的录取控制标准高于其所在学校、专业的，也禁止转学。

（6）无正当转学理由的。本项是兜底条款。兜底条款作为一项立法技术，它将所有其他条款没有包括的，或者难以包括的，或者目前预测不到的，都包括在这个条款中。兜底条款是法律文本中常见的法律表述，主要是为了防止法律的不周严性和社会情势的变迁性。因为法律一经制定出来，因为其固定性而就具有了相对的滞后性，况且法律制定者受主观认识能力的局限和客观条件等方面的限制，也无法准确预知法律所要规范的所有可能与情形，所以就有必要通过这些兜底性条款，来尽量减少人类主观认识能力不足所带来的法律缺陷。同时，执法者可以依据法律的精神和原则，适应社会形势变化的客观需要，将一些新情况等通过这个兜底性条款来予以适用解决，而无须修改法律。"无正当理由的"作为兜底条款，有利于限制学生无正当理由转学，有利于规范学校的教育教学管理行为。

二、学生被动申请转学

转学的原因有学生主动转学和学生被动转学两种。学生主动转学必须满足本条第一款规定的许可条件与禁止情形。学生被动转学是基于学校培养条件发生变化等非本人原因而导致学生无法继续完成学业时，如果学生需要转学时，学校应当出具相关证明，并由所在地省级教育行政部门协调转学到同层次的学校。

三、本条适用存在的问题

本条规定第一款规定了转学的许可条件与禁止条件。理论上两条满足才可以转学。但是本条第一款第六项"无正当理由的"表述不准确，易引起误读并无法认定什么是"无正当理由"，谁来认定是"无正当理由"，是否意味正当理由就可以转学。因此，本项规定应修改为"法律、法规、规章另有规定禁止转学的"，将禁止转学的规定统一收归教育行政管理机关，防止高校擅自认定"无正当理由"，影响教育的公平与公正性。

第二十三条 【学生申请转学的程序】

第二十三条　学生转学由学生本人提出申请，说明理由，经所在学校和拟转入学校同意，由转入学校负责审核转学条件及相关证明，认为符合本校培养要求且学校有培养能力的，经学校校长办公会或者专题会议研究决定，可以转入。研究生转学还应当经拟转入专业导师同意。

跨省转学的，由转出地省级教育行政部门商转入地省级教育行政部门，按转学条件确认后办理转学手续。须转户口的由转入地省级教育行政部门将有关文件抄送转入学校所在地的公安机关。

本条是关于学生转学程序的相关规定。

本条规定在原《规定》第二十二条的基础上，就转学申请的提出、转学条件和材料的审查、转学材料的报批等程序环节，进一步作了具体明确的规定。

一、转学申请的提出

转学由学生向转出和转入学校提出书面申请，并根据《规定》第二十二条详细说明转学的理由。

二、转学条件和证明材料的审查

根据规定，转学应当经所在学校和拟转入学校同意。

转出学校要对申请转学学生的申请理由进行程序性审查，并作出是否同意的书面意见。

拟转入学校根据《规定》第二十二条，对学生的转学条件及其相关证明，负责审核，并承担审核责任。

转入学校审核转学符合法定转学条件后，还要判断转学学生是否符合本校培养要求且学校有培养能力。在程序上，判断学校是否符合培养要求、是否有培养能力，必须由拟转入学校校长办公会或者专题会议研究决定。经研究决定同意后，由校长签署接收函。根据教育部办公厅《关于进一步规范普通高等学校转学工作的通知》（教学厅〔2015〕4号）规定，研究表决情况如实记入会议纪要。

同时，研究生转学还应经拟转入专业导师组讨论同意。因为研究生转学涉及专业导师培养的问题。根据教育部办公厅《关于进一步规范普通高等学校转学工作的通知》（教学厅〔2015〕4 号）规定，申请转学的研究生拟转入学校与转出学校层次、类型、学科专业水平相当，并需通过拟转入学校学位评定委员会组织的专业考核或学业水平评估。

三、转学的确认

学生转学涉及学校原定招生计划等变动，因此转入和转出学校应当将转学学生的相关手续和证明材料，除学校留存外，同时转入学校应当报所在地省级教育行政部门备案。提交省级教育行政部门的材料一般包括学生申请书、学生原始录检表、转出学校同意函、拟转入学校同意函、学生成绩单、学生表现鉴定书和转学理由的证明材料等。

跨省转学的，由转出地省级教育行政部门商转入地省级教育行政部门，按转学条件确认后，才能办理转学手续。

四、转学的抄送

经学生申请、转出学校同意、转入学校审查同意、转出和转入学校所在地省级教育行政部门确认，学生即可办理相关转学手续，实现转学。

如果学生转学成功后，需要办理户口转移手续的，由转入地省级教育行政部门将有关文件抄送转入校所在地公安机关，学生按国家有关户籍管理规定办理户口接转手续。

第二十四条　【转学的公示、备案与监督】

第二十四条　学校应当按照国家有关规定，建立健全学生转学的具体办法；对转学情况应当及时进行公示，并在转学完成后 3 个月内，由转入学校报所在地省级教育行政部门备案。

省级教育行政部门应当加强对区域内学校转学行为的监督和管理，及时纠正违规转学行为。

本条是对转学的规范和监督的规定。

一、建立健全学生转专业转学的相关规定

高校要严格按照本《规定》要求，以条件明确、手续完备、程序正当、权责

清晰为原则，在符合高校招生录取政策的前提下，制定转专业转学的具体规定和办法，完善相关工作机制，确保转学工作公开、公平、公正。

二、建立健全转专业转学的信息公开机制

根据教育部办公厅《关于进一步规范普通高等学校转学工作的通知》（教学厅〔2015〕4 号）规定，高校要进一步建立健全信息公示和公开机制。高校对转学的政策、程序、结果进行公开；对拟转学学生相关信息（主要包括学生姓名，转出、拟转入学校和专业名称，入学年份，录取分数，转学理由等）通过学校网站进行不少于 5 个工作日的公示。省级教育行政部门要及时将转学确认程序及结果，通过网站、报刊等形式予以公开。

三、加强对转专业转学的行政监督

省级教育行政部门要对相关工作加强监督，严格按照规定确认，严格规范转学工作，严禁以转学为幌子，变相突破高校招生录取分数线择校、择专业，严禁违反程序、弄虚作假、徇私舞弊、以权谋私等行为。要进一步严肃工作纪律，对转学中的违规行为零容忍，严肃追究违规单位和责任人员责任。因违规行为造成严重后果和恶劣影响的，除追究直接责任人责任外，还应根据领导干部问责相关规定，追究相关领导责任。涉嫌违纪的，按管理权限由纪检监察部门处理；涉嫌犯罪的，移交司法机关处理。有相关违规行为的学生，一经查实，立即取消其转学资格，依据情节轻重，给予相应的处分。

米典型案例：湖南某大学办理 17 名研究生违规转学事件①

1. 案情回放

2015 年 1 月初，全国 211、985 重点院校湖南某大学被曝一次性接收 17 名外校研究生转入就读。17 名来自湘潭大学、湖南科技大学、吉首大学、中南林业大学、

---

① 根据《教育部对湖南某大学违规办理研究生转学相关责任人作出处理》（教育部官网：http://www.moe.gov.cn/jyb_xwfb/gzdt_gzdt/s5987/201501/t20150130_185502.html）、《高校转学的监管门槛有多高？——从湖南某大学 17 名转校研究生事件说起》（新华网：http://education.news.cn/2015-01/27/c_1114150383.htm）、《湖南某大学一次性接受 17 名外校研究生转入　被批"转学腐败"》（http://www.peixunwang.com.cn/hy/gnjy/2015-01-29/19224.html）等资料整理。

湖南农业大学、长沙理工大学 6 所高校的 17 名研究生，先在湖南某大学以"进修"名义上课并获得学分，半年后通过转学正式进入湖南某大学，被指"暗箱操作"、"曲线救国"进入 985 高校。

由于转入和转出学校排名差距大、学生转学理由五花八门、未经公示等原因引发强烈争议，该事件在网络上引起轩然大波，将湖南某大学推上了舆论的风口浪尖，引发"暗箱操作"的质疑。其中不少学生"颇有来头"，公众质疑或存在"转学腐败"问题。

针对媒体报道湖南某大学 17 名研究生转学涉嫌违规一事，1 月 22 日，湖南某大学发布《致媒体和社会各界的公开信》。公开信称，学校对媒体所反映的情况即刻组织开展核查，目前相关核查工作现正在进行中，将及时向社会公布本次核查结果。1 月 23 日，湖南某大学公布了初步查处结果，解释称，在审核过程中确实存在把关不严等问题，并决定撤销同意 2013 级 17 名外校硕士研究生转入该校的决定，启动相关责任追究程序。1 月 28 日，经媒体记者证实报道，教育部相关部门已派专人赴湖南，介入湖南某大学转学事件调查。

同时，学生的身份背景也陆续被曝出，学生的家庭背景并不普通，包括湖南省社科院、湖南省教育厅等单位。转学事件中存在的诸多疑问受到公众的关注，媒体和社会的追问并未止步。

1 月 30 日，教育部新闻办公室官方微博微言教育发布长微博"教育部对湖南某大学违规办理研究生转学相关责任人作出处理"如下：

教育部派出专项督查组，对湖南某大学违规办理研究生转学问题进行了认真核查。经查，湖南某大学在为 17 名研究生办理转学手续过程中，违反《普通高等学校学生管理规定》，未依法依规履行职责，存在失职渎职问题。

为严肃纪律，从严治教，维护教育公平，根据有关规定，教育部决定对湖南某大学党委书记刘克利进行诫勉谈话，给予湖南某大学校长赵某行政警告处分，给予湖南某大学副校长陈某行政记过处分，对湖南某大学党委副书记陈某进行诫勉谈话，责成湖南某大学对校内相关工作人员作出严肃处理。同时，建议湖南省对教育厅有关干部进行追责。

湖南某大学决定给予研究生院院长兼学位办公室主任李某行政记过处分，免去其研究生院院长兼学位办公室主任职务。给予研究生院科学学位培养科科长李某行政警告处分。对学校招生工作领导小组成员徐某、李某、宋某进行诫勉谈话。

湖南省有关部门决定对时任主管副厅长申某进行诫勉谈话，给予学位管理与研究生教育处处长余某行政记过处分，给予学位管理与研究生教育处主任科员刘某行政记大过处分。

教育部强调，对教育系统违纪违规问题，要坚决做到发现一起、查处一起、曝光一起，绝不姑息。

2. 案件评析

研究生能不能转学？《普通高等学校学生管理规定》明文规定能转，但要有"如患病或者确有特殊困难"等正当理由，断不是"气候不适"、"饭菜太辣"、"油画过敏"等普通人都能看明白的"非正当理由"。湖南某大学办理17名研究生违规转学集中突出反映高校学生转学两个必须正确面对的问题：

第一，要进一步规范转学制度，严格限"权"。高校转学制度本是为了给相对刚性的招生留一个自主的口子，以弥补整齐划一的招生制度带来的缺憾，尤其是照顾患病或确有特殊困难的学生。这本是一项人性化的制度设计，既体现照顾弱势群体的原则，也符合赋予大学办学自主权的精神。然而在现实中，由于执行透明度不高、行政力量干预过多，有时不仅无法照顾到真正有需要的弱势群体，反而成为少数"圈内人"特权腐败的工具。湖南某大学办理17名研究生违规转学严重破坏教育的公平性。教育主管部门和高等学校应该建立健全公开、公平、公正的转学管理制度，明确转学条件、严格转学程序、强化转学监督、完善监督问责。

第二，要进一步提升服务意识，严格用"权"。执重器者当对法律、制度心存敬畏，当以公心捍卫法律、制度之尊严。近些年，中央和地方相继出台了不少值得点赞的教育新政策和新举措。《规定》赋予高校不少办学自主权。但这些善政落实到操作层面时，往往走偏变形：在改革决策的"最先一公里"有了一个振奋人心的"新政"，在执行落实过程中特别是"最后一公里"往往上演各种"变形记"，以致人们不但难以充分享受改革红利，反而忌惮改革。此次违规转学事件，作为制度执行者的大学和当地教育行政部门，非但不严格执行制度、不坚守底线，反而利用手中的自主权来钻制度空子，和所谓的"圈内人"形成合谋，既伤害了公众利益，也伤害了政策公信力。良好的教育生态需要各方参与者共同维护，既要让权力晾晒在阳光下、运行在监督中，也要让手握权力者保持守正之心。高校学生管理法治化，需要高校学生管理者们尊法、学法、用法、守法，不能为己私利将制度与法律置于"稻草人"的地位。

第四节　休学与复学

休学制度是指具有学校学籍的学生因病或其他原因暂时中断学业，其学籍依然保存在学校，待导致休学原因消除后，再复学继续学习的学生管理制度。休学与复学是休学制度中两个重要的学籍变动管理行为，既涉及学生权利的保障，也涉及学校教育教学秩序的管理与维护。

本节对休学与复学作了相应的规定。

第二十五条　【分阶段完成学业】

第二十五条　学生可以分阶段完成学业，除另有规定外，应当在学校规定的最长学习年限（含休学和保留学籍）内完成学业。

学生申请休学或者学校认为应当休学的，经学校批准，可以休学。休学次数和期限由学校规定。

本条是关于学生可以分阶段完成学业、在校学习年限和休学的规定。

一、学生可以分阶段完成学业，除另有规定外，应当在学校规定的最长学习年限（含休学和保留学籍）内完成学业

1. 学生可以分阶段完成学业

《高等教育法》第十七条规定：全日制普通高等"专科教育的基本修业年限为二至三年，本科教育的基本修业年限为四到五年，硕士研究生教育的基本修业年限为二至三年，博士研究生教育的基本修业年限为三到四年……高等学校根据实际需要，报主管的教育行政部门批准，可以对本学校的修业年限作出调整"。学生在规定的学习年限内，可以休学，分阶段完成学业。分阶段完成学业是弹性学制的重要体现，有利于让更多的学生根据自己的学习特点、学习需求和学习节奏来安排大学生活，有利于把学生从大学课程的被动的接受者变为主动的决策者。

2. 关于最长学习年限

学生可以分阶段完成学业，有利于学生根据自己的实际情况作出合理选择。但是，学生分阶段完成学业，会影响学校的教育教学资源的合理配置、有效利用，增加管理的难度。因此规定授权高校可以依据《高等教育法》第十七条规定，根据实际情况，自主规定学生在校最长学习年限（含休学）由学校规定。

二、学生申请休学或者学校认为应当休学的，经学校批准，可以休学。休学次数和期限由学校规定

1. 关于休学的形式

休学是指具有学校学籍的学生因病或其他原因暂时中断学业，其学籍依然保存在学校，待导致休学原因消除后，再复学继续学习的学生学籍变动行为。根据本条规定，休学包括学生主动申请休学和学校主动给予休学两类。

（1）学生主动申请休学。学生根据自己的情况主动向学校提出休学申请，学校批准同意。需要注意的问题是：只要学生不存在恶意逃避学籍处理的情况下，根据自己的实际情况，如构成退学或开除学籍的法定情形，自愿按学校制定的程序要求向学校主动提出分阶段完成学业或休学，学校应当只进行程序性审查，同意其休学申请，并办理相关手续。学校不能以维护学校管理和学校无具体规定为由，拒绝学生申请，或拖延办理程序。

（2）学校主动给予休学。根据《高等教育法》第五十三条和本《规定》第六条规定，努力刻苦学习是学生的基本义务。但是，当学生出现学习、心理、健康等问题，危及学生个人的学业和学校正常的教育教学秩序而应当休学调适调整的，学校可以主动对其给予休学的学籍处理。在一般情况下，学校主动给予学生休学的学籍处理很少，即使是出现需要主动给予休学的情况，学校也会通知学生及家长，劝其学生主动提出申请，然后学校批准同意其休学。因此，休学往往是学生与学校共同作用的结果。

无论是学生主动申请休学还是学校主动给予学生休学，学校应当保留学生在休学期间的学籍。

2. 关于休学的期限与次数

学习是学生的权利。选择休学与不休学也应该是学生的权利。学校只应当进行程序性审查，只要学生根据自己的实际情况，自愿按学校制定的程序要求向学校提出休学申请，学校应当同意。这也是时代的要求。

同时，休学涉及到学校教育教学秩序的管理与维护，为防止学生滥用休学权，学校可以根据学校的办学实际情况，对学生休学的期限和次数作出适当的规定。学生应当遵守学校关于休学的期限和次数的规定。

第二十六条 【学校建立灵活的学习制度】

第二十六条 学校可以根据情况建立并实行灵活的学习制度。对休学创业的学生，可以单独规定最长学习年限，并简化休学批准程序。

本条是关于学校建立学习制度的规定。

一、学校可以根据情况建立并实行灵活的学习制度

弹性学制是指学习内容有一定的选择性，学习年限有一定的伸缩性的学校教育教学模式。它是在学分制的基础上演进而来的，是学分制的发展和表现。弹性学制是以人为本科学发展观在教育领域里的生动实践，是我国改革、创新和完善教育教学制度的有效尝试和有益探索。它自始至终都深刻体现了"以人为本"的人文情怀和人性关怀，有利于受教育者的全面、协调和可持续发展。实行弹性学制是当今高等教育发展的一个基本趋势。弹性学制具有如下三大特点。

1. 学习时间的伸缩性

实施弹性学制，学生可以根据自己的学习状况、学习能力、学习兴趣，自主安排学习时间。学生刻苦努力、成绩优秀可以提前毕业；学生出现学习、心理、健康等问题或创新创业等因素，可以通过休学，分阶段完成学业或滞后毕业。当然，学生分阶段完成学业或休学必须限制于学校规定的最长学习年限。否则，其要求应视为无效。

2. 学习过程的实践性

实施弹性学制，有利于学生通过半工半读、工学交替、分阶段完成等形式，充分参加社会实践、创新创业与就业，培育学生创新精神和创新能力。

3. 学习内容和方式的选择性

实施弹性学制，改变课程学习结构，实施必修与选修结合；改变学习方式，实施课堂与网络、校内与校外有机结合，有利于学生以半工半读、工学交替、分阶段学习完成学业。

二、对休学创业的学生，可以单独规定最长学习年限，并简化休学批准程序

国务院办公厅《关于深化高等学校创新创业教育改革的实施意见》（国办发〔2015〕36号）指出，高等学校要"实施弹性学制，放宽学生修业年限，允许调整学业进程、保留学籍休学创新创业"。为该实施意见，本条规定学校"对休学创业的学生，可以单独规定最长学习年限，并简化休学批准程序"。

第二十七条 【特殊休学】

第二十七条　新生和在校学生应征参加中国人民解放军（含中国人民武装警察部队），学校应当保留其入学资格或者学籍至退役后2年。

学生参加学校组织的跨校联合培养项目，在联合培养学校学习期间，学校同时为其保留学籍。

学生保留学籍期间，与其实际所在的部队、学校等组织建立管理关系。

本条是关于特殊休学的相关规定。

本条是强制性条款，不受学校学习年限、休学次数、休学期限的限制。

一、新生和在校学生应征参加中国人民解放军（含中国人民武装警察部队），学校应当保留其入学资格或者学籍至退役后2年

《宪法》第五十五条规定"保卫祖国、抵抗侵略是中华人民共和国每一个公民的神圣职责。依照法律服兵役和参加民兵组织是中华人民共和国公民的光荣义务"。《兵役法》第三条规定"中华人民共和国公民，不分民族、种族、职业、家庭出身、宗教信仰和教育程度，都有义务依照本法的规定服兵役"。《征兵工作条例》第二十五条规定"依法可以缓征的正在全日制高等学校就学的学生，本人自愿应征并且符合条件的，可以批准服现役，原就读学校应当按照有关规定保留其学籍，退伍后准其复学"。大学生有知识有文化，有义务依法服兵役。国家近年也积极出台政策鼓励大学生应征入伍。如根据教育部总参谋部《关于印发〈应征入伍普通高等学校录取新生保留入学资格及退役后入学办法（试行）〉的通知》等国家

政策，在校生入伍享受学费补偿和国家助学贷款代偿政策，高校保留学籍退役后准其复学并享受相应的学费资助政策，入伍后参加军校考试、选取士官享受优待，复学后享受奖学金、助学金和减免学费，参加专升本、研究生考试享受优待，可以适当调整专业，参加国防生选拔、国家组织的农村基层服务项目人选选拔以及毕业后参加军官人选选拔享受加分等。①

为贯彻国家政策，本条在原《规定》的基础上延长学籍保留时限。新生应征参加中国人民解放军（含中国人民武装警察部队），无论在军队服役时间多长，学校应当保留其入学资格退役后两年；在校学生应征参加中国人民解放军（含中国人民武装警察部队），无论在军队服役时间多长，学校应当保留学籍至退役后两年。超过两年仍未办理入学或复学手续的，学校可以不再保留入学资格或学籍。

二、学生参加学校组织的跨校联合培养项目，在联合培养学校学习期间，学校同时为其保留学籍

学校组织的跨校与国内外的科研机构、高等院校联合培养本科、硕士或博士学生，既有利于加强学校国际、国内的学术、科研交流与合作，也有利于培养学生的创新精神和实践能力。当前，相当部分的高等学校都设置了联合培养学生的项目，学生在本校学习一定时限后，再到联合培养的组织学习一定的时限，最终完成大学学业。联合培养项目因不同的高校、不同的学生类型、不同的学科专业而有所不同。学生参加学校组织的跨校联合培养项目，在联合培养学校学习期间，学校同时应当为其保留学籍。

三、学生保留学籍期间，与其实际所在的部队、学校等组织建立管理关系

学生在校的管理，涉及学生权益的保障与维护。根据规定，学生在保留学籍期间，如果是应征入伍，与其实际所在的部队建立管理关系；如果是参加联合培养学习，与其实际所在的学校建立管理关系。但是这两种情况，学校只是应当保留学籍，而学生并无义务强制办理休学而离校。因此本规定并没有排除学校对学生的管理职责，学校有义务有职责管理学生的学籍。

---

① 《2013年国家鼓励大学生应征入伍服义务兵役政策》，大学生征兵网，http://www.0730hao.cn/Article/jjdt/24468.html。

✳典型案例：免费师范生张三应征入伍案①

1. 案情回放

张三（化名），男，A 省 B 县人，2013 年参加全国普通高考后，自愿报考 A 省 C 师范大学免费师范生，并以理科 534 分的成绩被录取为免费师范生，进入 A 省某师范大学物理学专业就读。C 师范大学物理学专业 2013 年非免费师范生调档线为 552 分。张三享受 A 省免费师范生降分录取政策。

张三报到入学后，经面试合格，即与 C 师范大学（培养院校）、A 省 D 市教育局（毕业后服务地）签署了《A 省免费师范生培养协议书》（一式五份），以合同形式进一步明确了其免费师范生培养形式。根据协议，A 省财政为其提供大学四年学费、住宿费、生活补助费，本人应保证四年顺利完成学业，并回到协议约定服务地安排就业（按协议服务于当地基础教育）。

2014 年 6 月，张三在了解了大学生应征入伍的相关宣传后，萌生了去部队参军入伍的想法，并在未报告培养学校和教育行政部门情况下，以在校大学生的名义自行在全国征兵网上成功报名应征。

2. 案情评析

本案例集中反映了某些采取特殊类招生、享受特殊招生优惠政策并签订特殊协议的学生能否应征入伍的问题。

3. 本案涉及法律义务冲突

首先，我国宪法第五十五条规定："保卫祖国、抵抗侵略是中华人民共和国每一个公民的神圣职责。依照法律服兵役和参加民兵组织是中华人民共和国公民的光荣义务。"张三作为公民有依照法律服兵役的义务。其次，我国合同法第八条规定"依法成立的合同，对当事人具有法律约束力。当事人应当按照约定履行自己的义务，不得擅自变更或者解除合同。依法成立的合同，受法律保护。"因此，公民依法履行合同义务，也是法治社会中每一位公民的基本义务。张三作为免费师范生，签订有免费师范生培养协议，应当根据合同法按照约定履行自己的义务，不得擅自变更或者解除合同。本案张三私自应征入伍，带来了履行兵役法与合同法所规定法律义务的冲突。张三入伍，必将导致不能正常履行免费师范生培养协议。

---

① 本案为真实案例，案例中相关人员、单位信息已作处理。

4. 约定的免费师范生的权利和义务

《A 省免费师范生培养协议书》详细约定了免费师范生应当履行的义务和可以享有的权利。

第一，免费师范生享受了国家高考降分录取的优惠政策。

第二，免费师范生应当按照协议约定履行按期正常毕业，并到协定地区服务于基础教育。

第三，在读期间享有 A 省财政为其提供大学四年学费、住宿费、生活补助费。

第四，违约应当履行费用返还、赔偿损失等合同约定的责任。张三作为免费师范生应当履行其自愿签订的《A 省免费师范生培养协议书》约定的义务。

5. 公民应当依照法律服兵役

服兵役、参加民兵组织是公民的一项光荣义务和神圣职责。但是，公民服兵役应当遵守国家法律。合同法是法治社会中基本的基础法律，公民应当依法履行合同约定的义务，不得擅自变更或者解除合同。公民服兵役导致合同无法履行的情况下，应当在事先履行相应的告知义务，与合同对方当事人协商处理合同约定权利与义务，在平等自愿、协调一致的基础上变更或者解除合同。张三在未通知培养协议书中相关当事人的情况下，私自通过网络报名并在生源地完成相关征兵工作，存在严重的违约行为，应当承担相应的法律责任。同时，张三以在校大学生的名义报名参加征兵，涉嫌破坏高考招生的公平、公正性。如果张三不以免费师范生报考并享受降分政策，则不可能被 C 师范大学录取，更不可能以大学生名义应征入伍并享受大学生应征入伍的相关优惠政策。

6. 张三过错责任的表现

张三在整个征兵过程中存在如下过错责任：首先，在报名应征时未能向征兵工作人员报告自己是免费师范生的特殊情况。其次，在报名时未能及时告知培养协议书中相关当事人。最后，未能及时与培养协议书中相关当事人协调处理协议约定的权利与义务。

7. 案件的处理方式

（1）张三因自己无法履行培养协议，因此应当根据合同法规定，按照《A 省免费师范生培养协议书》约定，与协议相对方主体平等自愿、协商一致地解除免费师范生协议，承担相应的费用返还等合同责任。

（2）张三因解除《A省免费师范生培养协议书》后，已无保留免费生学籍的根据，因此应当办理退学手续。

第二十八条 【休学学生待遇】

第二十八条　休学学生应当办理手续离校。学生休学期间，学校应为其保留学籍，但不享受在校学习学生待遇。因病休学学生的医疗费按国家及当地的有关规定处理。

本条是关于休学办理程序、休学学生待遇的规定。

一、休学学生应当办理休学手续离校，学校保留其学籍

休学学生应当按照学校规定办理相关休学手续。如果休学学生不办理休学手续，学校可根据《规定》第三十条第四项"未经批准连续两周未参加学校规定的教学活动的"规定，给予退学处理。

休学学生办理休学手续后，应当离开学校。学校按照学校规定保留休学学生学籍。休学期满，未能按规定复学的，学校可以按自动退学处理，注销其学籍。

二、学生休学期间，不享受在校学习学生待遇

学生在休学期间，尽管仍然具有学籍，但不享受在校学习学生待遇。即：不得参加学校教育教学计划安排的各项活动，使用学校提供的教育教学资源；不得在校内组织、参加学生团体及文娱体育等活动；不得申请奖学金、助学贷款；不得入住学生宿舍等。

三、休学学生患病，其医疗费按国家及当地的有关规定处理

休学学生患病，其医疗费按国家及当地的有关规定处理。这主要是考虑现行学生医疗已经纳入社会医疗保障体系，休学学生在休学期间是否正常参加大学生基本医疗保险、是否正常购买商业医疗保险，直接涉及学生休学期间患病的医疗费用报销问题。如果未参加大学生基本医疗保险，未能购买商业医疗保险，则不享受相关医疗商业保险的待遇。因此，在实际学生管理过程中，大学生基本医疗保险是大学

生基本保障性医疗保险，学生应当购买。商业保险，学生也应当配合学校相关管理，积极购买。

◆ **热点问题：学生在休学期间是否需要继续缴纳学费、住宿费**

疑问：学生在休学期间是否需要继续缴纳学费、住宿费？

一、关于学费问题

学校的学费一般是按年度收取，学生休学期限一般也是以年为期限。从理论上分析，无论是实行学分制还是实行学年制，学生在休学期间，不享受在校学习学生待遇，也就不能参加学校教育教学计划安排的各项活动，使用学校提供的教育教学资源。因此，既然未参加学校教育教学活动，也就不应该缴纳相应的学费。

二、关于住宿费问题

按照本条规定，休学学生应当办理离校手续，在休学期间离开学校，不得入住学生寝室，从理论上讲也就不应该缴纳住宿费。但现实是，休学学生复学时，应当重新办理进校和入住学生宿舍的相关手续。因此，个别学校要求学生，如果还想回到原来的学生寝室入住，则必须缴纳在休学期间的住宿费，以保留原寝室的住宿位置。笔者认为，学生入住学生宿舍的行为是民事行为，所形成的法律关系是民事法律关系，应当由民事法律调整。因此，休学学生在休学期间是否需要缴纳住宿费，学校与学生应该本着平等自愿、等价有偿的原则，协商一致即可。愿不愿意保留，学生可以根据实际情况自愿选择。

第二十九条 【复学】

第二十九条　学生休学期满前应当在学校规定的期限内提出复学申请，经学校复查合格，方可复学。

本条是关于复学的相关规定。

学生休学期限届满，是否复学由学生自愿选择。学生可以根据自己的实际情况，作出相应的选择。本条在原《规定》的基础上将提出复学申请的时间从"学生休学期满，应当于学期开学前"提前到"学生休学期满前应在学校规定的期限内"，并赋予学校可以根据自己的办学实际合理规定相应地提出复学的期限。

如果学生休学期限届满前，未按学校规定的期限，提出复学申请，学校可以按规定视为自动退学处理。

如果学生休学期限届满前，在学校规定的期限内，向学校提出复学申请，学校复查合格，方可复学，取得继续学习的资格。尤其是因病休学的，学校要复查学生是否健康，能否正常学习，是否具有传染性等。学校复查不合格，学校可以不同意其复学申请，不予以复学，并可根据规定第三十条作予以退学的处理。

第五节 退学

退学指退出学籍的一种学籍管理行为。退学一般表现为两种情况：学生主动申请退学和学校直接予以退学。本节就退学的情形和退学处理决定作出相应的规定。

第三十条 【退学的情形】

第三十条 学生有下列情形之一，学校可予退学处理：

（一）学业成绩未达到学校要求或者在学校规定的学习年限内未完成学业的；

（二）休学、保留学籍期满，在学校规定期限内未提出复学申请或者申请复学经复查不合格的；

（三）根据学校指定医院诊断，患有疾病或者意外伤残不能继续在校学习的；

（四）未经批准连续两周未参加学校规定的教学活动的；

（五）超过学校规定期限未注册而又未履行暂缓注册手续的；

（六）学校规定的不能完成学业、应予退学的其他情形。

学生本人申请退学的，经学校审核同意后，办理退学手续。

本条是关于退学情形的规定。

本条第一款规定的是学生被动退学，是学校根据学生的实际情况，认为学生不宜在校学习而主动给予退学。本条第二款规定的是学生主动申请退学。

一、学校主动给予退学

为维护学校正常的教育教学秩序，学校对违反学校相应管理规定的学生，可主动给予退学处理，注销其学籍。本条规定的学校主动给予退学的情形有如下六种：

1. 学业成绩未达到学校要求或者在学校规定的学习年限内未完成学业的

将学业成绩与退学制度相联系，是学校一种必要的管理手段。对学业成绩未达到学校要求的学生，学校给予退学处理，既是对学生的一种关心爱护，也是督促学生努力学习的有效警示激励机制。由于各个学校有各自不同的办学特色，对学生的学生成绩有不同的要求，因此，本规定未对学生因学业成绩未达到学校的要求而被退学的情形作出统一规定。

无论是实行学分制还是实行弹性学制，学校对学生都有权自主规定学习年限。《规定》第三十二条规定："学生在学校规定学习年限内，修完教育教学计划规定内容，德、智、体达到毕业要求，准予毕业，由学校发给毕业证书。"第三十三条规定："学生在学校规定年限内，修完教育教学计划规定内容，未达到毕业要求，准予结业，由学校发给结业证书。"凡在学校规定学习年限内（含休学），学生未完成学校教育教学计划规定的内容，既不能毕业，也不能结业，学校只能也必须对其作出退学处理，终止学业。

2. 休学、保留学籍期满，在学校规定期限内未提出复学申请或者申请复学经复查不合格的

休学是指具有学校学籍的学生因病或其他原因暂时中断学业，其学籍依然保存在学校的学籍管理行为。根据《规定》第二十九条规定，休学学生如果想复学，应当在休学期满前在学校规定的期限内提出复学申请，经学校复查合格，方可复学。休学学生未能在休学期满前在学校规定的期限内提出复学申请，办理复学手续，视为学生自动放弃复学要求，学校应当作出退学处理，注销其学籍。当然，虽然休学学生提出复学申请，但是学校复查不合格，学校仍然可对其作出退学处理。例如：因病休学未愈的学生提出复学，但不符合学校规定的条件。又如：休学学生在休学期间严重违法，已经丧失了复学继续完成学业的资格。

保留学籍主要指因学生入伍或参加联合培养学习而保留学籍。《规定》第二十七条规定"新生和在校学生应征参加中国人民解放军（含中国人民武装警察部队），学校应当保留其入学资格或者学籍至退役后 2 年。学生参加学校组织的跨校联合培养项目，在联合培养学校学习期间，学校同时为其保留学籍"。如果入伍学生退役后两年期限届满后或者保留学籍期满，未能在学校规定的期限内提出复学申请，也将被视为自动放弃复学要求，学校也应当对其作出退学处理，注销其学籍。当然，学校也要对其申请进行复审，如果不合格，也不能复学，并可作出退学处理。

3. 根据学校指定医院诊断，患有疾病或者意外伤残无法继续在校学习的

学生在校学习，必须具备一定的身体健康条件。当经学校指定医院诊断，学生患有疾病或者意外伤残，导致基本的学习生活都不能自理而无法继续在校学习以完成学业的情况下，学校只能作出退学处理。如果学生患有疾病，经过一定时间治疗，可以完成学业，学校可以根据《规定》第二十五条办理休学，暂停学业以治疗，待符合学校规定可以继续完成学业时，再申请复学。对意外伤残的学生，根据《中华人民共和国残疾人保障法》，学校应当结合办学实际和专业特点，如果残疾人自愿，可以按照《规定》第二十一条，尽量将其转至其可以完成学习任务的相应专业，以保障其接受高等教育及其相关权益。

根据原《规定》第九条规定"学校指定医院"应当是指学校指定的二级甲等以上级别的医院，而不是某个二级甲等以上的医院。"指定"的是医院级别，而不是具体的医院。二级甲等以上医院是经国家有关部门评估认定的具有较高医疗水平的医院。学生只要是经二级甲等以上的医院诊断，就应该视为学校指定医院。

4. 未经批准连续两周未参加学校规定的教学活动的

学生的职责与任务是学习。学校规定的教学活动是学校对教学秩序的安排与管理，学生应当参加。学校为维护教学秩序，可以制定相关规定，对无故不参加学校教育教学计划安排的各项活动的学生，依据规定给予其相应的学籍处理或处分。根据本项规定，学生经学校批准连续两周（14 日）未参加学校规定的教学活动，学校应当作退学处理。因此适用本项规定，必须满足三个条件：①主体条件：未经学校批准；②时间条件：连续两周；③行为条件：未参加学校规定的教学活动。如果学生履行了相应的请假手续，或者学生中途回过学校，或者学校未规定有教学活动，学校都不能直接给予退学处理，但学校可以依据学校有关旷课考勤的规定给予学生批评教育或者相应的纪律处分。

5. 超过学校规定期限未注册而又未履行暂缓注册手续的

学期注册既是学籍的延续，又是学期学习的再认可，是学校维护学校正常教育教学秩序的重要手段。《规定》第十二条规定："每学期开学时，学生应当按学校

规定办理注册手续。不能如期注册者，应当履行暂缓注册手续。"学生在学校规定的时间未注册而又未履行暂缓注册手续的，即视同自动放弃学籍，学校应当作退学处理。

6. 学校规定的不能完成学业、应予退学的其他情形

本项是兜底项，赋予了学校更大的办学自主权。除上述五种情形外，学校有权设定"不能完成学业，应予退学"的其他情形。学生有"学校规定的不能完成学业，应予退学的其他情形"，学校可以对其退学处理。

二、本人申请退学

学生本人申请退学不同于本条规定第一款规定的情形。学生本人申请退学是学生基于自己的自愿选择而主动向学校申请对其作退学处理。

学生申请退学是学生受教育权实现的重要表现形式。学校应当尊重学生的选择，同意其退学。但退学涉及学生学籍的注销、学习权利的丧失，关系重大，因此，当学生因各种主观或客观原因主动提出退学申请时，学校应当了解情况，弄清原因，做好相应的思想工作，必要时可征求学生家长的意见。如果学生因为家庭困难而欲退学，学校可以根据《规定》第五条规定，积极采取措施（如安排勤工助学岗位等），缓解其家庭困难，帮助其完成学业。如果学生坚持退学，学校应予准许，并为其办理退学手续。

◆**热点问题：学校对学生退学是否应当通知学生家长**

疑问：学校对学生退学是否应当通知学生家长？

退学是退出学籍的一种学籍管理行为，直接涉及学生受教育权的终止，是与学生有重大利益关系的行为。学校对学生退学是否应当通知学生家长，应当区分不同情况予以认识。

首先，考虑学生的年龄情况。①如果受学校学籍处理时，大学生未满十八周岁，根据《中华人民共和国民法总则》第十七条"十八周岁以上的自然人为成年人。不满十八周岁的自然人为未成年人"规定，大学生属于未成年人。同时，《中华人民共和国未成年人保护法》第十条规定"父母或者其他监护人应当……依法履行对未成年人的监护职责和抚养义务"。因此，学校在对未满十八周岁的大学生进行退学处理决定时，应当依法通知学生的监护人——学生家长。

②如果受学校学籍处理时，大学生已满十八周岁，则属于成年人，具有完全民事行为能力人，具有独立的民事法律主体地位。学校此时没有通知学生家长的法定义务。

其次，考虑权利与义务相统一情况。已满十八周岁的大学生，学生与学生家长是两个独立平等的民事主体。根据法律规定是完全民事行为能力，学生应该通过自己的能力完成大学学业。但是，如果学生是一直在校学习，没有接触社会，也没有时间和精力去通过自己的行为、通过自己的劳动创造财力以完成大学学业。父母希望学生能顺利完成学业，而主动为其支付在校学习期间的学费、生活费等相关费用。因此，学生与学生家长则从理论上形成了法律关系：家长支付费用，希望学生完成学业，享有学生学习状况的知情权；学生努力学习，完成自己的学业，应当履行告知义务，自觉将自己的学习状况告知自己的家长。如果学生退学不能完成学业，则应当自觉地将自己的退学情况告知自己的家长。

最后，考虑学生家长知情权的实现情况。现实情况是，学生因自己的过错导致退学时，往往不主动告知或不告知自己的家长。家长的知情权很难实现，同时也很难做好学生的后续教育工作。因此，从教育学生、帮助学生健康成长的角度出发，学校在给学生做出退学处理前，往往主动告知家长。但告知学生家长仍然不是学校的法定义务。同时，如果学生不依靠父母的资助而是完全依靠自己的能力完成学业的，学校则完全没有必要告知学生家长。

第三十一条 【退学处理决定】

第三十一条　退学学生，应当按学校规定期限办理退学手续离校。退学的研究生，按已有毕业学历和就业政策可以就业的，由学校报所在地省级毕业生就业部门办理相关手续；在学校规定期限内没有聘用单位的，应当办理退学手续离校。

退学学生的档案由学校退回其家庭所在地，户口应当按照国家相关规定迁回原户籍地或者家庭户籍所在地。

本条是关于退学后相关事项处理的规定。

退学后相关事项的处理因退学学生的类型不同而有所不同。

（1）本专科生退学的程序和有关事项的办理。本专科生按规定期限办理退学手续离校，是应尽的义务。由于退学的学生未能完成学业，不能按大学毕业生的相关政策就业，因此，根据"哪来哪回"的原则，学生的档案和户口须退回其家庭户籍所在地。

（2）研究生退学的程序和有关事项的办理。退学的研究生（含硕士研究生和博士研究生），因其已经完成高等教育中的本科阶段的学习或者硕士阶段的学习，所以虽然未能完成现阶段的学业，但是已具有高等教育某阶段的专业知识、技能。因此，为发挥退学研究生所学专业知识和技能，本款规定外的可以按照已有的就业政策就业。学校对退学研究生中可以就业的，按照其已有学历报所在地省级毕业生就业部门办理就业手续。在学校规定期限内没有接收单位，未能就业，或者因病、因残无法就业的，根据"哪来哪回"的原则，由学校将退学研究生的档案、户口等退回其家庭户籍所在地。

✳典型案例：何某诉华中某科技大学拒绝授予学位案[①]

1. 基本案情

原告何某系第三人华中某科技大学武昌分校（以下简称武昌分校）2003级通信工程专业的本科毕业生。武昌分校是独立的事业单位法人，无学士学位授予资格。根据国家对民办高校学士学位授予的相关规定和双方协议约定，被告华中某科技大学同意对武昌分校符合学士学位条件的本科毕业生授予学士学位，并在协议附件载明《华中某科技大学武昌分校授予本科毕业生学士学位实施细则》。其中第二条规定"凡具有我校学籍的本科毕业生，符合本《实施细则》中授予条件者，均可向华中某科技大学学位评定委员会申请授予学士学位"，第三条规定"……达到下述水平和要求，经学术评定委员会审核通过者，可授予学士学位。……（三）通过全国大学英语四级统考"。2006年12月，华中某科技大学作出《关于武昌分校、文华学院申请学士学位的规定》，规定通过全国大学外语四级考试是非外国语专业学生申请学士学位的必备条件之一。

2007年6月30日，何某获得武昌分校颁发的《普通高等学校毕业证书》，由于其本科学习期间未通过全国英语四级考试，武昌分校根据上述《实施细则》，未向华中某科技大学推荐其申请学士学位。8月26日，何某向华中某科技大学和武昌分校提出授予工学学士学位的申请。2008年5月21日，武昌分校作出书面答复，因何某没有通过全国大学英语四级考试，不符合授予条件，华中某科技大学不能授予其学士学位。

---

① 中国法院网：http://www.chinacourt.org/article/detail/2014/12/id/1524367.shtml。

2. 裁判结果

湖北省武汉市洪山区人民法院于 2008 年 12 月 18 日作出（2008）洪行初字第 81 号行政判决，驳回原告何某要求被告华中某科技大学为其颁发工学学士学位的诉讼请求。湖北省武汉市中级人民法院于 2009 年 5 月 31 日作出（2009）武行终字第 61 号行政判决，驳回上诉，维持原判。

3. 裁判理由

法院生效裁判认为：本案争议焦点主要涉及被诉行政行为是否可诉、是否合法以及司法审查的范围问题。

（1）被诉行政行为具有可诉性。根据《中华人民共和国学位条例》等法律、行政法规的授权，被告华中某科技大学具有审查授予普通高校学士学位的法定职权。依据《中华人民共和国学位条例暂行实施办法》第四条第二款"非授予学士学位的高等院校，对达到学士学术水平的本科毕业生，应当由系向学校提出名单，经学校同意后，由学校就近向本系统、本地区的授予学士学位的高等院校推荐。授予学士学位的高等院校有关的系，对非授予学士学位的高等院校推荐的本科毕业生进行审查考核，认为符合本暂行办法及有关规定的，可向学校学位评定委员会提名，列入学士学位获得者名单"，以及国家促进民办高校办学政策的相关规定，华中某科技大学有权按照与民办高校的协议，对于符合本校学士学位授予条件的民办高校本科毕业生经审查合格授予普通高校学士学位。

本案中，第三人武昌分校是未取得学士学位授予资格的民办高校，该院校与华中某科技大学签订合作办学协议约定，武昌分校对该校达到学士学术水平的本科毕业生，向华中某科技大学推荐，由华中某科技大学审核是否授予学士学位。依据《中华人民共和国学位条例暂行实施办法》的规定和华中某科技大学与武昌分校之间合作办学协议，华中某科技大学具有对武昌分校推荐的应届本科毕业生进行审查和决定是否颁发学士学位的法定职责。武昌分校的本科毕业生何某以华中某科技大学在收到申请之日起六十日内未授予其工学学士学位，向人民法院提起行政诉讼，符合《最高人民法院关于执行〈中华人民共和国行政诉讼法〉若干问题的解释》第三十九条第一款的规定。因此，华中某科技大学是本案适格的被告，何某对华中某科技大学不授予其学士学位不服提起诉讼的，人民法院应当依法受理。

（2）被告制定的《华中某科技大学武昌分校授予本科毕业生学士学位实施细则》第三条的规定符合上位法规定。《中华人民共和国学位条例》第四条规定："高等学校本科毕业生，成绩优良，达到下述学术水平者，授予学士学位：（一）较好地掌握本门学科的基础理论、专门知识和基本技能……"《中华人民共和国学位条例暂行实施办法》第二十五条规定："学位授予单位可根据本暂行条例实施办法，制定本单位授予学位的工作细则。"该办法赋予学位授予单位在不违反《中华人民共和国学位条例》所规定授予学士学位基本原则的基础上，在学术自治范围内制定学士学位授予标准的权力和职责，华中某科技大学在此授权范围内将全国大学英语四级考试成绩与学士学位挂钩，属于学术自治的范畴。高等学校依法行使教学自主权，自行对其所培养的本科生教育质量和学术水平作出具体的规定和要求，是对授予学士学位的标准的细化，并没有违反《中华人民共和国学位条例》第四条和《中华人民共和国学位条例暂行实施办法》第二十五条的原则性规定。因此，何某因未通过全国大学英语四级考试不符合华中某科技大学学士学位的授予条件，武昌分校未向华中某科技大学推荐其申请授予学士学位，故华中某科技大学并不存在不作为的事实，对何某的诉讼请求不予支持。

（3）对学校授予学位行为的司法审查以合法性审查为原则。各高等学校根据自身的教学水平和实际情况在法定的基本原则范围内确定各自学士学位授予的学术水平衡量标准，是学术自治原则在高等学校办学过程中的具体体现。在符合法律法规规定的学位授予条件前提下，确定较高的学士学位授予学术标准或适当放宽学士学位授予学术标准，均应由各高等学校根据各自的办学理念、教学实际情况和对学术水平的理想追求自行决定。对学士学位授予的司法审查不能干涉和影响高等学校的学术自治原则，学位授予类行政诉讼案件司法审查的范围应当以合法性审查为基本原则。

第六节　毕业与结业

毕业是指具有学籍的学生，在规定学业期内，完成学校规定的学习任务，达到相应的培养标准，获得相应的学历证书，而结束学业。结业是指具有学籍的学生，在规定学业期满，修完学校规定的学习内容，但未能达到毕业要求，而结束学业。肄业是指学生因中途退学等原因，没有完成学校规定的最低修学年限，且未达到学生提前毕业的要求，而结束学业。本节就学生毕业、结业与肄业的相关问题作具体规定。

第三十二条　【学生毕业】

第三十二条　学生在学校规定学习年限内，修完教育教学计划规定内容，成绩合格，达到学校毕业要求的，学校应当准予毕业，并在学生离校前发给毕业证书。

符合学位授予条件的，学位授予单位应当颁发学位证书。

学生提前完成教育教学计划规定内容，获得毕业所要求的学分，可以申请提前毕业。学生提前毕业的条件，由学校规定。

本条是关于学生毕业条件的规定。

毕业是指具有学籍的学生，在规定学业期内，完成学校规定的学习任务，达到相应的培养标准，获得相应的学历证书，而结束学业。高校毕业生的整体质量与水平是衡量高校办学质量和整体高等教育质量的重要标准。

一、学生获取毕业证的条件

根据本条第一款的规定，学生顺利毕业、获得毕业证书，应当满足如下三个基本条件：

第一，学生应当在学校规定的学习年限内，修完教育教学计划规定的内容。这是学生获取毕业证的前提条件。根据《高等教育法》第三十四条，学校可以自主制定教学计划、教学内容并组织实施教学活动；根据《规定》第二十五条，学校可以自主规定学生的最长学习年限。因此，学生只有在学校规定的最长学习年限内，修完学校教育教学规定的学习内容，才可以毕业。学生在学校规定的学习年限内，未完成学校教育教学规定的内容，或者虽已修完教育教学规定的内容，但未达到学校毕业要求的，学校根据《规定》第三十条或第三十三条给予学生退学或结业处理。

第二，学生应当在德、智、体三方面达到毕业要求。这是学生获取毕业证的基础条件。《高等教育法》第五十三条规定，高等学校的学生应当遵守法律、法规，遵守学生行为规范和学校的各项管理制度，尊敬师长，刻苦学习，增强体质，树立爱国主义、集体主义和社会主义思想，努力学习马克思列宁主义、毛泽东思想、邓小平理论，具有良好的思想品德，掌握较高的科学文化知识和专业技能。《规定》第四条规定，高校毕业生毕业时应当在德、智、体诸方面达到相应要求才能毕业。至于学生毕业时在德、智、体需要达到的具体要求，因高校的不同、专业的不同，而有所差异，具体毕业要求由高校自己规定。学生毕业应当达到学校规定的毕业要求。

第三，学校颁发毕业证。毕业证是办学机构颁发的，用于证明学生在学校规定的学习年限内，修完学校教育教学规定的内容，德、智、体达到毕业要求，准予毕业的书面凭证。根据当时国家教委颁发的《普通高等教育学历证书管理暂行规定》（教学〔1993〕12 号），毕业证书应具备以下内容：（一）毕业生姓名、性别、年龄、学习起止年月（提前修完者应予注明）；（二）学制、专业、层次（研究生、本科或专科），毕业；（三）贴有本人免冠照片并加盖学校骑缝钢印；（四）学校名称及印章，校（院）长签名；（五）发证日期及证书编号。学生只要在学校规定的学习年限内，修完学校教育教学规定的内容，德、智、体达到毕业要求，就有权要求学校颁发毕业证，学校也有义务对其颁发毕业证。

二、学生获得学位证书的条件

《中华人民共和国高等教育法》第二十二条规定："国家实行学位制度。学位分为学士、硕士和博士。""公民通过接受高等教育或者自学，其学业水平达到国家规定的学位标准，可以向学位授予单位申请授予相应的学位。"《中华人民共和国学位条例》第三条规定"学位分学士、硕士、博士三级"。第四条规定："高等学校本科毕业生，成绩优良，达到下述学术水平者，授予学士学位：（一）较好地掌握本门学科的基础理论、专门知识和基本技能；（二）具有从事科学研究工作或担负专门技术工作的初步能力。"第五条规定："高等学校和科学研究机构的研究生，或具有研究生毕业同等学力的人员，通过硕士学位的课程考试和论文答辩，成绩合格，达到下述学术水平者，授予硕士学位：（一）在本门学科上掌握坚实的基础理论和系统的专门知识；（二）具有从事科学研究工作或独立担负专门技术工作的能力。"第六条规定："高等学校和科学研究机构的研究生，或具有研究生毕业同等学力的人员，通过博士学位的课程考试和论文答辩，成绩合格，达到下述学术水平者，授予博士学位：（一）在本门学科上掌握坚实宽广的基础理论和系统深入的专门知识；（二）具有独立从事科学研究工作的能力；（三）在科学或专门技术上做出创造性的成果。"第八条规定："学士学位，由国务院授权的高等学校授予；硕士学位、博士学位，由国务院授权的高等学校和科学研究机构授予。"第九条规定："学位授予单位，应当设立学位评定委员会，并组织有关学科的学位论文答辩委员会。"

根据上述规定，学校可以根据《学位条例》具体对学位授予的条件和程序作出具体的规定。但学校的规定不得与上位法相冲突或抵触，学校授予学位的行为是国家教育行政授权行为，是教育行政行为，具有可诉性。

三、学生提前毕业的相关规定

学生提前完成教育教学计划规定内容，获得毕业所要求的学分，可以申请提前毕业。学生提前毕业的条件，由学校规定。学生提前毕业，应当符合学校关于学生提前毕业条件的规定。

※典型案例：田某诉北京某科技大学拒绝颁发毕业证、学位证行政诉讼案①

1. 基本案情

原告田某于 1994 年 9 月考取北京某科技大学，取得本科生的学籍。1996 年 2 月 29 日，田某在《电磁学》课程的补考过程中，随身携带写有电磁学公式的纸条。考试中，去上厕所时纸条掉出，被监考教师发现。监考教师虽未发现其有偷看纸条的行为，但还是按照考场纪律，当即停止了田某的考试。被告北京某科技大学根据国家教委关于严肃考场纪律的指示精神，于 1994 年制定了校发〔94〕第 068 号《关于严格考试管理的紧急通知》（简称第 068 号通知）。该通知规定，凡考试作弊的学生一律按退学处理，取消学籍。被告据此于 1996 年 3 月 5 日认定田某的行为属作弊行为，并作出退学处理决定。同年 4 月 10 日，被告填发了学籍变动通知，但退学处理决定和变更学籍的通知未直接向田某宣布、送达，也未给田某办理退学手续，田某继续以该校大学生的身份参加正常学习及学校组织的活动。1996 年 9 月，被告为田某补办了学生证，之后每学年均收取田某交纳的教育费，并为田某进行注册、发放大学生补助津贴，安排田某参加了大学生毕业实习设计，由其论文指导教师领取了学校发放的毕业设计结业费。田某还以该校大学生的名义参加考试，先后取得了大学英语四级、计算机应用水平测试 BASIC 语言成绩合格证书。被告对原告在该校的四年学习中成绩全部合格，通过毕业实习、毕业设计及论文答辩，获得优秀毕业论文及毕业总成绩为全班第九名的事实无争议。

1998 年 6 月，田某所在院系向被告报送田某所在班级授予学士学位表时，被告有关部门以田某已按退学处理、不具备北京某科技大学学籍为由，拒绝为其颁发毕业证书，进而未向教育行政部门呈报田某的毕业派遣资格表。田某所在院系认为

---

① 《田某诉北京某科技大学拒绝颁发毕业证、学位证案》，中国法院网，http：//www.chinacourt.org/article/detail/2014/12/id/1524355.shtml，2014 年 12 月 26 日。

原告符合大学毕业和授予学士学位的条件，但由于当时原告因毕业问题正在与学校交涉，故暂时未在授予学位表中签字，待学籍问题解决后再签。被告因此未将原告列入授予学士学位资格的名单交该校学位评定委员会审核。因被告的部分教师为田某一事向国家教委申诉，国家教委高校学生司于1998年5月18日致函被告，认为被告对田某违反考场纪律一事处理过重，建议复查。同年6月10日，被告复查后，仍然坚持原结论。田某认为自己符合大学毕业生的法定条件，北京某科技大学拒绝给其颁发毕业证、学位证是违法的，遂向北京市海淀区人民法院提起行政诉讼。

2. 裁判结果

北京市海淀区人民法院于1999年2月14日作出〔1998〕海行初字第00142号行政判决：①北京某科技大学在本判决生效之日起30日内向田某颁发大学本科毕业证书；②北京某科技大学在本判决生效之日起60日内组织本校有关院、系及学位评定委员会对田某的学士学位资格进行审核；③北京某科技大学于本判决生效后30日内履行向当地教育行政部门上报有关田某毕业派遣的有关手续的职责；④驳回田某的其他诉讼请求。北京某科技大学提出上诉，北京市第一中级人民法院于1999年4月26日作出〔1999〕一中行终字第73号行政判决：驳回上诉，维持原判。

3. 裁判理由

法院生效裁判认为：根据我国法律、法规规定，高等学校对受教育者有进行学籍管理、奖励或处分的权力，有代表国家对受教育者颁发学历证书、学位证书的职责。高等学校与受教育者之间属于教育行政管理关系，受教育者对高等学校涉及受教育者基本权利的管理行为不服的，有权提起行政诉讼，高等学校是行政诉讼的适格被告。

高等学校依法具有相应的教育自主权，有权制定校纪、校规，并有权对在校学生进行教学管理和违纪处分，但是其制定的校纪、校规和据此进行的教学管理和违纪处分，必须符合法律、法规和规章的规定，必须尊重和保护当事人的合法权益。本案原告在补考中随身携带纸条的行为属于违反考场纪律的行为，被告可以按照有关法律、法规、规章及学校的有关规定处理，但其对原告作出退学处理决定所依据的该校制定的第068号通知，与《普通高等学校学生管理规定》（2005）第二十九条规定的法定退学条件相抵触，故被告所作退学处理决定违法。

退学处理决定涉及原告的受教育权利，为充分保障当事人权益，从正当程序原则出发，被告应将此决定向当事人送达、宣布，允许当事人提出申辩意见。而被告既未依此原则处理，也未实际给原告办理注销学籍、迁移户籍、档案等手续。被告于 1996 年 9 月为原告补办学生证并注册的事实行为，应视为被告改变了对原告所作的按退学处理的决定，恢复了原告的学籍。被告又安排原告修满四年学业，参加考核、实习及毕业设计并通过论文答辩等。上述一系列行为虽系被告及其所属院系的部分教师具体实施，但因他们均属职务行为，故被告应承担上述行为所产生的法律后果。

国家实行学历证书制度，被告作为国家批准设立的高等学校，对取得普通高等学校学籍、接受正规教育、学习结束达到一定水平和要求的受教育者，应当为其颁发相应的学业证明，以承认该学生具有的相当学历。原告符合上述高等学校毕业生的条件，被告应当依《中华人民共和国教育法》第二十八条第一款第五项及《普通高等学校学生管理规定》第三十五条的规定，为原告颁发大学本科毕业证书。

国家实行学位制度，学位证书是评价个人学术水平的尺度。被告作为国家授权的高等学校学士学位授予机构，应依法定程序对达到一定学术水平或专业技术水平的人员授予相应的学位，颁发学位证书。依《中华人民共和国学位条例暂行实施办法》第四条、第五条、第十八条第三项规定的颁发学士学位证书的法定程序要求，被告首先应组织有关院系审核原告的毕业成绩和毕业鉴定等材料，确定原告是否已较好地掌握本门学科的基础理论、专业知识和基本技能，是否具备从事科学研究工作或担负专门技术工作的初步能力；再决定是否向学位评定委员会提名列入学士学位获得者的名单，学位评定委员会方可依名单审查通过后，由被告对原告授予学士学位。

第三十三条 【学生结业与肄业】

第三十三条 学生在学校规定学习年限内，修完教育教学计划规定内容，但未达到学校毕业要求的，学校可以准予结业，发给结业证书。

结业后是否可以补考、重修或者补作毕业设计、论文、答辩，以及是否颁发毕业证书、学位证书，由学校规定。合格后颁发的毕业证书、学位证书，毕业时间、获得学位时间按发证日期填写。

对退学学生，学校应当发给肄业证书或者写实性学习证明。

本条是关于学生结业和结业后能否获得毕业证书的规定。

一、关于学生结业

结业是指具有学籍的学生，在规定学业期满，修完学校规定的学习内容，但未能达到毕业要求，而结束学业。简言之，结业就是学生学习期满未能毕业而结束学业。毕业和结业的共同之处就是在规定的学习期限内修完教学计划规定的内容；不同之处在于前者是学业成绩和相应的环节达到毕业要求，而结业者是学业成绩未能达到毕业要求。如课程不及格、学分未修满、毕业设计（论文）未完成或未通过等。学生在学校规定的学习年限内，修完教育教学计划规定内容，学习成绩等未达到毕业要求，学校可以准予结业，由学校发给结业证书，并办理离校手续，离开学校。

二、关于学生结业后能否获得毕业证书、学位证书

学生结业后，不及格的课程是否可以补考或者重修，毕业设计或论文及答辩不符合学校要求的，是否可重新进行毕业设计或撰写毕业论文并进行论文答辩，以及是否颁发毕业证书、学位证，由学校自行规定。如果学校规定结业后允许补考、重修或补作毕业设计、论文答辩和合格后发给毕业证书、学位证书，那么结业后的学生可以根据学校规定参加相应的课程补考、重修，毕业设计（论文）补作，合格后颁发毕业证书，符合学位证授予条件的颁发学位证。但是毕业证书中的毕业时间，学位证书中的获得学位时间必须按实际发证日期填写，不得填写为学生正常的毕业时间。

三、关于学生肄业

学生如果中途退学，学校应当发给肄业证书或者写实性学习证明。修订前的《普通高等学校学生管理规定》第三十四条规定："学满一学年以上退学的学生，学校应当颁发肄业证书。"2016年修订，取消此条规定，至于是发给肄业证书还是写实性学习证明，学校可以自行规定。

第七节　学业证书管理

《教育法》规定，"国家实行学业证书制度"。《高等教育法》进一步明确，高

等学历教育由国家统一管理，高等学校要按照国家有关规定颁发学业证书。因此，颁发和管理学业证书是高等学校的权利和责任，对学业证书实施规范管理也是国家教育行政部门的重要职责。当前，随着高等教育事业的发展，高等教育办学形式日趋多样化，加强高等学校学业证书的规范管理，对于维护广大受教育者的合法权益，维护高等学校的声誉以及社会秩序都具有十分重要的意义。

本节是 2016 年修订《普通高等学校学生管理规定》新设的，凸显对高校向学生颁发学业证书的管理。

第三十四条 【证书的格式内容及变更】

第三十四条 学校应当严格按照招生时确定的办学类型和学习形式，以及学生招生录取时填报的个人信息，填写、颁发学历证书、学位证书及其他学业证书。

学生在校期间变更姓名、出生日期等证书需填写的个人信息的，应当有合理、充分的理由，并提供有法定效力的相应证明文件。学校进行审查，需要学生生源地省级教育行政部门及有关部门协助核查的，有关部门应当予以配合。

本条是关于高等学校颁发学历证书、学位证书的相关规定。

一、证书内容的填写与证书的颁发

《教育法》第二十条规定："国家实行学业证书制度"；第二十一条规定："国家实行学位制度"。《高等教育法》第二十条进一步规定："接受高等学历教育的学生，由所在高等学校或者批准承担研究生教育任务的科学研究机构根据修业年限、学业成绩等，按照国家有关规定，发给相应的学历证书或者其他学业证书"。教育部《关于当前加强高等学校学历证书规范管理的通知》（教学〔2002〕15 号）指出："颁发和管理学历证书是高等学校的权利和责任，对学历证书实施规范管理也是国家教育行政部门的重要职责。当前，随着高等教育事业的发展，高等教育办学形式日趋多样化，加强高等学校学历证书的规范管理，对于维护广大受教育者的合法权益，维护高等学校的声誉以及社会秩序都具有十分重要的意义。"高等学校学历证书管理工作的基本原则是："依法规范、客观写实、学校负责、政府监督。""高等学校每年招生前要按以上规范要求将本校毕（结）业证书基本内容，包括办学形式、基本学习年限、分校或二级学院名称等在招生章程中予以明确，使广大考生对其有所了解。"

因此，根据上述规定，为保障教育的公正性，本项明确规定学校在填写和颁发学生的学历证书和学位证书时，应当严格按照招生时确定的办学形式、教育性质、学习形式，不得随意变更性质、类型和形式。

二、证书内容的变更

姓名权是自然人决定、使用和依照规定改变自己姓名的权利，公民基本人身权利。尽管大学生作为成年人，可以依法享有姓名的改变权，但是自然人是社会生活中的主体，必然是众多法律关系中的当事人，姓名的改变，不仅关系到该学生本人的利益，也会牵涉到他人的利益，甚至社会的利益。同时，根据《中华人民共和国居民身份证法》第三条规定："居民身份证登记的项目包括：姓名、性别、民族、出生日期、常住户口所在地住址、公民身份号码、本人相片、指纹信息、证件的有效期和签发机关。公民身份号码是每个公民唯一的、终身不变的身份代码，由公安机关按照公民身份号码国家标准编制。"因此，①大学生改变身份证的姓名，必须到公安机关依法办理，并更换新的身份证。②大学生的身份证号是公民的唯一的、终身不变的身份代码。所以，"学生在校期间变更姓名、出生日期等证书需要填写个人信息的，应当有合理、充分的理由，并提供有法定效力的相应证明文件"。学校应当对其进行审查。如果学校需要学生生源省级教育行政部门及有关部门协助核查的，有关部门应当予以配合。

第三十五条　【学历电子注册】

第三十五条　学校应当执行高等教育学籍学历电子注册管理制度，完善学籍学历信息管理办法，按相关规定及时完成学生学籍学历电子注册。

本条是关于高等教育学历证书信息管理的规定。

为规范高等学校学生学籍学历电子注册，向高等学校、学生和社会提供便捷、客观、权威的学籍、学历信息查询、验证及认证服务，保护高等教育受教育者的合法权益，根据《中华人民共和国高等教育法》和《普通高等学校学生管理规定》制定《高等学校学生学籍学历电子注册办法》。学校应当执行高等教育学籍学历电子注册管理制度，完善学籍学历信息管理办法，按相关规定及时完成学生学籍学历电子注册。学生应当遵守国家和学校有关学籍学历电子注册管理的规定，履行相应义务。

一、关于学籍学历电子注册管理的意义

高等学校学生学籍学历电子注册是运用现代信息技术，对高等学校（含具有颁发国家承认学历文凭资格的公办、民办普通高等学校、成人高等学校、开放大学）和经批准承担培养研究生任务的科学研究机构（以下合并简称高等学校或学校）按国家规定录取的高等学历教育学生取得的学籍、获得的学历证书（含通过高等教育自学考试获得的毕业证书）进行在线审核、电子标注、数据备案和网上查询的管理方式。

高等学校学历教育学生（含预科、专科、本科学生，少数民族骨干计划基础培训阶段研究生，硕士、博士研究生；华侨学生，来自香港、澳门、台湾地区学生以及国际学生）均须进行新生学籍电子注册、在校生学年电子注册、毕（结）业生学历证书电子注册。

中国高等教育学生信息网（以下简称学信网，网址 http：//www.chsi.com.cn）是高等学校学生学籍学历电子注册信息查询的唯一网站。学生通过学信网可免费查询本人身份信息、学籍注册信息、学年注册信息和学历注册信息，也可查询本人学籍档案。社会其他部门及个人可依据学生提供的相关信息，通过学信网对学生身份信息、学籍注册信息、学年注册信息、学历注册信息和学生学籍档案进行查询、验证。

二、关于学籍电子注册的要求

省级教育行政部门组织相关机构按照国家招生规定审核考生录取数据，将审核通过的数据报送教育部汇总复核后作为高等学校新生入学资格复查和学籍电子注册（以下简称学籍注册）的依据。

高等学校对报到新生进行录取、入学资格复查，对复查合格的学生予以学籍注册，复查不合格者取消入学资格；对放弃入学资格、保留入学资格、取消入学资格的学生予以标注。少数民族预科生和少数民族骨干计划基础培训阶段研究生的资格复查由招生学校负责。预科培养和骨干计划基础培训的预科学籍标注由培养培训学校负责。预科培养培训结业后转入招生学校，由招生学校进行新生资格复查和学籍注册。其他预科生由招生学校负责。

普通高校学生（含专科、本科、硕士、博士、专科起点本科、第二学士学位等）在同一学习时段，只注册一个普通全日制学籍。跨校联合培养学生，在录取学校进行学籍注册。

按照特殊政策录取的学生应标注其录取类型。如定向招生专项计划（含免费医学、免费师范、非西藏生源定向西藏就业计划、扶贫计划等本科生，强军计划、援藏计划、少数民族骨干计划等研究生）、定向生、国防生、政法干警招录培养体制改革试点生等。

学校在学籍注册中发现录取数据有误或缺失的，由学校向省级招生部门提出申请，省级招生部门核实后将修改意见或补充录取数据报教育部，并将相关结果及时反馈学校。

学籍注册后，学校应告知学生及时查询。学生可登录学信网实名注册后查询、核实本人身份信息和学籍注册信息。

高等学校从学生入学次年起至毕业，应在每学年第一学期进行学年电子注册（以下简称学年注册）。学年注册包括在校生新学年注册（含注册学籍、暂缓注册等）和上学年学籍变动（含留级、降级、跳级、休学、复学、转学、转专业、保留学籍等）、学籍记载（含学业考试情况、社会实践情况、奖惩情况等）、学籍注销（含退学、取消学籍、开除学籍、死亡等）以及学生取得的其他证书（含肄业证书、学习证明等）的标注。实行学分制的学校无须标注留级、降级、跳级情况。

学年注册在每学年第一学期开学后 1 个月内完成。学籍注销应在学籍处理后15 个工作日内完成。

学生离校后学信网将学生的身份信息、学籍注册信息、学年注册信息作为学籍档案保存。

三、关于学历电子注册的要求

高等学校颁发的学历证书（含高等教育自学考试毕业证书），应进行学历证书电子注册（以下简称学历注册）。学历注册证书分毕业证书和结业证书两种。

高等学校只能为取得本校学籍并进行学籍注册的学生颁发并注册一份学历证书。学生毕（结）业离校时，学校应颁发毕（结）业证书并完成学历注册。学生获得的辅修专业证书，应标注在主修学历证书注册信息中。

学历注册信息应与学历证书内容保持一致。学历注册信息包括：姓名、性别、出生日期、照片；学习起止年月；专业、层次、学制、毕（结）业、学习形式；学校名称、校（院）长姓名及证书编号。

学校应完整填报学历注册信息，信息不完整的不提供网上查询。

学历证书发证日期应与学生毕业日期一致，发证日期即是学历注册提供网上查询的有效日期。

学生在校期间修改或变更身份信息的，由学生本人提供合法性证明，学校或省级教育行政部门审核确认后更改，学信网保留更改前的信息。学生要求修改、变更的信息或证明材料涉嫌弄虚作假的不予受理。

学历注册并提供网上查询后，学校不得变更证书内容及注册信息，不再受理学生信息变更事宜。注册信息确有错误的，须经省级教育行政部门审核确认后方可修改。

学历证书遗失的由学校出具相应的证明书并在学历注册信息中标注。

第三十六条 【主辅修制】

第三十六条 对完成本专业学业同时辅修其他专业并达到该专业辅修要求的学生，由学校发给辅修专业证书。

本条是关于高校学生辅修其他专业的规定。

实行主辅修的教学制度旨在为学生提供发挥学习潜力，获得更好发展机会，使学生就业和面临职业变动时具有更大的适应性，同时也可促进学校边缘学科与新兴学科的发展。它是一种按因材施教原则实行的修课制度，主修是指对学生所属专业规定课程的修读，是学生的主业，也是学校教学和管理的重点，对所有学生统一要求。辅修是由学生自主选择而非统一要求的修读其他专业课程的形式，一般由学校或院（系）指定某些专业供学生选择。学生可以根据自己的能力、爱好和特长选择一个或两个专业作为自己的辅修专业，由教学单位和教务处根据学生的学习状况审批并备案。

学生辅修一般应当注意如下几个要求：

第一，学生应当完成主修专业。学生只有在完成主修专业并学有余力的基础上，为调动学生的学习积极性和主动性，才被鼓励辅修其他专业。否则，极易造成主次颠倒，影响学业。

第二，高等学校有权对学生辅修其他专业作出相应规定。学生申请辅修其他专业，应当遵守学校关于辅修的相关规定。

第三，学生辅修其他专业，只有达到专业辅修要求的，学生才有权向学校要求发给辅修专业证书，学校才可以为其颁发辅修专业证书。如果学生只是辅修了其他专业的部分课程，学校不能对其发辅修专业证书，只能发给辅修成绩单或辅修证明。

第四，本项所称"辅修其他专业"既没有修完其他专业全部的教育教学计划规定的内容，也不是指攻读二学位。学生辅修其他专业合格，只是完成了其他专业教育教学计划内容的一部分，因此学校颁发的是辅修专业证书，而不是辅修专业毕业证书。关于学生攻读二学位，根据《中华人民共和国学位条例暂行实施办法》（1981）和《高等学校培养第二学士学位生的试行办法》（〔87〕教计字105号），国家有比学生辅修其他专业更为严格的规定和要求。

第三十七条 【违规获得学历证书和学位证书的处理】

第三十七条 对违反国家招生规定取得入学资格或者学籍的，学校应当取消其学籍，不得发给学历证书、学位证书；已发的学历证书、学位证书，学校应当依法予以撤销。对以作弊、剽窃、抄袭等学术不端行为或者其他不正当手段获得学历证书、学位证书的，学校应当依法予以撤销。

被撤销的学历证书、学位证书已注册的，学校应当予以注销并报教育行政部门宣布无效。

本条是关于无效学历证书、学位证书的规定。

取得国家承认的高等学校学历证书和学位证书的学生，应当满足两个条件：

一、主体适格

获得学历证书和学位证书的学生必须是符合国家招生规定的学生。根据《规定》第八条、第九条、第十一条和本条规定，只有按国家招生规定录取的新生，才能办理入学手续，才能取得学生学籍。凡属弄虚作假、徇私舞弊取得学籍者，一经查实，学校应当取消其学籍，学校也不得发给学历证书、学位证书。如果学校已发学历证书、学位证书，则证书为无效证书，学校应当依法予以撤销。

二、内容达标

符合国家招生规定的学生必须完成学校规定的教育教学计划规定的任务，并达到要求。《规定》第三十二条明确规定了学生取得毕业证书、学位证书的要求。对以作弊、剽窃、抄袭等学术不端行为或者其他不正当手段获得的学历证书、学位证书，学校应当依法予以撤销。

为维护国家招生制度，规范高等学校招生行为和颁发学历证书和学位证书行为，杜绝滥发文凭和证书，维护高等教育的公平公正。《教育法》第八十条规定

"违反本法规定，颁发学位证书、学历证书或者其他学业证书的，由教育行政部门宣布证书无效，责令收回或者予以没收；有违法所得的，没收违法所得；情节严重的，取消其颁发证书的资格"。因此，根据上述规定，《规定》规定了，对于不应发而发出的证书，学校应当依法撤销。被撤销的学历证书、学位证书已注册的，学校应当予以注销并报教育行政部门宣布无效。

※典型案例：王娜娜被冒名顶替上大学事件

1. 事件回放[①]

2016 年 2 月底，河南周口沈丘县人王娜娜反映，2003 年高考后，因未收到大学录取通知书，她以为落榜便外出打工，之后结婚生子，在洛阳生活。2015 年，在办理一次银行业务时，发现自己被人冒名顶替上了周口职业技术学院。此事经媒体曝光后，引起社会广泛关注。周口市随即成立了由市纪委、监察局牵头，抽调市公安局、检察院、教育局等部门人员组成的联合调查组，对此事进行全面调查。

据调查组介绍，经查，王娜娜反映本人 2003 年参加高考后被周口某职业技术学院录取，未领到录取通知书，被别人拿着录取通知书顶替其上学，该情况属实。

调查组认为，"张莹莹冒名王娜娜上周口某职业技术学院"，是发生在 2003 年周口市高招过程中的一起严重违纪违法案件，性质恶劣，社会影响极坏。

据调查组介绍，在调查过程中发现周口某职业技术学院等单位管理上存在漏洞，部分人员对工作不负责任，未履职尽责，甚至严重失职，根据《中国共产党纪律处分条例》、《事业单位工作人员处分暂行规定》、《中华人民共和国人民警察法》规定，对 9 名相关责任人进行了党纪政纪处理。

其中，当时在招生和学生工作中负有领导责任和直接责任人员，被分别给予党内警告、党内严重警告等处分；当时为其办理假证的有关派出所工作人员，同样因负领导责任和直接责任被分别给予诫勉谈话、行政警告等处分；王娜娜当年所在班的班主任及所在学校的收发员、教务处工作人员也被分别给予党内严重警告、行政警告等处分。

假"王娜娜"已被当地教育体育局解聘，其学籍、学历信息也按规定注销，毕业证书也被宣布无效。

---

① 新华社：《河南"王娜娜被冒名上大学"事件 9 名责任人受处分》，新华网，http：//news. xinhua-net. com/2016 - 03/19/c_ 1118382678. htm，2016 年 3 月 19 日。

2. 事件评析①

"王娜娜"被顶替上学事件受到社会广泛关注。真假王娜娜，因顶替者扬言"告到联合国也没用"而令舆论哗然，又因顶替者被注销学历而解开了部分谜团。尽管事件得到相关调查组调查，有关人员也得到了处理，但是案件依然值得反思与深省。

个体的命运在不经意间被改变，的确是一种悲哀，而"王娜娜"的遭遇也并非个例。从闹得沸沸扬扬的"齐玉苓事件"、"罗彩霞事件"开始，一些考生被冒名顶替的事件先后被曝光。如果不是因为一些诸如办证办卡过程中的偶然碰壁，或许很多人并不知道自己曾经考上了大学，成绩却被他人"据为己有"。

任何一起冒名事件都不是一两个人、一两个部门就能策划实施的。冒名顶替"成功"需要闯过一道道管理关卡，但凡其中任何一道守住了，事件也许就不会发生。而冒名事件恰恰说明，从毕业的高中到入学的大学，从高考招生部门到户籍管理部门，似乎所有的关卡在王娜娜事件中都失守了。

招生录取是一件极其严肃认真的事情，关乎公民教育的底线公平。普通百姓对高考寄予了太多的期望。从小处说，它是决定一个人能否继续接受高等教育的门槛；从大处讲，它关乎一个人甚至一个家庭的命运，更关乎社会公平正义。显然，"王娜娜"被顶替一事又让这一制度蒙羞了。

考试选拔制度出漏洞，制度的有效性和可信度都会打折扣，相关部门和相关责任人员难辞其咎。毫无疑问，一份有效的成绩成为高校录取的依据。如果考生想上演"变身记"，从所在高中到就读的高校、从教育部门到公安部门，哪一关松懈了、哪一关被"搞定"，都会酿成如今仍含混不清的身份之争、疑团密布的"招考事故"。

遵守规则的人理应被保护，破坏规则的人应该被惩罚。任何关乎社会公平正义的制度都该被尊重，任何有损社会公平正义的行为都不能轻易放过。查清事实，依法追责，责无旁贷。但对事件的反思绝非就此止步：要从严处补齐制度短板，健全高考招生制度，完善新生复查制度，让未来不再出现冒名顶替上大学事件，这才是最重要的。

---

① 《中纪委机关报评"真假王娜娜"：疑问需要回应》，中国教育与科研计算机网，http://www.edu.cn/zhong_guo_jiao_yu/jiao_yu_ping_lun/te_bie_tui_jian/201603/t20160321_1378124.shtml，2016 年 3 月 21 日。

第三十八条 【证书的遗失】

第三十八条 学历证书和学位证书遗失或者损坏，经本人申请，学校核实后应当出具相应的证明书。证明书与原证书具有同等效力。

本条是关于毕业、结业、肄业证书和学位证书遗失或者损坏的规定。

毕业、结业、肄业证书和学位证书如有遗失或损坏，须本人申请，由学校查实后，出具与学历证书和学位证书同等效力的相应的证明书，而不能再次补发学历证书和学位证书。因为，学历证书和学位证书必须由学校的法人代表——校长签发，而我国高校的校长是不断更换的，继任校长不能再签发已由前任校长签发的证书。因此，为了维护学历证书和学位证书的严肃性和权威性，学历证书和学位证书具有唯一性，证书遗失和损坏后不能补发，只能由学校核实才能开具相关证明书。当然，学校开具的证明书与原证书具有同等效力。

第四章　校园秩序与课外活动

　　校园秩序直接影响到学校正常教育教学、科研、生活秩序和安定团结的局面、影响到学生人身和财物的安全、影响到学生学业的顺利完成。因此，国家一直高度重视校园秩序管理和校园文化建设，先后颁布了《高等学校学生行为准则试行》(1990)、《高等学校学生行为准则》(2005)、《普通高等学校学生管理规定》(1990年制定，2005年进行了修订)、《高等学校校园秩序管理若干规定》(1990)、《普通高等学校学生安全教育及管理暂行规定》(1992)、《学生伤害事故处理办法》(2002年制定，2010进行了修订)、《关于进一步加强学校治安稳定综合治理工作的意见》等一系列教育行政规章和规范性文件，以维护高等学校的校园秩序。本章根据现行相关法律法规规章的规定，结合校园秩序管理实际及发展趋势，重点对校园秩序管理中较突出的相关法律问题进行了规定。

　　课外活动是课堂教学活动之外的学生活动，与课堂教学一起构成一个完整的教育系统。课堂教学是"第一课堂"活动，课外活动则是"第二课堂"活动。第一课堂的教育教学是在校学生获得知识的主渠道，而第二课堂即学生的课外活动也是学生掌握知识，提高素质和锻炼能力的重要环节。课堂教学是教育的主要阵地、课外活动是课堂教育的必要补充，二者相互作用，相辅相成。课外活动对解决受教育者的全面发展与因材施教、一般发展与特殊发展、间接经验与直接经验等矛盾具有重要的意义。高等学校应当积极支持和鼓励学生参加课外活动，并加以规范管理。

　　1990年制定的《普通高等学校学生管理规定》将课外生活与校园秩序各自单独成章。但由于考虑课外活动大部分在校园中进行，与校园秩序密切相关，2005年修订后《规定》将"课外活动"与"校园秩序"合并为第四章，名为"校园秩序与课外活动"，2016年修订后的《规定》仍然适用这一体例。

第三十九条　【学校维护秩序的义务】

　　第三十九条　学校、学生应当共同维护校园正常秩序，保障学校环境安全、稳定，保障学生的正常学习和生活。

本条是关于维护校园秩序义务的规定。

学校作为一个办学实体，既有权制定教育教学计划并开展教育教学计划所规定的活动，也有职权与义务维护教育教学秩序。有职权，是因为高等学校是国家教育行政管理的末梢和办学实体，为维护正常教育教学秩序，承担了一定的对学生教育的行政管理职权；有义务，不仅体现学校作为办学实体，有义务维护学校正常的教育教学秩序和生活秩序，而且体现学校作为民事法人有偿为学生提供住宿和生活服务，还有义务管理与维护学校的校园秩序，保障学生的人身和财产安全。如果因为管理措施不当，导致校园秩序失范，学校应当承担相应的行政管理责任，如果由此给学生造成财产损害甚至人身伤害，学校还应当承担相应的民事责任。因此，本条规定，学校应当维护校园正常秩序，保障学生的正常学习和生活。

维护校园秩序不仅是学校的义务，同时也是学生的义务。学生应当与学校，共同维护校园正常秩序，保障学校环境安全、稳定，保障学生的正常学习和生活。

◆**热点问题：学校维护校园正常秩序的权利（力）的法律依据、管理行为的法律性质如何定位？**

疑问：学校维护校园正常秩序的权利（力）的法律依据何在？管理行为的法律性质如何定位？

探讨学校为维护校园正常秩序而行使的管理权的法律依据、法律性质，对于规范高校学生管理行为有着重要的现实意义与理论意义。

一、维护校园正常秩序权力的法律依据问题

我国《教育法》和《高等教育法》均未赋予高等学校享有维护校园公共秩序职能的对破坏学校秩序的学生予以处分的权力。相反，《教育法》第七十二条却规定："结伙斗殴、寻衅滋事，扰乱学校及其他教育机构教育教学秩序或者破坏校舍、场地及其他财产的，由公安机关给予治安管理处罚；构成犯罪的，依法追究刑事责任。"但是，1990年国家教委颁布的《高等学校校园秩序管理若干规定》第六条（1990年国家教委第13号令，现仍有效）规定"学校应当加强校园管理，采取措施，及时有效地预防和制止校园内的违反法律、法规、校规的活动"；第十八条规定"对违反本规定，经过劝告、制止仍不改正的师生员工，学校可视情节给予行政处分或者纪律处分……"教育部1992年又颁布《普通高等学校学生安全教育及管理暂行规定》规定高等学校享有学生安全教育和管理的职责。2005年教育部

颁布新修订的《普通高等学校学生管理规定》（教育部〔2005〕年第21号令）第四章"校园秩序和课外活动"规定"高等学校应当维护校园正常秩序，保障学生的正常学习与生活"，"学生不得有酗酒、打架斗殴、赌博、吸毒，传播、复制、贩卖非法书刊和音像制品等违反治安管理规定的行为"等。同时，该《规定》第五十二条还规定"学校对有违法、违规、违纪行为的学生，学校应当给予批评教育或者纪律处分"。因此，许多高等学校没有依据国家法律而是依据教育部的这三个部门规章自制校规校纪规定学校对学生的社会治安行为，甚至对个别犯罪行为，更有甚者对违反公民道德行为准则和大学生行为准则的行为享有管理与处分的权力。

在高校学生管理的现实中，综观各大高校，无论是部属的重点大学，还是省属市属的普通大学，均自觉不自觉地通过自定学生违纪处分条例或处分办法，"对高等学校学生学习、生活、行为进行规范和管理"。① 这些条例与办法大都从如下几方面行使着对学生的处分权：

（1）直接规定对违宪行为进行处分。如规定"违反宪法，反对四项基本原则，破坏安定团结，扰乱社会秩序，视其情节，分别给予记过、留校察看和开除学籍等严重的纪律处分"。

（2）直接规定对违法犯罪行为进行处分。如规定"对违反国家法律、法规、规章，受到公安司法部门处罚者，根据情节，可以给予警告、严重警告、记过、留校察看和开除学籍的纪律处分"。

（3）直接规定对一般的盗窃、赌博、寻衅滋事、打架斗殴等轻微的行为可以认定并进行直接纪律处分。如规定"寻衅滋事或参与打架斗殴者"、"参与、组织赌博者"、"损坏公私财产或公共设施者"等行为，可以视其情节给予警告、严重警告、记过、留校察看和开除学籍的纪律处分。

（4）直接规定对一些可以视为民事活动的行为规定进行处分。如规定"违反学校关于学生宿舍管理的有关规定"、"禁止学生在校内进行商业活动，违者……"等行为，视其情节，给予警告或警告以上处分。

（5）直接规定对一些道德生活行为进行处分。如规定"违反公民道德准则和大学生行为准则者"、"违反校园管理有关规定，扰乱公共秩序"等行为，视其情

---

① 1990年1月20日颁布的《普通高等学校学生管理规定》（国家教委令第7号，现已失效）第四条规定："本规定所称学生管理，是指对学生入学到毕业在校阶段的管理，是对高等学校学生学习、生活、行为的规范。"而2005年9月1日新颁布实施的《普通高等学校学生管理规定》直接取消了原《规定》的第四条，但却直接界明什么是高校学生管理。从而，也就注定了各高校依然没用惯性的思维与逻辑，仍然通过自制处分条例行使原计划体制沿袭下来的对"学生学习、生活、行为"的全方位的管理权。

节，给予警告或警告以上处分。以至于被媒体报道的学生"接吻"①、"怀孕"② 等行为而被学校开除。

不管上述相关规定是否符合法理要求，但却在现实的高等学校学生管理中大量存在。当然，这应成为当下全面推进高等教育法治改革进程所面临需要改革的重要内容。

二、行使维护校园正常秩序权利（力）的法律性质问题

普通高等学校学生为维护校园正常秩序，对学生行使的管理权理论上分析，主要包括两个方面：一是行政管理权力，二是民事管理权利。

1. 行政管理权力

行政管理权力本质上是国家教育行政管理权力在高等学校内部的延伸，"是我国特定历史条件下的产物。在现行行政体制构架下和相当的时期内，这种行政管理权还将继续存在"。③ 典型表现如高等学校可以基于对校园秩序的维护而对违法违规违纪学生进行纪律处分。高等学校学生纪律处分是指：高等学校为维护学校公共秩序，依据法律、法规、规章和校规（纪），对实施破坏学校公共秩序行为的学生，按照合理的标准与恰当的程序，而给予适当的具有惩罚性的并应受司法监督的行政处罚措施。④ 高校学生纪律处分权既不同于高校学生学籍处理权，也不同于高校学生民事管理权，而是一种典型的行政处罚权。学籍处理权是大学以学术评价方式对学生学籍事务进行管理的自治权，是大学学术权力在学生学籍管理中的体现。高校学生民事管理权，本质上是一种民事权利，应当与学生基于平等、自愿等原则而行之。

---

① 2004 年 5 月 9 日晚 8 时许，成都某高校学生刘力伟（化名）和女友罗莉娜（化名）因在教室接吻、拥抱。这一行为被学校监控室工作人员发现并用监控设备录了下来。20 日，学校以《大学学生违纪处分规定》中的规定"发生非法性行为者，给予开除学籍处分"作出处罚，两人被勒令退学。参见新华网：http://news. xinhuanet. com/edu/2004 - 09/10/content_ 1967735. htm。

② 案件回放：2002 年 10 月初，重庆邮电学院大二女生李静突感腹痛去校医院治疗，经诊断是宫外孕。学校依据国家教委颁布的《高等学校学生行为准则》、《普通高等学校学生管理规定》及该校《学生违纪处罚条例》等相关规定，给予两名学生勒令退学处分。参见：http://www. people. com. cn/GB/paper447/7961/755443. html。

③ 李华：《法治视野中高校学生管理权研究》，人民出版社 2015 年版。

④ 杨立成、李华：《高等学校学生处分正当性论纲》，《现代教育管理》2012 年第 7 期。

2. 民事管理权利

高等学校不是自然人，要享有民事权利，其前提应当是享有独立财产、能独立承担责任的独立社会组织。1995 年颁布《教育法》第三十一条规定："学校及其他教育机构具备法人条件的，自批准设立或者登记注册之日起取得法人资格。""学校及其他教育机构在民事活动中依法享有民事权利，承担民事责任"。1998 年颁布《高等教育法》第三十条规定"高等学校自批准设立之日起取得法人资格。高等学校的校长为高等学校的法定代表人"。"高等学校在民事活动中依法享有民事权利，承担民事责任"。因此，法律明确规定高等学校可以作为法人，享有法人财产权，可以独立地参与民事活动并独立承担相应的民事责任。而高等学校内年满十八周岁的大学生，是具有民事权利能力与民事行为能力的完全民事行为能力人。作为法人的高等学校与作为自然人的学生可以相互从事民事行为，形成民事法律关系，并受民事法律的调整。从这个意义分析，高校对学生民事管理权，实际上高等学校作为法人，相对于作为自然人的学生，所享有的民事权利。高等学校对学生享有的民事权利主要集中于学生餐饮服务和宿舍管理。在阐释本《规定》第五十条时，对这方面有详细的论述。

第四十条 【学校的民主管理】

第四十条　学校应当建立和完善学生参与管理的组织形式，支持和保障学生依法、依章程参与学校管理。

本条是关于学生参与学校民主管理权的规定。

《高等教育法》第十一条规定，"高等学校应当面向社会，依法自主办学，实行民主管理"，2013 年教育部出台《全面推进依法治校实施纲要》指出："高等学校要积极拓展学生参与学校民主管理的渠道，进一步改革完善高等学校……的学生代表大会制度，推进学生自主管理。制定涉及学生利益的管理规定，要充分征求学生及其家长意见。要扩大有序参与，加强议事协商，充分发挥……共青团、学生会等群众组织在民主决策机制中的作用，积极探索师生代表参与学校决策机构的机制。"大学生参与高校民主管理是"大学生民主参与的权益诉求"，是"学生工作民主管理的需要",是大众民主教育培育与养成的需要,[1] "有利于提升大学生自身素质促进大学生全面发展","有利于促进现代大学制度建设提升高校内涵建设质量",[2] 高等学校承载着国家高等教育的职能,应当成为国家民主法治的教育者、推动者和示范者,应当建立和完善学生参与民主管理的组织形式,实施科学的民主管理制度,支持和保障学生依法参与学校民主管理,保障学生的民主管理权利,不断提高管理质量和水平,努力实现依法治教、依法治校。

> ## 第四十一条 【学生维护校园秩序和自我权益保护的义务】
>
> 第四十一条 学生应当自觉遵守公民道德规范,自觉遵守学校管理制度,创造和维护文明、整洁、优美、安全的学习和生活环境,树立安全风险防范和自我保护意识,保障自身合法权益。

本条是关于学生维护校园秩序和自我权益保护的义务性规定。

一、学生应当自觉遵守公民道德规范

公民道德规范是一个国家所有公民应当遵守和履行的道德规范的总和。公民道德规范主要由基本道德规范和社会公德规范、职业道德规范、家庭美德规范构成。《公民道德建设实施纲要》指出:"爱国守法、明礼诚信、团结友善、勤俭自强、敬业奉献是公民的基本道德规范。""爱国守法"是公民对国家的最首要的道德义务。"明礼诚信"是公民如何待人的道德规范。"团结友善"是公民与公民之间应当如何相处的基本规范。"勤俭自强"是公民对待生活、对待自身的道德规范。"敬业奉献"是公民对待职业活动的道德规范。党的十八报告从国家、社会和个人三层面提出了"富强、民主、文明、和谐,自由、平等、公正、法治,爱国、敬业、诚信、友善"的社会主义核心价值观。大学生作为社会主义的建设者和接班人,要坚持以为人民服务为核心,以集体主义为原则,以爱祖国、爱人民、爱劳动、爱科学、爱社会主义为基本要求,以社会公德、职业道德、家庭美德为着力点,自觉遵守公民道德规范,努力培育和践行社会主义核心价值观。

---

① 刘长平:《大学生民主参与高校学生管理探析》,《高等农业教育》2013 年第 11 期。

② 郭勤一:《大学生参与高校民主管理的实践探析》,《高校辅导员学刊》2015 年第 3 期。

二、学生应当自觉遵守学校管理制度

高等学校为维护学生正常的教育教学秩序和生活秩序，有权在法律的授权范围内，自主制定学校各项学生管理规定，并依据规定行使对学生的管理权。《规定》第四条规定学生应当"遵守学校管理制度"；第七条规定"遵守学校章程和规章制度"是学生依法履行的义务。本条进一步规定"学生应当自觉遵守学校管理制度"。

综观《规定》，学校管理制度主要体现学校基于办学自主权而体现的学籍管理权和学校基于教育行政管理职责而体现的行政管理权两个维度：

1. 学校可以规定的管理制度

学校基于办学自主权而体现的学籍管理权，根据《规定》，主要体现在如下十个方面：①第十条规定"保留入学资格的条件、期限由学校规定"；②第十一条规定新生入学"复查的程序和办法，由学校规定"；③第十三条规定"考核和成绩评定方式，以及考核不合格的课程是否重修或者补考，由学校规定"；④第十五条规定："学生每学期或者每学年所修课程或者应修学分数以及升级、跳级、留级、降级的要求，由学校规定"；⑤第十七条规定学生参加创新创业、社会实践等活动，可以设置创新创业学分，或者折算学分，"具体办法由学校规定"；⑥第十八条规定学生中止学业后重新参加入学考试被录取后，已获学分予以承认的"具体办法由学校规定"；⑦第二十五条规定学生"休学次数和期限由学校规定"；⑧第三十条规定学校可以规定"不能完成学业、应予退学的其他情形"；⑨第三十二条规定"学生提前毕业的条件，由学校规定"；⑩第四十六条规定学校有权制定"网络使用的有关规定"。

2. 学校应当建立的管理制度

学校建立的管理制度所涉及的内容，是学校作为教育管理机构，根据法律法规规章应当履行的职责的内容。根据《规定》，学校应当建立的管理制度主要体现在如下九个方面：①第十八条规定"学校应当健全学生学业成绩和学籍档案管理制度"；②第二十条规定学校应当"建立对失信行为的约束和惩戒机制"；③第二十一条规定"学校应当制定学生转专业的具体办法"；④第二十四条规定"学校应当建立健全学生转学的具体办法"；⑤第三十五条规定"学校应当完善学籍学历信息管理办法"；⑥第四十四条规定"学校应当建立健全学生代表大会制度"；⑦第四十八条规定"学校应当建立健全学生住宿管理制度"；⑧第五十条规定学校对表彰和奖励、确定推免、评定国家奖学金等赋予学生利益的行为，"应当建立公开、公平、公正的程序和规定，建立和完善相应的选拔、公示等制度"；⑨第五十九条规定"学校应当制定学生申诉的具体办法"。

三、学生应当创造和维护文明、整洁、优美、安全的学习和生活环境

学生是学校生活、学习的主体，有责任有义务与学校共同创造和维护文明、整洁、优美、安全的学习和生活环境。文明，主要指语言和行为要文明，要符合学校和社会的规范要求。整洁，指校园环境及各个学习、生活场所要整齐、洁净。优美，这是对校园环境更高层次的要求，即校园内不仅要整洁、干净，而且要富有文化和美感。安全也是对校园秩序的一个基本的要求。

四、学生应当树立安全风险防范和自我保护意识

树立安全风险防范和自我保护意识，提升安全风险防范和自我保护能力，是大学生作为公民应履行的基本义务。学生的安全风险基于不同的划分标准可以作出不同的分类。根据风险发生的性质，可以分为人身安全风险与财产安全风险；根据风险发生的区域，可以分为校园内的安全风险与校园外的安全风险；根据风险发生的领域，可以分为网络安全风险、食品安全风险、交通安全风险、消防安全风险、电气安全风险、卫生防疫安全风险、暴力伤害安全风险。基于不同的安全风险，具有不同的应对风险的防范技能。近年来，我国高校校园安全事故频发，从食品卫生到校园暴力，从个体矛盾到群体事件，从人身伤害到财产损失……引起了政府、社会、家庭等各方面广泛的关注。从风险与损害发生原因分析，无不与当前大学生的安全风险防范和自我保护意识相关。因此，学生应当树立安全风险防范和自我保护意识，努力提升安全风险防范和自我保护的能力。

五、学生应当保障自身合法权益

保障合法权益者，无论从义务角度还是从权利角度分析，莫过于权益享有者本身。维护与保障自身合法权益是每一位公民自己应尽的基本义务和职责。因此，学生应当保障自身合法权益。

第四十二条 【学生的禁止性义务】

第四十二条 学生不得有酗酒、打架斗殴、赌博、吸毒，传播、复制、贩卖非法书刊和音像制品等违法行为；不得参与非法传销和进行邪教、封建迷信活动；不得从事或者参与有损大学生形象、有悖社会公序良俗的活动。

学校发现学生在校内有违法行为或者严重精神疾病可能对他人造成伤害的，可以依法采取或者协助有关部门采取必要措施。

本条是关于学生在维护校园秩序方面的禁止性义务的规定。

一、学生不得有酗酒、打架斗殴、赌博、吸毒，传播、复制、贩卖非法书刊和音像制品等违法行为

1. 行为表现

（1）不得酗酒。在我国《刑法》和《治安管理处罚条例》等法律法规中，对于在没有行为控制能力状态下的犯罪或违法行为，如精神病人在犯病状态中或有生理缺陷的人因生理缺陷触犯或违反了相应的管理规定等，可减轻或免除法律责任或处罚，但对酗酒的人在酗酒状态下的犯罪或违法行为，都规定了应当追究法律责任或处罚，甚至承担的责任或给予处罚的力度还比较大。因此，为保护学生的身心健康，维护其合法权益，预防事故和维护正常的教学与生活秩序，学生不得酗酒。高校校园内也应限制出售酒精度较高的白酒或其他酒类；对庆祝重大节日，学生饮用低浓度的酒，学校也应作相应的规定。

（2）不得打架斗殴、赌博、吸毒。在相关的法律法规和相关的政策规定中，已三令五申，明令禁止，高等学校的学生应自觉和严格遵守这些规定，不得违反。

（3）不得传播、复制、贩卖非法书刊和音像制品等。这里的"非法"书刊和音像制品，是指未按国家有关书刊和音像制品等管理规定，进行备案、登记、审查、监管、上税等的书刊和音像制品，包括反动、迷信、邪教、淫秽和各种盗版的书刊及音像制品等。学校是创造、传承、传播先进文化的重要场所，是育人成才的专门机构，因此，应当是一个相对净化的文化环境，学生应当自觉遵守国家和学校的相关规定，主动和自觉地接受先进文化、健康文化，排斥和抑制反动、淫秽、盗版等非法的不健康的文化，不参与和从事传播、复制、贩卖非法的书刊和非法的音像制品等。

2. 行为性质

"酗酒、打架斗殴、赌博、吸毒，传播、复制、贩卖非法书刊和音像制品"必须达到违法的性质，如果没有达到违法的性质，则不应当受到学校的纪律处分。这里的"法"主要表现为《刑法》和《治安管理处罚法》。"违法行为"意味着《刑法》和《治安管理处罚法》规定所有的行为，都应该成为本规定设定的学生不得从事的行为。但要注意，这里"违法行为"主要是指破坏了社会公共管理秩序、侵害了社会公共利益，而且是与学校正常教育教学秩序和生活秩序直接关联的违法行为。如果：①学生违反的民事法律规定的行为，则显然不是本处所规定的违法行为；②学生校外的交通违法行为，也不宜直接给予学生纪律处分。

二、不得参与非法传销和进行邪教、封建迷信活动

非法传销是一种欺诈行为，是法律所禁止的；而邪教和封建迷信是伪科学，高等学校的学生应提高自身的综合素质和法制意识，自觉抑制非法传销和邪教、封建迷信，更不能参与非法传销和进行邪教、封建迷信活动。

三、不得从事或者参与有损大学生形象、有悖社会公序良俗的活动

高等学校学生的思想道德水准和行为方式对同龄人及社会具有很强的示范性和诱导性。为此，高等学校学生要增强历史使命感，其行为要文明、得体、高尚，要有良好的大学生形象；要保持健全人格，遵守社会公德，弘扬优良传统和先进文化，自觉抑制不良文化和腐朽生活方式的影响；不得从事或参与有损大学生形象、有悖社会公序良俗的活动。

此外，我国《治安管理处罚法》还规定了影响和妨害公共秩序、安全和侵犯他人人身权利、公私财物等其他行为或情形，而且规定得很详尽，如扰乱公共秩序的行为、妨害公共安全的行为，侵犯他人人身权利的行为、侵犯公私财物的行为、妨害社会管理秩序的行为、违反消防管理的行为、违反交通管理的行为、违反户口或者居民身份证管理的行为等。这些违反治安管理的行为，对高等学校的学生，也应严格禁止。

高等学校的学生应加强法制学习，养成自觉遵守法律法规和学校管理制度的良好习惯。高等学校应加强学生的法制宣传和教育，制定相应的实施管理办法，加强引导，严格要求，严格规范，按章处理。

四、学校发现学生在校内有违法行为或者严重精神疾病可能对他人造成伤害的，可以依法采取或者协助有关部门采取必要措施

这是学校维护教育教学秩序和生活秩序的重要职权表现。对校园内发生违法行为，或者严重精神病可能对他人造成伤害的，有权依法采取或协助有关部门采取必要措施。

第四十三条　【学校内禁止宗教活动】

第四十三条　学校应当坚持教育与宗教相分离原则。任何组织和个人不得在学校进行宗教活动。

本条是关于学校内禁止宗教活动的规定。

宗教是人类特有的受有神论支配的现象，其主要特征是相信和崇拜超人的力量，如信神、信佛等。支撑宗教的观念是灵魂不灭论、神创论、天堂地狱论、善恶报应论四大观念。宗教信仰的内容主要有三个方面：一是内心的信仰，包括对超人间力量的信仰和对宗教的特殊感情；二是宗教行为，包括做礼拜、祷告以及参加宗教仪式等；三是宗教结社，主要包括设立宗教团体和进行宗教团体活动等。宗教活动是有信仰、有组织、有秩序的活动。国家保护正常的宗教活动。正常的宗教活动是指宗教群众在宗教职业人员的组织下，按照宗教教义所进行的活动。但是，任何人不得利用宗教进行破坏社会秩序、损害公民身体健康、妨碍国家教育制度的活动。因此，《宪法》第三十六条规定："中华人民共和国公民有宗教信仰自由。""任何国家机关、社会团体和个人不得强制公民信仰宗教或者不信仰宗教，不得歧视信仰宗教的公民和不信仰宗教的公民。""国家保护正常的宗教活动。任何人不得利用宗教进行破坏社会秩序、损害公民身体健康、妨碍国家教育制度的活动。""宗教团体和宗教事务不受外国势力的支配。"《教育法》第八条规定："国家实行教育与宗教相分离。任何组织和个人不得利用宗教进行妨碍国家教育制度的活动。"本条规定任何组织和个人不得在学校进行宗教活动。

第四十四条 【学生会、研究生会和学生团体】

第四十四条　学校应当建立健全学生代表大会制度，为学生会、研究生会等开展活动提供必要条件，支持其在学生管理中发挥作用。

学生可以在校内成立、参加学生团体。学生成立团体，应当按学校有关规定提出书面申请，报学校批准并施行登记和年检制度。

学生团体应当在宪法、法律、法规和学校管理制度范围内活动，接受学校的领导和管理。学生团体邀请校外组织、人员到校举办讲座等活动，需经学校批准。

本条是关于学生会、研究生会和学生社团的规定。

一、关于学生会和研究生会的规定

高校学生会组织是高校学生自我服务、自我管理、自我教育的主体组织，是高校党政联系广大学生的主要桥梁和纽带，是尊重学生主体地位、完善学校内部治理结构的重要方面。加强和改进高校学生会组织建设，对于在新形势下巩固和扩大党执政的青年群众基础、完善中国特色现代大学制度、促进大学生健康成长，具有现实意义和重要作用。2014 年 1 月 22 日，中华全国学生联合会下发了《关于加强和改进高校学生会研究生会建设的指导意见》（以下简称《意见》）（中青办联发〔2014〕3 号），就加强和改进高校学生会和研究生会建设的总体目标、原则和工作任务，坚持和完善学生代表大会制度，加强高校学生会和研究生会自身建设等方面进行指导。

1. 学校应当建立健全学生代表大会制度

学生代表大会制度是学生在校园体验社会主义民主政治的重要途径，是体现学生会组织合法性、权威性的基础和保证。学校主要应当通过两个方面建立健全学生代表大会制度：

第一，定期召开学生代表大会。高校学生会组织须依照《中华全国学生联合会章程》规定并报学校党委批准，每一到两年召开一次学生代表大会，坚决避免长期不召开或不定期召开的现象。大会召开过程须公开、民主、简洁、务实，避免形式主义和铺张浪费。大会须具有广泛的代表性，代表名额不低于全日制在校本、专科生或研究生人数的 1%，并经班级、院（系）学生会组织民主选举产生。大会通过决议实行表决制，重要人事任免实行票决制。大会召开情况须及时向学校团委和上级学联组织备案并报告。

第二，明确学生代表大会及其常设机构的任务。学生代表大会的主要任务是：审议学生会组织工作报告；选举产生新一届领导机构；制定及修订组织章程；开展学生代表提案工作，对学校工作提出意见和建议。学生代表大会原则上应成立常设机构（如常任代表会议、学生委员会全体委员会议等），设立负责人 1 名；在不召开学生代表大会的年度，应至少召开一次会议，代表学校全体学生监督学生会组织的工作、审议学生会组织工作报告、选举决定领导机构组成人员调整等重大事项；常设机构代表席位的设立应兼顾工作需要和广泛性，通过选举产生。有条件的学校可实行学生代表任期制，任期与学生代表大会当届届期相同。

2. 学校应当为学生会、研究生会等开展活动提供必要条件

学校应当在场所、经费等方面提供必要条件，为学生会、研究生会等开展励志教育、典型榜样宣传、志愿公益服务，形势政策宣讲、时事研讨辩论、职业生涯规划设计、就业创业大讲堂等活动。

3. 学校应当支持学生会、研究生会在学生管理中发挥作用

高校学生会组织是高校学生自我服务、自我管理、自我教育的主体组织，是高校党政联系广大学生的主要桥梁和纽带，是尊重学生主体地位、完善学校内部治理结构的重要方面。学校应当支持学生会、研究生会在学生管理中发挥自我管理、自我服务、自我教育、自我监督的作用。《规定》第五条规定学校应当鼓励和支持学生通过学生会、研究生会等"实现自我管理、自我服务、自我教育、自我监督"。

二、关于学生社团的规定

1. 学生的结社自由权

学生在校内结社的权利是《宪法》第三十五条关于公民结社自由权利的表现，是学生学习自由、学术自由权利的表现。

结社自由是指公民为了某一共同目的，依照法律规定的程序结成某种社会团体，进行社会团体活动的自由。结社自由是民主社会促进人与人之间的沟通与交流所必须的，也是公民发表意见，行使当家做主权利的重要途径。因此宪法第三十五条规定"中华人民共和国公民有……结社、……的自由"。为了保障公民的结社自由，维护社会团体的合法权益，加强对社会团体的登记管理，促进社会主义物质文明、精神文明建设，我国制定了专门的《社会团体登记管理条例》。《社会团体登记管理条例》所称的社会团体是指中国公民自愿组成，为实现会员共同意愿，按照其章程开展活动的非营利性社会组织。它具有自愿性、社会性和法人性。高校学生社团大致可分为政治理论类、学术科学类、文化艺术类、合作交流类、公益志愿类、体育健身类等。如图4-1所示。因此，机关、团体、企业事业单位内部经本单位批准成立，在本单位内部活动的团体不受《社会团体登记管理条例》调整。根据宪法及相关法律，高等学校学生，作为具有完全民事行为能力的公民，依法享有公民的结社自由权。

图4-1　学生社团的类型

2. 学生团体的管理

但本规定所称的学生团体是指在校在读并有正式学籍的高校学生自愿组成，为实现会员共同意愿，按照其章程开展学术研究、科学探索、社会实践、学生活动、志愿服务等非营利性活动的学生组织。学生团体属于高等学校内部的非社会性团体，不是《社会团体登记管理条例》所称的社会团体，不适用《社会团体登记管理条例》。学生团体的显著特征是自发性、兴趣性、学习性、校内性、非营利性。共青团、学生会、研究生会、班集体属于学校开展教育教学活动的相应组织，是学校学生管理机构的组成部分和延伸，因此，这些组织不属于本《规定》中所称的学生团体。

学生团体属于非行政性群体，是学生基于兴趣、喜爱、志向、生活方式等相同或相近而自愿组成的团体。团体内成员之间具有较强的亲和力和凝聚力，相互影响比较大。如果将这种较强的相互间的影响力用于共同学习、科技攻关、文艺创作、社会实践、创新创业、特长发展等健康向上的科学和人文活动中，就会产生较大的育人作用和社会效益，对良好的校风、学风的形成和良好个人思想品质的形成以及创新精神与实践能力的培养等方面都将产生积极的作用。反之，如果引导不好、管理不善、控制不住，这些团体就可能产生较大的消极作用，影响学校甚至社会的稳定。因此，学校要依法保护学生组织和参加学生团体的权利，大力提倡、鼓励、引导和支持学生团体开展思想健康、内容丰富、形式多样、积极向上的学术、科技、艺术、文娱、体育、创新创业等活动，同时要健全制度，规范要求，加强监督，严格管理。学生团体邀请校外组织、人员到校举办讲座等活动，需要学校批准。未经学校批准，学生团体不得邀请校外组织、人员到校举办讲座等活动。

《高等教育法》第五十七条规定："高等学校的学生，可以在校内组织学生团体。学生团体在法律、法规规定的范围内活动，服从学校的领导和管理。"因此，学生在校内组织和参加学生团体是学生依法享有的权利。但是，为保障学校正常的教育教学秩序和生活秩序，学校可以对学生团体作出相应的管理规定，学生成立团体应当依照相关规定向学校提出书面申请，报学校批准，并接受登记与年检。对学校未予批准的学生团体，学校可以取缔。学生在组织和参加学生团体时应遵守国家的法律、法规和校纪校规。对从事违反宪法、法律、法规和学校管理制度活动的学生社团，学校可以取缔；对相关的学生，可以根据学生行为危害性质，对参加非法社团活动的学生给予批评教育和相应的纪律处分；对表现优秀的学生团体和个人给予及时的表扬与鼓励。

为规范管理学生团体，高等学校可以参照《社会团体登记管理条例》和民政部制发的《社会团体章程示范文本》等法律法规的立法精神及制度框架，根据有关的教育法律法规及政策，结合本校实际，建立健全学生团体管理规定，规范学生团体的申办程序，明确规定学生组织和参加学生团体的资格条件，定期指导与检查。学校提倡并支持学生及学生团体开展有益于身心健康的学术、科技、艺术、文娱、体育等活动。

第四十五条　【学生课外活动】

第四十五条　学校提倡并支持学生及学生团体开展有益于身心健康、成长成才的学术、科技、艺术、文娱、体育等活动。

学生进行课外活动不得影响学校正常的教育教学秩序和生活秩序。

学生参加勤工助学活动应当遵守法律、法规以及学校、用工单位的管理制度，履行勤工助学活动的有关协议。

本条是关于学校提倡并支持学生及学生团体开展课外活动的规定。

课外活动就是课程教学之外的活动，是丰富学生精神生活的重要组成部分，是培养全面发展人才的不可缺少的途径。课外活动是课堂教学的必要补充，二者相互作用，相辅相成，共同构成完整的教育系统，对完成教育任务、实现教育目的具有同样重要的作用。根据组织主体的不同，课外活动分为学校组织开展的课外活动和学生自主开展的课外活动。学校可以根据教育教学的实际需要，组织学生开展课外活动；学生也可以结合自己的兴趣、特长、爱好等，自主开展相关的课外活动。

本条所规定的课外活动主要是指学生及学生团体组织开展的课外活动。适用本条要注意两个方面：

一、学校对学生及学生团体组织开展的课外活动的支持

开展健康向上、有益于身心健康的学术、科技、艺术、文娱、体育活动，有利于良好校风、学风的形成，有利于学生良好个人思想品质的形成，有利于学生创新精神与实践能力的培育，有利于学生综合素质的提升。因此，本条第一款规定："学校提倡并支持学生及学生团体开展有益于身心健康的学术、科技、艺术、文娱、体育等活动。"如《规定》第十七条规定，学生参加社会实践、志愿服务、勤工助学、自主创业等活动，可以依据学校相关规定折算为相应的学分；学校应当鼓励、支持和指导学生参加社会实践、志愿服务和开展勤工助学活动。

二、学生及学生团体组织开展课外活动的义务

1. 学生进行课外活动不得影响学校正常的教育教学秩序和生活秩序

正常的教育教学秩序和生活秩序是学校顺利开展教育教学的重要保障，是学生顺利完成学业的重要保障。《规定》第四十条规定："学校应当维护校园正常秩序，保障学生的正常学习和生活。"《规定》第六条规定，学生有义务遵守学校的各项管理制度。《规定》第五十二条规定，学校有权对违反学校管理规定的学生依法给予相应的纪律处分。因此，学生应当维护学校正常的教育教学秩序和生活秩序。学生及学生团体开展课外活动，既不得影响学校依据教育教学计划开展的课程教学活动，也不得影响自己的正常学习和生活。

2. 学生参加勤工助学活动应当遵守法律、法规以及学校、用工单位的管理制度，履行勤工助学活动的有关协议

勤工助学是指学生在学校的组织下利用课余时间，通过劳动取得合法报酬，用于改善学习和生活条件的社会实践活动，本质也是一种社会实践活动。勤工助学是国家资助经济困难学生体系中的一项重要举措，是学校学生资助工作的重要组成部

分，是提高学生综合素质和资助家庭经济困难学生的有效途径。

勤工助学是大学生全面提升综合素质的重要途径。根据《规定》第五条，大学生有权参加勤工助学。但是，享受权利必须履行相应的义务，权利与义务是对等的，没有限制的自由不是自由，没有义务的权利是不存在的。学生参加社会实践、勤工助学活动，必须遵守相关规定和履行相应义务。

第一，必须遵守国家法律、法规以及学校、用工单位的管理制度。《教育法》第四十三条规定，学生应当遵守法律、法规和学校的管理制度。《高等教育法》第五十三条也规定，高校学生应当遵守法律、法规和学校的各项管理制度。因此，遵守法律、法规以及学校的各项管理规定。如果学生在校外的机关、企业、事业等，参加勤工助学活动，还应当遵守所在用工单位的相关管理制度。如遵守保密制度等。

第二，认真履行勤工助学活动有关协议规定的义务。大学生参加勤工助学活动，有权依法取得相应的报酬，但同时也应当按勤工助学活动有关协议的要求履行相应的义务。诚实信用是合同法的基本原则，也是法治社会中公民的基本义务，更是大学生行为规范的基本要求。《高等教育法》第五十五条第三款规定，获得贷学金及助学金的学生，应当履行相应的义务。因此，学生参加勤工助学活动，应当遵守用工单位的管理制度，履行勤工助学活动协议所约定的相应义务。否则，将承担相应的民事责任。

第三，不得影响正常的教育教学秩序和学业的完成。学生的主要任务是学习。按照学校各项管理规定，完成学业是学生应当履行的最基本义务。《教育法》第四十三条规定，受教育者应当努力学习，完成规定的学习任务。《高等教育法》第五十六条规定："高等学校的学生在课余时间可以参加社会服务和勤工助学活动，但不得影响学业任务的完成。"因此，根据《教育法》和《高等教育法》的规定，学生参加社会实践、社会服务、勤工助学活动应当注意三点：一是参加社会实践、社会服务、勤工助学活动的时间应当是在课余时间；二是课余时间参加社会实践、社会服务、勤工助学是学生的权利，学生可以参加，也可以不参加；三是学生参加活动不得影响学校正常的教育教学秩序和自己学业的完成。违反上述规定参加活动，学校有权依据《规定》第五十一条给予相应的学籍处理或纪律处分。

第四十六条 【学生游行、示威等活动的限制】

第四十六条　学生举行大型集会、游行、示威等活动，应当按法律程序和有关规定获得批准。对未获批准的，学校应当依法劝阻或者制止。

本条是关于学生举行大型集会、游行、示威等活动的规定。

集会、游行、示威是公民重要的政治权利和个人自由。我国《宪法》第三十五条规定，"中华人民共和国公民有言论、出版、集会、结社、游行、示威的自由"。《中华人民共和国集会游行示威法》第二条规定，"集会是指聚集于露天公共场所，发表意见、表达意愿的活动"①；"游行是指在公共道路、露天公共场所列队行进、表达共同意愿的活动"；"示威是指在露天公共场所或者公共道路上以集会、游行、静坐等方式，表达要求、抗议或者支持、声援等共同意愿的活动"。集会、游行、示威是公民以和平手段表达自己愿意的比较激烈的方式，是民主社会中十分重要的权利和自由。日常生活中的文娱、体育活动，正常的宗教活动，传统的民间习俗活动，不是宪法意义所说的集会、游行、示威活动。

《宪法》第五十一条规定："中华人民共和国公民在行使自由和权利的时候，不得损害国家的、社会的、集体的利益和其他公民的合法的自由和权利。"目前，根据《宪法》的规定，我国制定了《中华人民共和国集会游行示威法》（1989年颁布，以下简称《集会游行示威法》）对公民集会、游行、示威的申请和许可的含义，公民集会、游行、示威的法律保障、集会、游行、示威的申请许可程序、举行程序以及法律责任都作出了具体的规定。根据《集会游行示威法》规定，高等学校的学生作为中华人民共和国公民可以申请和举行集会、游行、示威活动，但申请和举行集会、游行、示威活动，必须严格遵守以下程序和规定：

（1）事前必须依法向具有受理申请与许可权限的公安机关提出书面申请，并按许可的目的、时间、地点、路线及相关的要求组织实施。

（2）不得反对宪法确定的基本原则，不得损害国家的、社会的、集体的利益和其他公民的合法的自由和权利。

（3）应当和平地进行，不得携带武器、管制刀具和爆炸物，不得使用暴力或者煽动使用暴力。

（4）必须接受监督，服从管理，并对组织实施过程中的违纪违法行为承担法律责任。

（5）未经申请或经申请未获许可的集会、游行、示威活动为非法活动，学校应依法劝阻或制止。学生不听劝阻或在学校不知情的情况下，非法组织集会、游行、示威的，应承担相应的法律责任和接受学校的纪律处分，触犯刑律的，由司法机关依法追究刑事责任。

（6）学生参加学校组织的教育教学活动（集会）、文娱体育活动（集会）及

---

① 集会与结社的主要区别是：前者是不特定的多数人在一定的场所聚集并短时间地讨论问题的自由，而后者是相对确定的多数人为了共同的意愿和目的而结成团体较长时间地进行活动的自由。

法律法规规定的庆祝、纪念等活动（集会）应按学校或相应的法律法规的规定进行。

第四十七条　【学生的网络行为】

第四十七条　学生应当遵守国家和学校关于网络使用的有关规定，不得登录非法网站和传播非法文字、音频、视频资料等，不得编造或者传播虚假、有害信息；不得攻击、侵入他人计算机和移动通信网络系统。

本条是关于学生使用计算机网络应遵守相关规定的规定。

因特网（Internet），即国际信息互联网络，它是集通信网络、计算机、数据库以及电子产品于一体的电子信息交换系统。Internet 的成功，使人们能自由、方便地通信，使网络变得社会化。任何人，在任何时间、任何地点都可以加入进来。网络的日益普及，不仅改变了人们的生存方式、工作方式和交往方式，而且改变了人们的思维方式、价值观念和精神世界。随着信息高速公路的不断延伸和个人电脑、智能手机等网络通信工具的广泛普及，21 世纪的世界早已被人们戴上了"信息社会"的头衔，信息网络的发展与运用，在深刻影响着"地球村"的每一位村民的同时，也对社会的经济结构、生产组织和社会生活等各个方面带来巨大的变革，并产生了一系列的社会问题。科学技术是一柄双刃剑。计算机网络在给社会带来发展的同时，也严重影响到国家、社会、个人的信息安全。各种敌对势力利用网络进行信息渗透与信息污染，如宣扬反动言论、传播黄色淫秽信息；电子政务和电子商务信息在传递过程中存在失密、窃密的风险；各种利用计算机网络进行犯罪的现象增多。因此，"随着计算机信息技术的飞速发展并广泛地渗透到社会各个领域，国家经济和社会发展对信息网络的依赖程度越来越强，网络安全成为一个关系国家安全和主权以及社会稳定的重要问题，给国家政治、经济、文化和国防安全带来了新挑战，成为社会发展的重要保证"。[①]

一、学生使用计算机网络，应当遵循国家和学校关于网络使用的有关规定

为维护国家、社会、个人安全，规范互联网行为，制止利用计算机网络的违法

---

① 孙玉荣：《科技法学》，北京工业大学出版社 2013 年版。

与犯罪，国家加强了网络安全的立法执法力度，加强了对网络违法犯罪的打击和网络行为的规范。如《中华人民共和国刑法》第二百八十五条到二百八十七条分别规定非法侵入计算机信息系统罪；非法获取计算机信息系统数据、非法控制计算机信息系统罪；提供侵入、非法控制计算机信息系统程序、工具罪；破坏计算机信息系统罪；非法利用信息网络罪。《中华人民共和国治安管理处罚法》第二十九条规定："有下列行为之一的，处5日以下拘留；情节较重的，处5日以上10日以下拘留：（一）违反国家规定，侵入计算机信息系统，造成危害的；（二）违反国家规定，对计算机信息系统功能进行删除、修改、增加、干扰，造成计算机信息系统不能正常运行的；（三）违反国家规定，对计算机信息系统中存储、处理、传输的数据和应用程序进行删除、修改、增加的；（四）故意制作、传播计算机病毒等破坏性程序，影响计算机信息系统正常运行的。"同时，为加强互联网信息服务管理，国家制定并颁布实施了《互联网信息服务管理办法》、《互联网电子公告服务管理规定》等相关法律、法规和规章。

教育部根据国家相关法律法规规章的规定，结合高校实际，颁发了《高等学校计算机网络电子公告服务管理规定》（2001年11月），加强在校内计算机网络上开展电子公告服务和利用电子公告发布信息行为的管理，尤其是要加强对校园BBS管理，绝不给错误观点和言论提供传播渠道；坚决抵制各种有害文化和腐朽生活方式对大学生的侵蚀和影响。高等学校为维护校园网络的安全，依法制定相关网络管理规定规范校园网络行为。

二、学生使用计算机、移动通信网络，不得登录非法网站和传播非法文字、音频、视频资料等，不得编造或者传播虚假、有害信息

根据《互联网新闻信息服务管理规定》（国务院令〔2005〕第37号）规定，"非法网站"是指未依法取得互联网新闻信息服务资质，未依法进行互联网信息服务资质登记备案或标注虚假备案信息的网站；"有害信息"是指含有下列内容的信息：

（1）违反宪法规定的基本原则的；
（2）危害国家安全，泄露国家秘密，颠覆国家政权，破坏国家统一的；
（3）损害国家荣誉和利益的；
（4）煽动民族仇恨、民族歧视，破坏民族团结的；
（5）破坏国家宗教政策，宣扬邪教和封建迷信的；
（6）散布谣言，扰乱社会秩序，破坏社会稳定的；
（7）散布淫秽、色情、赌博、暴力、恐怖或者教唆犯罪的；

（8）侮辱或者诽谤他人，侵害他人合法权益的；

（9）煽动非法集会、结社、游行、示威、聚众扰乱社会秩序的；

（10）以非法民间组织名义活动的；

（11）含有法律、行政法规禁止的其他内容的。

学生使用计算机、移动通信网络，不得登录非法网站和传播非法文字、音频、视频资料等，不得编造或者传播虚假、有害信息。学生登录非法网站，传播非法文字、音频、视频资料等，编造或者传播虚假、有害信息，造成严重后果的，学校可以根据有关规定给予有关责任人相应的纪律处分；构成犯罪的，由司法机关依法追究刑事责任。

三、学生使用计算机、移动通信网络，不得攻击、侵入他人计算机和移动通信网络系统

根据《刑法》第二百八十六条①和《治安管理处罚法》第二十九条规定②，学生使用计算机、移动通信网络，不得攻击、侵入他人计算机和移动通信网络系统。学生违法攻击、侵入他人计算机和移动通信网络系统，学校可以根据相关规定给予相应纪律处分；违法或犯罪的，依法追究相应法律责任或者刑事责任。

---

① 《刑法》第二百八十六条　违反国家规定，对计算机信息系统功能进行删除、修改、增加、干扰，造成计算机信息系统不能正常运行，后果严重的，处五年以下有期徒刑或者拘役；后果特别严重的，处五年以上有期徒刑。

违反国家规定，对计算机信息系统中存储、处理或者传输的数据和应用程序进行删除、修改、增加的操作，后果严重的，依照前款的规定处罚。

故意制作、传播计算机病毒等破坏性程序，影响计算机系统正常运行，后果严重的，依照第一款的规定处罚。

单位犯前三款罪的，对单位判处罚金，并对其直接负责的主管人员和其他直接责任人员，依照第一款的规定处罚。

② 《治安管理处罚法》第二十九条　有下列行为之一的，处5日以下拘留；情节较重的，处5日以上10日以下拘留：

（一）违反国家规定，侵入计算机信息系统，造成危害的；

（二）违反国家规定，对计算机信息系统功能进行删除、修改、增加、干扰，造成计算机信息系统不能正常运行的；

（三）违反国家规定，对计算机信息系统中存储、处理、传输的数据和应用程序进行删除、修改、增加的；

（四）故意制作、传播计算机病毒等破坏性程序，影响计算机信息系统正常运行的。

米典型案例：北京某学院被诉"逼疯"学生案①

1. 案情回放

杨英（化名），2004年9月考入北京某学院，成为该校2004级的一名专科生。他通过努力获得了该校专升本的机会。当年同级的40名学生中只有两人有这一机会。由于第一年功课成绩不好，杨英需要通过学校补考获得学分。通过第一次的补考，还剩下两门不及格，而离及格线也就一两分的差距。但就在这时，杨英遭遇了一件改变他人生轨迹的事件。

2006年底，杨英进入大四。面对学业和就业的双重压力，杨英有着大四学生普遍的心理压力。2006年12月底，因被怀疑在校园网上发表不当言论，杨英遭到校方的多次调查。调查从2007年初开始一直到5月。事件发生前，杨英租住在该校教师楼备考。

2006年12月27日，该校网站上出现的两条所谓的"反动标语"，发帖时间分别为16：43和21：09。校方通过ID发现两个帖子均出自当时租住在校外的杨英的电脑。12月29日，校方进入杨英住处进行搜查，并且没收其电脑，同时带回学校进行谈话。杨英解释网帖并非自己所发，经常有同学用自己的电脑上网，多名同学拥有宿舍的钥匙。杨英家长在事发后才知道此事。

从2007年初开始一直到5月，杨英受到校方多次调查。调查过程中，校方要求杨英不许回家、不许离校，手机要一起床就开机，随传随到接受调查。校方始终没有报警。杨英回家后开始出现比较严重的幻听、幻想，总是认为有人在监视他、跟踪他。2008年1月，杨英被医院诊断为精神分裂症。之后，杨英之母吴女士以杨英的法定监护人的身份将学院告上法庭，索赔医疗费、精神损失费等损失70万元。

一审期间，原被告均向法院提出对杨英的精神状况进行司法鉴定。中国法医学会司法鉴定中心鉴定杨英患有应激相关障碍，北京某学院履行学校教育管理行为起增荷作用，与产生此精神障碍有间接因果关系。

北京某学院辩称：学院对杨的个人电脑散布"反动标语"进行思想和政治工作正当，不存在人身侵权；杨个人档案不能正常转移是其个人原因；精神病是在杨

① 任雪、杜晓、游垠：《北京一学校被指多次调查网帖"逼疯"学生》，载《法制日报》2010年7月22日第12版；潘佳娜：《北京物资学院被诉"逼疯"学生案重审》，财新网，http：//china. caixin. com/2011 - 06 - 15/100269704. html，2011年6月15日。

离校之后得的，与学校无关，对杨所做的所有工作都是法律赋予的教育管理职能，无过错和违法行为，并未构成对杨所称的人身伤害。

2009 年 9 月，北京市通州区人民法院一审判决认为：原告要求学校赔偿的理由不当，证据不足，法院不予支持，驳回起诉。

杨家不服提起上诉。

二审法院认为一审事实认定不清，证据不足，裁定发回重审。

2011 年 6 月 11 日，本案重审。由于原告改变诉讼请求，要求被告赔偿原告的精神损害抚慰全由原告的 70 万元增至 170 万元。被告要求休庭答辩。目前，此案二审已开过一次庭。①

2. 案件评析

本案涉及学生人身自由权保护、学生住宅保护和学生言论自由权保护等法律问题。限于篇幅，本处仅讨论与本条相关的学生网络言论自由权保护的法律问题。

本案在审理过程中，辩护律师认为网帖内容是否违法不应由学校处理认定与处理；校方辩称学院对杨英个人电脑散布"反动标语"进行思想和政治工作正当，不存在人身侵权。双方对该问题分歧极大。

3. 言论自由的概念与价值

言论自由是指公民依据宪法享有的通过语言方式表达自己的思想见解或者其他意思的自由。"言论自由是公民表达思想的基本形式，也是交流思想、传播信息的基本工具，它还是联结人民群众、形成人民意志、提高国家管理水平、推动社会主义精神文明建设和物质文明建设的必不可少的重要手段。"② "言论自由为公民宣泄对国家和社会不满、愤恨等情绪提供了有效的制度途径，从而发挥社会矛盾'减压阀'的作用，保护言论自由有利于缓解社会矛盾和冲突，更有利于国家管理活动的充分展开。"③ 我国《宪法》第三十五条规定"中华人民共和国公民有言论、出版、集会、结社、游行、示威的自由"。

言论自由既包括口头表达的自由，也包括书面表达的自由。对言论自由权利的理解可以从广义和狭义两个方面进行。广义的言论自由包括政治言论自由、商业性言论自由、艺术言论自由、学术言论自由以及宗教言论自由等。狭义的言论自由通常被理解为政治言论自由。《宪法》第三十五条规定的言论自由是广义的言论自

---

① 以上是在媒体上所能收集到有关案件的公开资料。
② 焦洪昌：《宪法学》，中央广播电视大学出版社 2004 年版。
③ 张立刚：《高校学生事务管理中的法律问题相关案例研究》，山东大学出版社 2015 年版。

由，不仅包括政治言论自由，也包括其他方面的言论自由。在广义的言论自由中，政治性的言论自由是最重要的言论自由，也是实现其他言论自由的基础，政治言论自由得不到保障，其他的言论自由也很难完全实现。在实践中，法律对不同性质言论自由的保护也应当有所区别。比如，对于政治言论，就应当给予最高的保护，因为政治方面的言论自由是人们行使民主权利的前提，也是民主社会的最主要的标志之一；而对于商业性的言论自由，就其在言论自由体系中的地位而言，受宪法和法律保护的程度就应当大为降低。

4. 言论自由的特点与限制

言论自由的主要特点是：第一，在同一环境中，对同一事件，每个人都有平等的发言权，如果在发言中有特权存在，就意味着没有言论自由。第二，公民发表的言论内容，只要不超出法律范围，就不受任何非法干涉。当然，言论自由也不是绝对的，不同的国家对言论自由都有适当的限制。在我国，公民的言论自由也要受到法律的必要约束，从刑法和民法通则的有关规定来看，这种约束主要是：不得利用言论自由煽动和颠覆政府，危害公共安全和社会秩序；不得利用言论自由对他人进行侮辱和诽谤；不得利用言论自由侵犯他人的隐私权；不得利用言论自由宣扬淫秽，教唆犯罪；不得利用言论自由干预正常的司法活动；不得利用言论自由泄露国家机密等。而在实践中，言论自由除了受到法律约束外，还受到社会道德的约束，受到政党的纪律约束以及其他方面的约束，但所有约束言论自由的最终准则，都应当以法律为依据。在言论自由方面，我国目前还没有制定专门的法律，如新闻法等。

5. 网络言论自由的限制

言论自由不是绝对的，应受到法律的约束与限制，只有在法律规定的范围内，公民才享有充分的言论自由，从而受到法律的保护。网络言论自由是言论自由通过网络表达的一种形式。我国法律除上述对一般言论自由的限制外，还包括：禁止宣扬封建迷信、淫秽、色情、赌博、暴力、凶杀、恐怖、教唆犯罪的言论；禁止破坏国家宗教政策、宣扬邪教和封建迷信的言论；禁止危害社会公德或者民族优秀文化传统的言论；禁止损害国家机关信誉的言论；禁止以非法民间组织名义活动的言论；禁止含有法律、行政法规禁止的其他内容的言论。

本案中学生的不当政治性言论超越了法律规定的界限，违反了我国法律关于公民言论自由的限制性规定，发表网帖的行为当然是违法行为。校方对于学生的非法或不当政治性言论，如果置之不理，任其在聚集思想活跃、主体意识性强的人群的校园内散播，必然会引起不可预知的连锁反应后果，这显然是高校管理者的失职。

换言之，学生的不当政治性言论是对学校校规的破坏，对校方的教育管理工作产生了可预见的危险。因此，校方对于校园网上出现的不当政治性言论有权予以管理。这是毋庸置疑的。但问题在于校方采取入室搜查、没收电脑、限制学生人身自由、逼学生承认错误，对学生录像的做法显然是违法的，是以违法行为管理违法行为，由此校方丧失了教育管理行为的正当性。

第四十八条 【学生住宿管理】

第四十八条 学校应当建立健全学生住宿管理制度。学生应当遵守学校关于学生住宿管理的规定。鼓励和支持学生通过制定公约，实施自我管理。

本条是关于学生住宿管理的规定。

一、学校应当建立健全学生住宿管理制度

学生公寓是学生日常生活与学习的重要场所，是课堂之外对学生进行思想政治工作和素质教育的重要阵地。能否确保学生公寓的管理工作健康、有序，直接关系学生的切身利益、正常的教学、科研秩序和高等学校的稳定。学生公寓安全管理事关学生人身安全和财产安全。学校应当根据《教育部关于进一步加强高等学校学生公寓管理的若干意见》（教发〔2002〕6号）、《教育部关于加强高等学校学生公寓安全管理的若干意见》（教社政〔2002〕9号）等文件要求建立健全学生住宿管理制度，保障学生切身利益，维护学校教育教学和生活秩序，维护学校的安全稳定。

二、学生应当遵守学校关于学生住宿管理的规定

学校制定的学生住宿管理规定，学生应当遵守和执行。

三、鼓励和支持学生通过制定公约，实施自我管理

学校通过各种措施鼓励和支持学生通过班规、室规等学生公约形式，实施学生宿舍的自我管理。

◆**热点问题：学生宿舍管理的法律性质与基本原则**

疑问：学校对学生宿舍的管理行为的法律性质是什么？应当遵循什么样的原则？

在计划体制下，学生考入大学，便已实现职位的升迁。因此考入大学的大学生便不得不成为行政管理的最末端，必须接受高校各项行政管理。由于教育管理体制的行政化，导致学生宿舍管理的行政化，高等学校用行政管理方式管理学生寝室与宿舍，这是制度使然。然而，随着国家政制改革的深入推进，市场经济制度已基本形成，国家治理方式的转变，高校学生入住学生寝室已全面市场化的今天，由于高等教育制度的历史惯性，借校园安全之名，高等学校学生宿舍管理仍然沿用计划经济时代的行政化管理模式，管理权的质没有变化，其度没有缩减。典型、集中表现如：仍然用行政纪律处分方式来管理学生在宿舍中的日常行为，并将行政纪律处分与学生受教育权的实现直接勾连。例如，相当多的高等学校都依自制的学校规定认定"热得快"属于违规电器，学生在寝室使用"热得快"属于情节严重的情形，并对违规在寝室使用"热得快"的学生给予警告处分。而警告处分后，学生当年或当期就没有资格评优评奖，进而影响到学生的受教育权的实现程度。然而在大学实行住宿收费并强制性要求学生入住的今天，什么样的电器是违规电器？违反什么样的规定？制定这种规定的合法性在哪儿？这种规定是否在新生入学时向学生告知并向社会公布？它是否属于高等学校信息公开的内容？它和酒店住宿有什么区别？一连串问题值得深思。这里需要注意的是：学校在设定学生各项宿舍管理义务时，学校自己应该承担何种义务？

因此，如果将高校学生管理行为分为行政管理行为、自治管理行为和民事管理行为，那么高校对学生住宿的管理行为应当是一个民事管理行为，所产生的关系应当是民事法律关系。学校可以提供住宿也可以不提供住宿。学生可以入住学校也可以不入住学校。从而，学校关于住宿管理规定可以同学生以协议形式进行。学校与学生应当按照协议要求，履行相应的义务。学校和学生如果违反协议，承担相应的民事责任，或者取消学生入住学校的资格。

随着时代与社会的发展，学校不能简单用纪律处分的观念与方式来管理学生住宿行为。从理论上讲，学生住校与否，是学生自己的权利。但是，现行大多数高校严格限制了学生此项权利，基本不允许学生在校外居住。

当然，学校与学生就住宿建立相应的民事法律关系时，应当遵循如下几个基本原则：

一、平等原则

平等在不同的语境下有不同的理解。这里的平等是指在民事活动中主体地位的平等。平等原则是民事活动的基本原则，是其他原则的基础。民事主体的自然人与法人之间的平等表现为主体资格一律平等、法律地位平等和平等受法律保护。平等是与不平等相对应。而民事主体地位不平等典型表现就是一方主体处于法律上或事实上的垄断。所谓法律上的垄断，是指当事人根据法律的规定而对某些特殊行业或者领域拥有的独占控制权。所谓事实上的垄断，是指当事人经济上的强大优势，使其在该行业或该领域中形成了事实上的控制权。在法律上或者事实上具有垄断地位的法人，利用自己的优势地位常常以格式合同的方式将其意志强加于相对自然人。在交易领域，似乎只有法人的自由而没有自然人的自由，这与民法的基本价值相反。从民法的基本精神上看，自然人应当是民法的目的，而现在的问题是法人跃然于自然人之上，是价值错位。因此，必须矫正这种"价值错位"。也正是基于这一原因，包括我国在内的许多国家的民法都对法人与自然人的地位不平等导致的严重不公平有纠正措施。最明显的手段是对格式合同的规制和消费者权利的特别保护。①

平等是当事人自愿和意思自治的前提和基础，是民事活动的基本原则。当事人权利义务对等是平等原则的重要体现。在民事活动中，权利与义务总是相伴产生、同时存在的，而权利与义务如同物理学中的能量守恒，一项权利的产生须以一项义务的履行为前提，而一项义务的履行须产生一项权利形成的后果。平等原则不允许只享有权利而不承担义务或只承担义务而不享有权利的民事主体存在。权利义务对等是民法调整的经济关系中竞争机制和价值规律得以发挥作用的必然要求和切实保障。②

在中国现行高等学校的后勤管理中，曾经一度的后勤管理社会化改革，其实质就是想引入市场经济，实行市场管理。但在实际工作中，作为具有法人地位的高等学校凭借具有教育行政权力、大学自治权力，利用自己的优势地位，以自己的利益为出发点，在后勤等与大学自治无直接关联的民事领域中，凌驾于学生之上，强制与学生进行不平等的民事法律关系，进而损害学生权益。因此，根据平等原则，高等学校为方便后勤管理，可以提前拟定相关管理规定。但这些管理规定必须满足如下基本要求：①内容应当严格、具体，不能抽象而模棱两可。②权利与义务相统

---

① 江平：《民法学》，中国政法大学出版社 2007 年版。
② 刘凯湘：《民法总论》（第 3 版），北京大学出版社 2011 年版。

一。学校在通过管理规定单方设定学生义务的同时，要明确学生享有哪些权利（实际上这是学校应当提供服务的内容）。③信息公开。学校这类管理规定，应当向社会公开，并保持学生在大学四年学习中相对不变。信息公开，实际上就是方便社会查阅，保障学生和社会的知情权、选择权。

二、自愿原则

自愿原则，也称意思自治原则，是私法自治理念的核心体现。它是指民事主体根据自己的意愿，依照自己的理性判断，自主自愿地参与民事活动，处理自己在市民社会中的事务，不受国家权力或任何第三者的非法干预。意思自治包含以下三层含义：

第一，自我决定。即民事主体完全依照自己的意志，自我决定参与民事活动的内容、对象、时间、地点、方式等，自由处置自己的事务，任意处分自己的权利，不受任何外来意志的干预。根据意思自治原则，如果在民事活动中意思表示不自由，导致意思表示不真实，则会产生民事行为的无效或效力不确定的后果。

第二，约定优先。约定优先是指民法规范对民事关系中的权利义务没有规定而当事人有约定，或民法规范有规定但当事人另有不同或相反约定时，约定的条款优先于法定的条款而适用。约定优先是意思自治原则的重要体现，它强调了个人意志之于市民社会的绝对价值。例如，我国《合同法》第二百二十条规定："出租人应当履行租赁物的维修义务，但当事人另有约定的除外。"

第三，自己责任。即民事主体对自己行为所产生的权利义务以及责任的后果自动承担，自负其责。因为人的意志是自由的，人有权决定自己的行为、处分自己的事务，必然也就对自己行为的后果负责，如果民事主体因自己的故意或过失而致他人损害，便须承担相应的责任。反之，即使自己的行为致他人损害，但主观上既无故意也无过失，则不承担责任。这便是民法的过错责任原则，过错责任乃意思自治原则的应有之意。①

在高等学校对学生的民事活动中，学校应当与学生进行平等协商，自愿一致地进行民事契约式的管理，而不实行强卖强买。比较典型的就是高校学生的校外居住问题。一是学生和社会有校外居住的需求。学校居住环境自 1990 年以来未有大的变化，有些学生寝室就是 1990 年前的学生寝室，条件环境依旧。变化的就是学生住宿以前不收费，现在实行收费，甚至分类收费。条件好的收费高，条件不好的收费低。反正是要付费，当校外居住条件好于学校时，选择校外居住便成为学生自然

---

① 刘凯湘：《民法总论》（第 3 版），北京大学出版社 2011 年版。

而然的冲动与欲望。二是学校出于利益的考虑，原则上不允许学生在校外居住，或者采取种种限制条件，限制学生在校外居住，理由是学生安全问题无法保障。有些学校对在校外居住的学生给予行政纪律处分。实际上，毋庸置疑，截至 2014 年，高等学校一块非常重要的收益就是学生住宿产生的收益。8 人间、6 人间甚至 4 人间，学校根据不同的寝室标准以市场的方式对学生收取不同的住宿费用。然而个别学校在收费后却往往未能给学生提供与收费相适应的服务。因此，学生是否住学生宿舍，学校与学生应该建立民事契约，实行自愿入住的原则。新生入学时，学校可以提供格式合同的形式，将学校的管理要求转化为合同权利义务的形式，让学生和社会（主要指学生父母）自愿选择。合同达成后，双方按照合同约定，诚实信用地履行合同。如果出现违反约定情形的，直接按违约进行相应处理。

三、公平原则

公平原则是公平观念在民法上的体现。主要表现在如下几方面：①它要求民事主体本着公平正义的观念实施民事行为。②它是民事活动的目的性的评价标准。当难以从行为本身和行为过程判断一项民事活动是否违背了公平原则时，就需要从行为结果来评价。如果交易的结果造成当事人间的极大利益失衡，除非当事人自愿接受，否则法律对交易结果要做适当的调整。③它是一条法律适用的原则。即当民法规范缺乏规定时，可以根据公平原则来设立、变更和终止民事法律关系。④它是一条司法原则，即法官的司法判决要做到公平合理。当缺乏法律规定时，法官也必须根据公平原则做出合理的判决。⑤它还是解释意思表示和法律所应当遵循的原则。

民事活动应当遵循公平原则。公平是人类社会的崇高理念，也是基本的法律价值理念。尽管不同社会不同时期的人会有不同的公平观，但在民事领域中，一般认为：公平是指民事主体之间的利益平衡。公平原则是衡量当事人之间利益的标准。它主要表现为：当事人的权利与义务要平衡，当事人承担民事责任要平衡、负担与风险要平衡。由于高等学校不仅拥有国家行政管理权还拥有大学自治权，因此在与学生进行民事活动时形成的民事法律关系往往不平等，权利与义务严重失衡。

四、诚实信用原则

诚实信用本为做人的基本道德准则，本意为诚以待人、善以接物，恪守诺言、讲求信誉、不诈不欺；后发展为商业领域的一般道德标准，要求人们在交易中公平买卖、童叟无欺，信守合同、严格履约。诚实信用原则要求民事主体在从事民事活动时应该诚实、守信，正当行使权利和履行义务。其内容具体体现为：①任何当事人要对他人诚实不欺、恪守诺言、讲究信用；②当事人应依善意的方式行使权利，在获得利益的同时应充分尊重他人的利益和社会利益，不得滥用权力，加害于他人。诚实信用原则作为市场活动的基本准则，是协调各方当事人之间的利益，弘扬道德观念，保障市场有秩序、有规则地进行的重要法律原则。

高等学校在对学生进行民事事务管理时，也应当以诚实信用为重要原则。高等学校与学生，要信守当初签订的民事契约，正当地行使各自的权利，并严格按要求履行各自相应的约定和法定义务。尤其是高等学校在对特定的学生个体时，应当以学生为本，保持合同中学校提供的相关管理规定相对不变，不得单方随意变更合同的内容。学生应当按照约定履行自己的义务，如违反约定，则应当承担相应的法律责任。

五、司法监督

高校在学生管理中的民事权利应限定在主体之间的意思自治的范围内。其行使应建立在平等、自愿、协商一致的基础之上，实行民事契约式的管理模式。学校不能以单方设定自己权利和学生义务的形式，排除学生的主要权利、限制学生的权利和加重学生的义务，侵害学生的权利；学校也不能在学生学习期间，非依法定的正当程序和法定依据，单方变更对学生的管理规定，否则可被视为学校单方的一种违约行为，并应承担相应的违约责任；学校更不能借行政管理权以纪律处分的措施强行介入学生的民事事务，并以"大学自治"为由排除司法审查。学校应努力保障学生对学校各项民事事务管理规定享有充分的知情权、选择权和监督权，并且涉及学生主要权利义务的格式性管理规定，应在学生入学时进行充分告知，并在学生学业时间内保持相对稳定，不得任意单方变更或解除。只有相对稳定的管理规范，才能对学生产生相对确定的指引，才有利于形成有序的、和谐的校园环境。①

米典型案例：矿大学生宿舍内电脑失窃状告学校败诉案②

1. 案情回放

2006 年 6 月 14 日，江苏省徐州市泉山区人民法院对该市首例大学生丢失财物

---

① 李华：《论高校学生管理权的权限与扩张——兼评高校学生管理权的法律属性》，《现代教育管理》2009 年第 8 期。

② 龚思红：《矿大学生宿舍内电脑失窃状告学校败诉》，http：//old. chinacourt. org/html/article/200606/16/208704. shtml，2006 年 6 月 16 日。

状告本校赔偿案作出判决，法院以原告小雨要求赔偿的主张缺乏事实和法律依据为由，驳回其诉讼请求。

原告小雨系中国矿业大学2004级学生，2005年8月30日，小雨向中国矿业大学缴纳了住宿费1400元，某矿业大学将其安排在南湖校区桃苑5号楼C306室左室住宿。在校学习期间，2005年10月28日，小雨以6100元价格购买了一台惠普牌笔记本电脑用于学习娱乐，不用时便将电脑锁入宿舍内的专用橱柜。

2005年12月31日18时20分许，小雨向徐州市公安局云龙湖派出所报案称其惠普牌笔记本电脑在宿舍内被盗。当日，徐州市公安局泉山分局向原告送达了《立案告知单》，但至诉讼时案件未有结论。此间，小雨曾多次向某矿业大学提出解决电脑丢失问题。

2006年3月9日，小雨将某矿业大学及其物业管理公司告上了法庭。小雨认为，被告某矿业大学收取其住宿费1400元中包括物业管理费，其与被告之间形成了保管合同关系，但被告疏于管理，不仅私留了本应当由C306室学生专有的房门钥匙，而且发给学生的钥匙可以左、右室互用，所安装的监控设备不能正常工作，导致其惠普牌笔记本电脑丢失，因此，被告应承担赔偿责任。

被告某矿业大学则辩称其收取的住宿费中不包括保管费，并向法庭提供了《关于某矿业大学南湖校区桃苑学生公寓收费标准的批复》（徐价费函〔2004〕14号）予以证明，认为双方不存在物业管理关系和财物保管关系。同时，该校还提供了《关于加强学生安全教育的通知》等15份文件证明对学生公寓的管理尽到了职责，虽然监控装置因操作台下的部分线缆被老鼠咬坏而导致未正常运转，但与原告财物的丢失无因果关系，请求驳回原告的诉讼请求。

徐州市泉山区法院经审理认为，原告小雨向被告某矿业大学缴纳的1400元住宿费中不含物业管理费，也未将惠普牌笔记本电脑交付被告某矿业大学及其物业管理公司进行保管，故原、被告之间未形成物业管理关系或保管合同关系。因原告小雨系被告某矿业大学招录的学生，并由其安排入住于5号楼C306室左室宿舍，故双方之间形成的是管理与被管理关系，被告某矿业大学应承担管理责任。学生公寓与私用处所存在根本性差异，一般而言，一间宿舍要共住学生数人，学校的安全管理应为广泛意义上的管理，不能苛求学校对学生的所有财物确保万无一失。庭审中，被告某矿业大学提供的《关于加强学生安全教育的通知》等15份文件能够证明其在对学生的安全教育和规范管理方面实施了一定的措施，并且，5号楼C306室内设有专用的能够锁闭的橱柜，因此，应当认定被告某矿业大学已尽到了相应的管理责任。在学校这一特定的环境内，学校作为管理人应否留有学生宿舍钥匙因各有利弊而存在一定的争议，在我国法律尚无明确规定的情况下，双方可以通过约定的方式处理，但双方对此并无约定。同样，监控系统的正常工作与否，并不能作为界定被告管理工作是否失当的依据。综上，原告小雨的诉讼请求缺乏事实和法律依据，依法应不予支持。

2. 案件评析

在《矿大学生宿舍内电脑失窃状告学校败诉案》中，学生缴纳住宿费后，如果学生与学校不能基于保管合同而形成管理与被管理关系，那么学校是否还应该对学生承担一定的安全保障义务？高校学生宿舍财物失窃案件，可以说是屡见不鲜。这在给学生及其家长带来财产损失和精神伤害的同时，也极可能引发学生和高校之间的矛盾及纠纷。这类案件中，失窃财物的学生普遍认为：学校或宿舍管理方应保障学生宿舍财物的安全，当学生宿舍财物失窃时，学校或宿舍管理方未尽到相应安全保障义务，应当承担赔偿责任。而学校或宿舍管理方认为：学生的财物应由学生自己妥善保管，校方或管理方对学生财物没有保管义务，对学生宿舍财物失窃不应当承担赔偿责任。不管怎样，学生因寝室住宿管理而产生的纠纷，能成为民事案件的立案范围，可以进入民事诉讼程序而受到司法的审判。因此，高校学生管理中，因寝室宿舍发生的关系是民事关系而不是行政关系，更不是能排除司法审查的大学自治关系。

从民事主体地位审视，学校与学生之间应该是互享权利、互负义务、地位平等。学校享有管理学生的民事权利，也就意味着学校要履行教育学生、保护学生的义务。学生履行了学校相应的民事义务，也应当享有与之对等的民事权利。而学生享有的民事权利的范围就是高校在学生管理中民事管理权利的界限，即学校行使学生管理民事权利不能以侵犯、限制学生权益为代价。只有把学校权利与学生权利有机地统一起来，才能体现现代民主社会所崇尚的高校法治精神。同时，高等学校在民事权利义务的设立上，应努力打破高校对学生的垄断、强制的主控地位，提升和增强学生作为民事主体的法律地位，保障学生对学校管理的知情权、选择权、监督权。只有这样，才能更为有效地保障学生的权益，化解学生与学校的矛盾，减少学生与学校的冲突。

第五章　奖励与处分

在高校学生管理过程中，学校有义务保障学生的合法权益，学生有义务遵守法律、法规和学校的各项管理规定；学生有权依照法律、法规和学校的有关规定获得相应的奖励，学校有权依法对违反法律、法规、校纪的学生给予相应的纪律处分。奖励是对学生行为积极评价，有利于引导学生积极向上；处分是对学生行为否定性评价，有利于教育学生遵纪守法。因此，奖励与处分不仅直接激励和约束学生行为，而且关系国家教育方针和教育目的的实现，还直接影响着学校教育教学秩序和良好学风、校风的形成，是高校学生管理的重要内容。

高等学校学生处分是指："高等学校为维护学校公共程序，依据法律、法规、规章和校纪，对实施破坏学校公共秩序行为的学生，按照合理的标准与恰当的程序，给予适当的具有惩罚性的，并应受司法监督的行政处罚措施。它具有目的性、规定性、程序性、惩罚性和可诉性。""高等学校学生处分应当坚持目的正当、实体正当、程序正当。""目的正当是高等学校学生处分正当性的前提，实体正当是高等学校学生处分正当性的基础，程序正当是高等学校学生处分正当性的保障。只有目的正当、实体正当和程序正当的学生处分，才能为学生和社会公众接受与认可。"[1] 在高校学生管理过程中，特别是高校学生处分过程中，高等学校应当做到"程序正当、证据充分、依据明确、定性准确、处分适当"，充分保障学生知情权、陈述权、申辩权等程序性权利。学生认为自己的合法权益受到侵害，或对学校的处分有异议时，可以依法提出申诉或者诉讼。

第四十九条 【学生表彰与奖励】

第四十九条　学校、省（区、市）和国家有关部门应当对在德、智、体、美等方面全面发展或者在思想品德、学业成绩、科技创造、体育竞赛、文艺活动、志愿服务及社会实践等方面表现突出的学生，给予表彰和奖励。

---

[1]　杨立成、李华：《高等学校学生处分正当性论纲》，《现代教育管理》2012 年第 7 期。

本条是关于学生表彰与奖励条件的规定。

一般而言，表彰主要是精神层面的，主要通过口头的（大会、广播等）或书面的（通报、证书等）形式进行表扬；奖励主要是物质层面的，主要通过奖品、奖金等形式进行表扬。表彰有时包含着奖励，奖励却一般不包括表彰中的书面形式。对行为表现优异的学生给予表彰、奖励，是对学生良好行为的肯定与激励，是学生管理中重要的激励机制与管理措施。

根据本条规定，国家与学校应当建立切实有效的表彰与奖励机制，及时对学生优异行为作出表彰与奖励。

一、表彰与奖励设立的主体

学生表彰与奖励因设立主体的不同，可以分为政府设立的表彰和奖励、学校设立的表彰和奖励、社会设立的表彰和奖励。①政府设定奖学金是国家的行政给付行为，具有法定性。《高等教育法》第五十五条规定："国家设立奖学金……对品学兼优的学生、国家规定的专业的学生以及到国家规定的地区工作的学生给予奖励。"政府设立的表彰与奖励又可根据行政级别的不同，分为国家级、省级、市级等表彰与奖励。②学校设立表彰和奖励，是学校根据专业和教学实际自己设立的自治行为，具有自治性。③社会捐助设立表彰和奖励是由捐助者指定获奖对象的范围和条件，或授权由学校制定具体实施细则，或由学校与捐助者共同实施的社会行为，具有约定性。

二、表彰与奖励设立的内容

学生表彰与奖励从设立内容与条件上，分为综合类的表彰和奖励、单项类的表彰和奖励。综合类的表彰和奖励，是对德、智、体、美等方面全面发展的学生给予的表彰和奖励。常见的如"三好学生"、"优秀学生干部"等。单项类的表彰和奖励，是对在思想品德、学业成绩、科技创造、体育锻炼及社会服务等方面表现突出的学生给予的表彰和奖励。如"学习奖学金"等。《规定》第五十条规定了对学生表彰和奖励的形式。

※典型案例：学生告学校　倒逼依法治校①

1. 基本案情

某政法大学 2010 级学生的新生奖学金是 9000 元，2011 级学生却只有 2000 元。

---

① 刘武俊：《学生告学校　倒逼依法治校》，《法制晚报》2012 年 12 月 14 日第 A49 版。

某政法大学78位2011级法律硕士生集体向法院提起诉讼，称校方招生简章中未公布奖学金具体政策的行为违法，并要求补发之前的奖学金。昌平区人民法院以某政法大学并非行政机关，不适用行政诉讼主体为由未予立案。

2. 案件评析

高校学生管理权是高等学校依法享有作用于学生并体现于高校内部行政事务、学籍事务和民事事务的管理权。它是由高校对学生的行政管理权、自治管理权和民事事务管理权三种不同法律性质的"权"组合成的集合性概念。行政管理权本质上是国家行政管理权力在高等学校内部的延伸，不仅表现于高等学校可以对违法违规违纪的学生进行纪律处分（行政处分权），还表现于国家奖学金和助学金的评定和发放（行政确认与行政给付权）。

因此，在高校学生管理过程中，产生的学校与学生之间的法律关系颇为复杂，既包括民事法律关系，也包括行政法律关系，还包括自治法律关系。高校的法律地位比较特殊，像其他民事主体一样，享有普通的民事权利，也承担一般的民事责任。但假若将高校与学生之间的关系定性为普通民事关系的话，则无法解释为什么高校对学生享有纪律处分、颁发学历学位证书等权限。

高校作为国家公共教育事业单位，在对学生行使教育管理权时，可以代表国家行使教育行政管理权。从这个意义上讲，高校可以作为行政诉讼的被告。其实，高校作为行政诉讼主体有例可循，北大和北京某科技大学都曾被学生提起行政诉讼并被法院立案。自田某诉北京某科技大学拒绝颁发毕业证书、学位证书教育行政诉讼案件后，学生告学校的案件越来越多。

遗憾的是，司法实践中，高校教育类行政案件的审理依然缺乏明确的法律依据。目前行政诉讼法及其司法解释对高校是否具有行政主体地位及教育行政案件的受案范围、法律适用、审查原则与标准、裁判方式等，都没有明确具体的规定，法院审理缺乏明确法律依据。

如何积极应对高校日益增多的教育行政案件？笔者认为，高校要强调依法治校，深刻认识到依法治校是依法治国的题中应有之义，积极完善大学章程和各项规章制度，在法治的轨道上充分行使高校自主权，依法约束教育管理权，善待和维护学生的合法权益。高校要承认、确立和保障学生在教育教学法律关系上的主体地位，摒弃家长式的人治观念。

法治真谛就是限制权力和保障权利。依法约束学校的公共管理权力，切实尊重和保障学生权利，也是依法治校的题中应有之义。

我国教育领域的现行法律法规以及高校自身的校规校纪在程序方面显得过于简单粗糙，往往偏重管理，而忽略相对方的权利救济，特别是学校作出决定前缺乏听证程序，作出决定后缺乏申辩申诉渠道。因此，从程序的角度完善教育行政管理制度，包括引入听证和申辩的程序规则，势在必行。

学生和学校之间的法律关系，当表现为宪法意义上的受教育权的权利义务关系和行政法意义上的高校教育管理的管理者与相对人的准行政法律关系时，学生有服从学校管理的义务，但这种义务只能针对符合法律的管理，学生没有服从不符合法律的管理的义务；当表现为民法意义上的民事法律关系时，学校应当坚持平等、自愿、等价有偿、诚实信用的基本原则，与学生就民事事务达成民事协议，以协议对民事事务进行管理。

第五十条 【学生表彰与奖励的形式】

第五十条 对学生的表彰和奖励可以采取授予"三好学生"称号或者其他荣誉称号、颁发奖学金等多种形式，给予相应的精神鼓励或者物质奖励。

学校对学生予以表彰和奖励，以及确定推荐免试研究生、国家奖学金、公派出国留学人选等赋予学生利益的行为，应当建立公开、公平、公正的程序和规定，建立和完善相应的选拔、公示等制度。

本条是关于对学生表彰与奖励形式的规定。

一般而言，根据奖励的内容不同，可以将高校对学生的奖励分为以荣誉为主的精神奖励和以奖学金为主的物质奖励两种。

一、学生表彰与奖励的形式

学生表彰与奖励有荣誉性鼓励与物质性奖励两类。

1. 荣誉性鼓励

荣誉性鼓励主要分为综合荣誉鼓励和单项荣誉鼓励。综合荣誉鼓励是对德、智、体、美等方面全面发展的学生实施的一种精神奖励，如"三好学生"、"优秀团员"、"优秀学生"、"十佳学生"、"杰出青年"、"年度人物"等荣誉称号。单项荣誉鼓励指对某一方面或几方面表现突出的学生实施的一种精神奖励，如"优秀志愿者"、"优秀实习生"、"社会实践优秀个人"等。荣誉性奖励的方式有：口头表扬、通报表彰、授予荣誉称号等。对授予荣誉称号的学生，应发给荣誉证书（或奖状、奖章），并视其情况，可以发给奖品或奖金。

2. 物质性奖励

物质性奖励，主要体现为奖学金。奖学金是为奖励学习优异学生而设立的奖金。根据奖学金设立的主体不同，可以分为国家奖学金、学校奖学金和社会奖学金。国家提倡和鼓励学校、社会各界、企业事业单位及个人设立形式多样的奖学金。《高等教育法》第五十五条规定："国家设立奖学金，并鼓励高等学校、企业事业组织、社会团体以及其他社会组织和个人按照国家有关规定设立各种形式的奖学金，对品学兼优的学生、国家规定的专业的学生以及到国家规定的地区工作的学生给予奖励。"

国家类的奖学金是国家设立的奖学金，目前主要有国家奖学金、国家励志奖学金两种。

（1）国家奖学金。教育部颁布《普通本科高校、高等职业学校国家奖学金管理暂行办法》（2007）第三条规定："国家奖学金由中央政府出资设立，用于奖励高校全日制本专科（含高职、第二学士学位）学生（以下简称学生）中特别优秀的学生。"第四条规定："国家奖学金的奖励标准为每人每年8000元。"第五条规定"国家奖学金的基本申请条件：1. 热爱社会主义祖国，拥护中国共产党的领导；2. 遵守宪法和法律，遵守学校规章制度；3. 诚实守信，道德品质优良；4. 在校期间学习成绩优异，社会实践、创新能力、综合素质等方面特别突出。"第九条规定："获得国家奖学金的学生为高校在校生中二年级以上（含二年级）的学生。同一学年内，获得国家奖学金的家庭经济困难学生可以同时申请并获得国家助学金，但不能同时获得国家励志奖学金。"

（2）国家励志奖学金。教育部颁布的《普通本科高校、高等职业学校国家励志奖学金管理暂行办法》（2007）第三条规定："国家励志奖学金用于奖励资助高校全日制本专科（含高职、第二学士学位）学生（以下简称学生）中品学兼优的家庭经济困难学生。"第五条规定"国家励志奖学金的奖励标准为每人每年5000元"。第六条规定"国家励志奖学金的基本申请条件：1. 热爱社会主义祖国，拥护中国共产党的领导；2. 遵守宪法和法律，遵守学校规章制度；3. 诚实守信，道德品质优良；4. 在校期间学习成绩优秀；5. 家庭经济困难，生活俭朴"。国家奖学金与国家励志奖学金评定实行等额评审，坚持公开、公平、公正、择优的原则。各高校有权依据上述两个办法根据实际情况制定相应的实施细则并报相关部门备案。

学校类的奖学金是学校根据自己实际情况设立的奖学金。学校应当制定科学合理的奖学金评定办法，并依据评定办法公开、公平、公正地进行奖学金的评定。

社会类的奖学金是社会为资助特定学生而设立的特定类的奖学金，如东京三菱奖学金等。

一般而言，学校类和社会类奖学金因学校的不同而有所差异。《高等教育法》第五十五条规定："国家设立奖学金，并鼓励高等学校、企业事业组织、社会团体以及其他社会组织和个人按照国家有关规定设立各种形式的奖学金，对品学兼优的学生、国家规定的专业的学生以及到国家规定的地区工作的学生给予奖励。"

二、学校对学生表彰与奖励的程序

学校对学生予以表彰和奖励，以及确定推荐免试研究生、国家奖学金、公派出国留学人选等赋予学生利益的行为，与学生的利益息息相关。而且，发放国家奖学金是国家财政支付行为，公派出国留学人选也涉及国家财政经费的支持。因此，上述涉及赋予学生利益的学生管理行为，学校应当建立公开、公平、公正的程序和规定，建立和完善相应的选拔、公示等制度，保障学生知情权、参与权、诉愿权和监督权的实现。

◆热点问题：学校评定和发放奖学金的法律性质

疑问：学校评定和发放奖学金的法律性质是什么，学生有异议能否申诉？

学校评定和发放奖学金的法律性质因设定奖学金主体不同而不同。根据奖学金设立的主体不同，可以分为国家类奖学金、学校类奖学金和社会类奖学金。国家提倡和鼓励学校、社会各界、企业事业单位及个人设立形式多样的奖学金。《高等教育法》第五十五条规定："国家设立奖学金，并鼓励高等学校、企业事业组织、社会团体以及其他社会组织和个人按照国家有关规定设立各种形式的奖学金，对品学兼优的学生、国家规定的专业的学生以及到国家规定的地区工作的学生给予奖励。"

国家类的奖学金是国家设立的奖学金，目前主要有国家奖学金、国家励志奖学金两种。

从行政法学角度分析，国家奖学金的评定与发放行为是一个行政确认与行政给付行为。根据财政部和教育部2007年颁布的《普通本科高校、高等职业学校国家奖学金管理暂行办法》（以下简称《办法》）规定，国家奖学金设立的目的是激励普通本科高校、高等职业学校学生勤奋学习、努力进取，在德、智、体、美等方面得到全面发展。国家奖学金的设定主体是以国家财政支出的方式，由国家设立的奖学金，不同于各高等学校自设或由社会捐资在高校设立的他类奖学金。根据该《办法》第六条规定，国家奖学金的名额由国家财政部、教育部最终确定。同时

《办法》第十条规定："高校要根据本办法的规定，制定具体评审办法，并报主管部门备案。"因而，各高等学校有权依据本《办法》制定相应的具体的实施办法。从而，国家奖学金的行政确认权与行政给付权，从形式上看，通过部门规范性文件由国家行使的行政管理权直接转移到由各高等学校行使。但从实质上讲，国家奖学金的评定与发放权，仍然是也应该是国家教育行政管理权的体现，因为国家奖学金是国家财政拨款，是国家全体纳税人的钱，国家负有监管职责。

※典型案例：未缴学费不能评奖学金引发的思考[①]

1. 基本案情

华商报讯（记者周沐辉）近日，某政法大学民商法学院 2006 级研究生小吴遇到了烦心事：学校贴出通知，欠费学生没资格参评"三好学生"、"优秀学生干部"，预备党员不能转正。此事在学生中引起争议。2008 年 10 月 31 日晚，某政法大学民商法学院 2006 级研究生召开班会，讨论预备党员转正、评选"三好学生"、"优秀学生干部"、"单项优秀个人"等事宜。首先选出的 5 名候选人中，两人因学费没缴清被剔除，一名预备党员因同样原因未获转正。"三好学生"的候选人则直接剔除了欠费生。

该班学生小吴说，9 月初，院里贴出通知，要求欠费学生必须在 10 月 31 日前缴清学费，否则不能参评"三好学生"。2006 级刑法、经济法等班级都实行了这样的"政策"。

让小吴最担心的是，老师说奖学金的评比也要按此政策执行。小吴他们是首批实行奖学金制度的研究生，获得校级奖学金的学生当年可获 1 万元。由于家里经济困难，又是应届毕业生，小吴本打算努力学习，争取获得奖学金解决学费，2007 年他也确实获得了奖学金（尚未发放）。而现在欠费学生没资格参评奖学金，已获得 2007 年奖学金的学生不缴清学费不发放奖学金，也不能清抵欠费。

2. 案例评析

学生因欠缴学费而被取消评优资格，在高校学生教育管理实践中时有发生。本案争论的焦点是高校评优评奖的评选资格与条件问题，学生未按照规定缴纳学费是否不具备评优资格？可以从如下几方面来分析这个问题。

---

① 周沐辉：《西北政法大学学费不缴清不能评三好学生质疑》，华商网，http://news.hsw.cn/2008/11/02/content_10374940.htm，2008 年 11 月 2 日。

第一，按规定缴纳学费是学生应尽的义务。

《高等教育法》第五十四条规定"高等学校的学生应当按照国家规定缴纳学费"。本《规定》第六条也规定学生在校期间应按照规定缴纳学费。因此，按照国家规定缴纳学费是高校学生的法定义务。

第二，不按规定缴纳学费的学生，不能取得学籍。学籍是经过一定的手续或入学资格考试及格，正式录取，并按照规定办理注册手续后取得的学生资格。本《规定》第十一条规定每学期开学时学生未按学校规定缴纳学费……的不予注册。因此，学生不按规定缴纳学费，学校不予注册，学生因此也就不具备学籍，也即不能取得学生资格。

第三，不具备学生资格的学生，当然不享有学生相应的权利。根据《教育法》第四十二条的规定，学生有权按照国家有关规定获得奖学金，按照国家有关规定获得奖学金是学生的法定权利。但是，享有法定权利的同时必须履行相应的法定义务。自由总是有限制的，没有无限制的自由存在。学生应当按照国家和学校规定缴纳学费，未按照规定缴纳学费的学生，由于学校不予注册，因而未能取得学籍，就不具备学生身份，也不应当享有学生相应的权利。因此，未按照规定缴纳学费的学生，也就不能取得高校评优评奖的评选资格。

第四，具有正当理由且履行正当手续的除外。《高等教育法》第五十四条第二款规定："家庭经济困难的学生，可以申请补助或者减免学费。"本《规定》第十一条也规定："家庭经济困难的学生可以申请贷款或者其他形式资助，办理相关手续后注册。"因此，尽管学生应当在规定的时间内缴纳规定的数额的费用，是学生的法定义务，是学生取得学籍的前提。但是，如果学生因家庭经济困难等正当理由而无能力缴纳学费的情况时，可以依照国家和学校的有关规定，根据自身情况申请助学贷款或者其他形式资助，办理相关手续后注册，取得相应学籍，从而获得评优评奖的资格。当然，无正当理由拒绝缴纳学费的或者有正当理由却未按照规定履行相应手续的学生，不能取得学籍，不具有学生身份，也就自然没有资格评优评奖。

第五十一条 【纪律处分的一般性规定】

第五十一条 对有违反法律法规、本规定以及学校纪律行为的学生，学校应当给予批评教育，并可视情节轻重，给予如下纪律处分：

（一）警告；

（二）严重警告；

（三）记过；

（四）留校察看；

（五）开除学籍。

本条是关于纪律处分的依据与纪律处分的种类的规定。

一、关于纪律处分的依据

纪律处分是高等学校为维护学校公共秩序，依据法律、法规、规章和校纪，对实施破坏学校公共秩序行为的学生，按照合理的标准与恰当的程序，给予适当的具有惩罚性的制裁措施。根据本条规定，纪律处分的依据主要表现为法律法规、本规定和学校规定纪律。

1. 违反法律法规

本条中的"法律"是指由全国人民代表大会和全国人民代表大会省委员会依据法定职权和程序制定颁布的，规定和调整国家、社会和公民生活中某一方面带有根本性的社会关系或基本问题的一种法，是中国法的形式体系的主导，其地位和效力仅次于宪法。法律是行政法规和地方性法规的立法依据和基础。与高校学生管理相关的法律主要表现为与教育及教育秩序相关的法律。如《教育法》、《高等教育法》、《刑法》、《治安管理处罚法》等。

本条的"法规"主要表现为行政法规和地方性法规两类。行政法规是由最高国家行政机关国务院依法制定和修改的，有关行政管理和管理行政两方面的规范性法律文件的总称。地方性法规是由省、自治区、直辖市、市的人大和常委会，根据本地的具体情况和实际需要，在不与宪法、法律、行政法规相抵触的前提下，制定与修改的具有法的效力的规范性文件的总称。与教育相关的行政法规主要体现如《教育督导条例》、《残疾人教育条例》、《学校卫生工作条例》、《学校体育工作条例》等。

2. 本规定

本规定指《普通高等学校学生管理规定》，它是教育部制定、修改、颁布的约束高校学生管理行为的教育部令，是部门规章。根据本条规定，除违反法律法规和学校纪律外，只有违反本规定的行为才能给予学生纪律处分。教育部制定和国务院其他部门制定的其他行政规章不能直接成为学生纪律处分的依据。同时《规定》

第七条规定学生在校期间应当遵守宪法和法律、法规，学校章程和管理制度，以及法律、法规及学校章程规定的其他义务。

3. 学校纪律

学校纪律主要表现为学校章程和规章制度设定的，学生在校期间应当履行的义务。学校纪律，简称校纪，应当与国家法律、法规和规章的体系协调，遵从"下位法不得与上位法冲突"的法学原理，在国家法律、法规、规章的授权范围内，不得与国家法律、法规、规章相冲突。具体表现为：校纪必须不得与《规定》相抵触，《规定》不得与法律、法规相抵触。否则，学校依校纪给学生的纪律处分可能因校纪违法而无效。关于学校可以规定的管理制度与应当制定的管理制度详见第四十一条的条文解读。

二、关于纪律处分的种类

对学生纪律处分，直接涉及学生相关权益的剥夺与限制。本条明确规定了对学生的纪律处分只有警告、严重警告、记过、留校察看和开除学籍五种形式，学校不能自行创设其他形式的纪律处分。

1. 警告

警告是学校对犯有轻微违法、违规、违纪行为的学生提出告诫，使其认识行为错误的一种纪律处分。警告是学生处分中最轻的一种，含有处分与教育的因素在内，一般适用于违法、违纪、违规较为轻微，对社会和学校教育教学秩序危害程度不大的行为。

2. 严重警告

严重警告也属于警告处分的一种，同样是通过警告，使违法、违规、违纪的学生认识本身的违法、违规、违纪行为。不过，作为"严重"警告，其适用的对象尽管也是违法、违规、违纪较为轻微的行为，但是，这些行为比单纯的警告所适用的行为要严重一些。

3. 记过

记过，即登记过失，亦为纪律处分的一种，其适用对象是学生所做出的较为严重的违法、违规、违纪行为。从纪律处分的力度来看，记过居于中间层次，比警告和严重警告处分的力度要重，比留校察看和开除学籍处分的力度要轻。

4. 留校察看

留校察看针对的对象是违法、违规、违纪情节严重，但尚未达到开除学籍处分条件的行为。对做出这种行为的学生，在予以处分的同时，保留学籍，以观后效。关于留校察看的期限，本规定未明确规定。从教学管理实践来看，一般以半年或1年为宜。学校可根据学生的实际表现，提前或延后解除"留校察看"。延后解除的，应由学校做出延长"留校察看"的决定，到期做出延后解除规定的，应视为自动解除。

5. 开除学籍

开除学籍是所有纪律处分中最为严厉的一种，其适用对象是做出了十分严重的违法、违规、违纪行为的学生。由于学生一旦被处以开除学籍处分，就失去了在本校继续学习的资格，涉及学生接受高等教育的权利。因此，对学生开除学籍的严重情形，本规定第五十四条专门作了相应的规定。

三、关于纪律处分的适用

根据本条规定，"对有违反法律法规、本规定和学校纪律行为的学生"，学校均应当首先给予批评教育，并"可视情节轻重"给予相应的纪律处分。

确定"情节轻重"主要从学生"违反法律法规、本规定和学校纪律行为"主观态度、客观危害两个方面进行综合考虑。

1. 主观态度

主观态度是指学生对自己行为及其危害结果所抱的心理态度。如学生是故意还是过失，是直接故意还是间接故意，是初犯还是多犯等。一般而言，故意比过失情节严重，再犯比初犯情节严重，主动交代比故意逃避情节轻微，等等。

2. 客观危害

客观危害是指学生违反法律法规、本规定和学校纪律行为所侵害社会关系的客观事实。如侵害人身权还是财产权，侵害人身权时造成的伤害程度，侵害财产权时损害金额的大小。一般而言，造成伤害程度越大情节越严重，损害金额越大情节越严重，等等。

第五十二条 【开除学籍处分】

第五十二条 学生有下列情形之一，学校可以给予开除学籍处分：

（一）违反宪法，反对四项基本原则、破坏安定团结、扰乱社会秩序的；

（二）触犯国家法律，构成刑事犯罪的；

（三）受到治安管理处罚，情节严重、性质恶劣的；

（四）代替他人或者让他人代替自己参加考试、组织作弊、使用通信设备或其他器材作弊、向他人出售考试试题或答案牟取利益，以及其他严重作弊或扰乱考试秩序行为的；

（五）学位论文、公开发表的研究成果存在抄袭、篡改、伪造等学术不端行为，情节严重的，或者代写论文、买卖论文的；

（六）违反本规定和学校规定，严重影响学校教育教学秩序、生活秩序以及公共场所管理秩序的；

（七）侵害其他个人、组织合法权益，造成严重后果的；

（八）屡次违反学校规定受到纪律处分，经教育不改的。

本条是关于高等学校给予学生开除学籍处分若干情形的规定。

高等学校依法享有对受到刑事处罚或有其他严重损害国家、社会、集体利益或其他公民合法权益，或有严重影响学校教育教学秩序、生活秩序以及公共场所管理秩序等，严重偏离大学生行为规范（准则）和高等教育目的的行为的学生，给予开除学籍的处分的权力，是贯彻国家教育方针和实现高等教育目的的需要，是维护良好的教育教学秩序和社会秩序、保持高校稳定和可持续发展的需要，是建立健全育人机制、培养良好校风学风的需要，是高等学校依法自治的需要。但是，开除学籍涉及学生受教育权的直接剥夺，与学生的未来生存与发展息息相关，对学生及家庭的影响很大。因此，本条规定明确了高等学校给予学生开除学籍处分的情形，高等学校只能在法律法规和本规定明确规定的范围内，慎重实施。对学生实施开除学籍处分的总体原则和判断标准是：其行为是否触犯了国家刑律或严重违反了其他法律、法规、规章，是否严重损害了国家、社会、集体的利益或其他公民的合法利益，是否严重扰乱了校园秩序或社会秩序。

一、违反宪法，反对四项基本原则、破坏安定团结、扰乱社会秩序的

宪法是国家的根本大法和总章程，宪法所规定的包括四项基本原则在内的治理国家、管理社会的原则，是所有公民都必须坚持和遵守的。维护国家统一和民族团结，遵守公共秩序，是宪法所确定的公民的基本义务。作为社会主义现代化建设者和接班人的大学生更应该自觉和模范地坚持和遵守。凡反对上述原则和法律，不履行上述义务的，将要承担相当法律责任，学校可以对其作开除学籍的处分。

二、触犯国家法律，构成刑事犯罪的

《刑法》第十三条规定："一切危害国家主权、领土完整和安全，分裂国家、颠覆人民民主专政的政权和推翻社会主义制度，破坏社会秩序和经济秩序，侵犯国有财产或者劳动群众集体所有的财产，侵犯公民私人所有的财产，侵犯公民的人身权利、民主权利和其他权利，以及其他危害社会的行为，依照法律应当受刑罚处罚的，都是犯罪，但是情节轻微危害不大的，不认为是犯罪。"犯罪是危害社会、触犯刑律并应受到刑罚处罚的行为，"犯罪的社会危害性比任何违反民法、行政法、经济法等的违法行为的社会危害性都要严重。所以，仅仅用行政处罚、经济处罚、民事赔偿等手段惩罚犯罪是不够的，对犯罪必须用最严厉的国家制裁方法即刑罚进行惩罚"。[1]

而高等教育的目的是为国家培养"有理想、有道德、有文化、有纪律"、德智体等方面全面发展的建设者和接班人。因此学生触犯国家刑律，构成犯罪，被依法追究刑事责任，表明该生具有严重社会危害性，已丧失了继续在校接受高等教育的资格条件，可以给予开除学籍处分。同时，根据《2015年普通高等学校招生工作规定》，"因触犯刑法已被有关部门采取强制措施或正在服刑者"不具备高考资格，不能报名参加高考。

三、受到治安管理处罚，情节严重、性质恶劣的

治安管理方面的法律主要指《中华人民共和国治安管理处罚法》（以下简称

---

[1] 高铭暄、马克昌：《刑法学》（第三版），北京大学出版社、高等教育出版社2007年版。

《治安管理处罚法》）。《治安管理处罚法》的主要目的是维护社会治安秩序，保障公共安全，保护公民、法人和其他组织的合法权益，规范和保障公安机关及其人民警察依法履行治安管理职责。《治安管理处罚法》适用的对象是扰乱公共秩序，妨害公共安全，侵犯人身权利、财产权利，妨害社会管理，具有社会危害性，尚不够刑事处罚的，依本法应当受治安管理处罚的行为。这些行为主要包括：①扰乱公共秩序的行为；②妨害公共安全的行为；③侵犯人身权利、财产权利的行为；④妨害社会管理的行为。对犯有以上行为，且性质恶劣，由公安机关依照《治安管理处罚法》给予治安管理处罚的学生，学校可以给予开除学籍处分。

四、代替他人或者让他人代替自己参加考试、组织作弊、使用通信设备或其他器材作弊、向他人出售考试试题或答案牟取利益，以及其他严重作弊或扰乱考试秩序行为的

1. 考试种类

本条所称的考试是国家教育考试、地方政府组织的考试、授权社会机构组织的考试以及学校组织的考试。

国家教育考试，根据《国家教育考试违规处理办法》第二条规定，是指普通和成人高等学校招生考试、全国硕士研究生招生考试、高等教育自学考试等，由国务院教育行政部门确定实施，由经批准的实施教育考试的机构承办，面向社会公开、统一举行，其结果作为招收学历教育学生或者取得国家承认学历、学位证书依据的测试活动。考生在国家教育考试中违规作弊的，主要适用于《国家教育考试违规处理办法》第十二条①、《教育法》第七十九条和第八十

---

① 《国家教育考试违规处理办法》第十二条 在校学生、在职教师有下列情形之一的，教育考试机构应当通报其所在学校，由学校根据有关规定严肃处理，直至开除学籍或者予以解聘：

（一）代替考生或者由他人代替参加考试的；

（二）组织团伙作弊的；

（三）为作弊组织者提供试题信息、答案及相应设备等参与团伙作弊行为的。

条①、《刑法》第二百八十四条之一②。

地方政府组织的考试，主要是指地方政府组织公务员、事业单位人员招录或招聘考试等。授权社会机构组织考试，主要是指各类职业资格、证照等的考试。学校组织的考试主要是指学校组织的各类课程的考试。

在上述各级各类和学校考试中的作弊行为，既影响学生诚信及良好道德品质的形成，也影响学校正常教育教学秩序和教育目的的实现。因此，对有严重考试作弊行为的学生，学校可以给予开除学籍处分。

2. 作弊行为

本项规定了四种严重考试作弊行为：

第一，替考。替考是由被替考人和替考人预先合谋而采取的考试作弊行为，可以分为由他人代替考试和替他人参加考试两种。替考行为的性质比单人考试作弊要严重，故将其列入开除学籍的情形之一。

第二，组织作弊。这是一种有计划、有组织的作弊。组织作弊严重危害教育教学秩序和良好的学风、考风，因此，对于组织者，应开除学籍。

---

① 《教育法》第七十九条　考生在国家教育考试中有下列行为之一的，由组织考试的教育考试机构工作人员在考试现场采取必要措施予以制止并终止其继续参加考试；组织考试的教育考试机构可以取消其相关考试资格或者考试成绩；情节严重的，由教育行政部门责令停止参加相关国家教育考试一年以上三年以下；构成违反治安管理行为的，由公安机关依法给予治安管理处罚；构成犯罪的，依法追究刑事责任：

（一）非法获取考试试题或者答案的；

（二）携带或者使用考试作弊器材、资料的；

（三）抄袭他人答案的；

（四）让他人代替自己参加考试的；

（五）其他以不正当手段获得考试成绩的作弊行为。

第八十条　任何组织或者个人在国家教育考试中有下列行为之一，有违法所得的，由公安机关没收违法所得，并处违法所得一倍以上五倍以下罚款；情节严重的，处五日以上十五日以下拘留；构成犯罪的，依法追究刑事责任；属于国家机关工作人员的，还应当依法给予处分：

（一）组织作弊的；

（二）通过提供考试作弊器材等方式为作弊提供帮助或者便利的；

（三）代替他人参加考试的；

（四）在考试结束前泄露、传播考试试题或者答案的；

（五）其他扰乱考试秩序的行为。

② 第二百八十四条之一　在法律规定的国家考试中，组织作弊的，处三年以下有期徒刑或者拘役，并处或者单处罚金；情节严重的，处三年以上七年以下有期徒刑，并处罚金。

为他人实施前款犯罪提供作弊器材或者其他帮助的，依照前款的规定处罚。

为实施考试作弊行为，向他人非法出售或者提供第一款规定的考试的试题、答案的，依照第一款的规定处罚。

代替他人或者让他人代替自己参加第一款规定的考试的，处拘役或者管制，并处或者单处罚金。

第三，使用通信设备作弊。现代通信设备的发展，为学生作弊提供了新的技术手段。近年来，利用通信设备作弊愈演愈烈。这种作弊形式覆盖面广，诱发不当的交易行为，严重影响考风，败坏学生诚信。为遏制这种作弊行为蔓延，本项将使用通信设备作弊列为开除学籍的情形之一。

第四，其他作弊行为严重的，指除了上述三类作弊行为之外的严重作弊行为。

五、学位论文、公开发表的研究成果存在抄袭、篡改、伪造等学术不端行为，情节严重的，或者代写论文、买卖论文的

学术不端行为（Academic Misconduct）是指在建议研究计划、从事科学研究、评审科学研究、报告研究结果中的抄袭、捏造、篡改、剽窃、伪造学历或工作经历的行为。根据教育部《关于严肃处理高等学校学术不端行为的通知》（教社科〔2009〕3号）的规定，学术不端行为表现为：①抄袭、剽窃、侵吞他人学术成果；②篡改他人学术成果；③伪造或者篡改数据、文献，捏造事实；④伪造注释；⑤未参加创作，在他人学术成果上署名；⑥未经他人许可，不当使用他人署名；⑦其他学术不端行为。

1. 学位论文、公开发表的研究成果存在抄袭、篡改、伪造等学术不端行为，情节严重的

篡改、伪造实验数据或剽窃、抄袭他人研究成果等学术不端行为，与考试作弊一样，严重影响学生的诚信及良好道德品质的形成，影响到正常的教育教学秩序和教育目的的实现，更影响到学术生态的健康发展。因此，学校对篡改、伪造实验数据或剽窃、抄袭他人研究成果，情节严重的，应开除其学籍。在此，本处适用应当注意条件：

第一，适用前提是学位论文，或公开发表的研究成果。不是学位论文，或者未公开发表的研究成果，则不适用开除学籍处分。

第二，适用情形是存在抄袭、篡改、伪造等学术不端行为，情节严重的。篡改、伪造实验数据或剽窃、抄袭行为的危害程度，必须是情节严重、影响恶劣者，才开除学籍，如果是情节不重，危害不大的篡改、伪造实验数据或剽窃、抄袭行为，不能予以开除学籍。

2. 代写论文、买卖论文的

由他人代替、替他人撰写论文，参与买卖学术论文是当前比较严重的学术不端行为，严重影响了学术诚信和学术成果的公正性。此处论文既可指学生的毕业论

文，也可指学生在校学习期间，按照学校要求所应撰写的各类论文，只要存在代写、买卖的，学校则可以予以开除学籍。

六、违反本规定和学校规定，严重影响学校教育教学秩序、生活秩序以及公共场所管理秩序的

本《规定》第四十一条、第四十二条规定"学生应当自觉遵守公民道德规范，自觉遵守学校管理制度，创造和维护文明、整洁、优美、安全的学习和生活环境"。"学生不得有酗酒、打架斗殴、赌博、吸毒，传播、复制、贩卖非法书刊和音像制品等违法行为；不得参与非法传销和进行邪教、封建迷信活动；不得从事或者参与有损大学生形象、有悖社会公序良俗的活动"。

第四十三条规定"任何组织和个人不得在学校进行宗教活动"。

第四十四条规定"学生可以在校内成立、参加学生团体。学生成立团体，应当按学校有关规定提出书面申请，报学校批准并施行登记和年检制度。学生团体应当在宪法、法律、法规和学校管理制度范围内活动，接受学校的领导和管理"。

第四十五条规定"学校提倡并支持学生及学生团体开展有益于身心健康、成长成才的学术、科技、艺术、文娱、体育等活动。学生进行课外活动不得影响学校正常的教育教学秩序和生活秩序"。

第四十六条规定"学生举行大型集会、游行、示威等活动，应当按法律程序和有关规定获得批准。对未获批准的，学校应当依法劝阻或者制止"。

第四十七条规定学生使用计算机、移动通信网络，"应当遵守国家和学校关于网络使用的有关规定，不得登录非法网站和传播非法文字、音频、视频资料等，不得编造或者传播虚假、有害信息；不得攻击、侵入他人计算机和移动通信网络系统"。

第四十八条规定"学校应当建立健全学生住宿管理制度。学生应当遵守学校关于学生住宿管理的规定"。

违反上述规定和学校的其他规定，严重影响学校教育教学秩序、生活秩序以及公共场所管理秩序的，学校也可以对其给予开除学籍的处分。

七、侵害其他个人、组织合法权益，造成严重后果的

学生侵害其他个人、组织合法权益，可能形成三种法律情形：

其一，如果构成犯罪的，依法应当承担刑事责任，学校应当对其给予开除学籍；其二，如果构成行政治安案件，则由具有行政处罚权的公安等行政机关给予处

理，学校视其情节轻重，可以给予相应的纪律处分，甚至开除学籍；其三，如果仅构成民事侵权，并未影响学校正常的教育教学秩序和生活秩序，学生依法承担相应的民事责任，学校不应当对其给予纪律处分。第一种、第二种情形，学校可以直接依据本条规定给予学生开除学籍处分。第三种情形，学校要对学生给予开除学籍处分，则学校必须有相应的明确的管理规定，否则不能对学生实施开除学籍的处分。

八、屡次违反学校规定受到纪律处分，经教育不改的

"屡次"即多次，屡次违反学校规定即意味多次受到学校处分。虽然单次行为可能并非严重到被开除学籍的程度，但经多次处分和教育仍不悔改，说明这个学生已不适合继续在校学习，学校可以对其给予开除学籍处分。

◆**热点问题：学校是否享有违反宪法的审查与认定权**

疑问：学校是否享有"违反宪法，反对四项基本原则、破坏安定团结、扰乱社会秩序"行为的审查与认定权？

宪法是由全国人民代表大会制定和修改的，规定了国家的根本制度和根本任务，是国家的根本大法，是国家活动的总章程，具有最高的法律地位与法律效力。全国各族人民、一切国家机关和武装力量、各政党和各社会团体、各企业事业组织，都必须以宪法为根本的活动准则，并且负有维护宪法尊严、保证宪法实施的职责。一切法律、行政法规和地方性法规都不得同宪法相抵触。一切违反宪法和法律的行为，必须予以追究。遵守宪法是每个公民应尽的义务。

但是，法的适用是特定国家机关来实施的。一般而言，"法的适用是指司法权的国家机关及其所属的具体行使司法权的工作人员，依据法定职权和法定程序，运用法律规范处理具体案件的活动。"① 法的适用是由法律规定的特定国家机关来实施的，而非国家机关不能成为法的适用的主体。本条第二项规定的违法构成犯罪、第三项规定的违法受到治安处罚，其实质是学生的违反法律和法规的行为已经为有关国家机关所认定，并已经受到刑事或行政制裁的情况下，学校才对其直接开除学籍。学校无权直接认定学生违反法律和法规并直接给予开除学籍处分。宪法的适用是法的适用的特殊形态，在我国宪法的适用主体更是严格，"那种以为宪法适用是

① 刘作翔：《法理学》，社会科学文献出版社2005年版。

'国家机关、国家工作人员、政党、社会组织和公民运用宪法规范调整社会关系的有意识的活动'的观点，即使是从所谓广义的法的适用的立场上看，也是不准确的"。① 在我国现行的宪政体制下，宪法作用的实现是通过法律及以下位阶法规、规章等制定和适用来实现的，宪法没有直接的司法适用性，司法机关不是宪法的适用机关，全国人民代表大会及其常委会才是宪法的适用机关。

依法治国首先就是要依宪治国，依宪治国必须维护宪法的尊严和权威，宪法的适用必须由权力机关来实施，非国家权力机关不享有宪法适用权，国家机关以外的其他公民、法人或其他组织更不可能享有直接的宪法适用权。

综上分析，学校对"违反宪法，反对四项基本原则、破坏安定团结、扰乱社会秩序"的学生给予开除学籍处分是典型的违宪的表现。高等学校，无论是国家设立的还是非国家设立的高等学校，不能享有直接适用宪法的权力。只有学生"违反宪法，反对四项基本原则、破坏安定团结、扰乱社会秩序"，受到其刑事或行政法律制裁后，学校才能据此给予开除学籍纪律处分。

※典型案例：兰州某大学生学术论文造假被开除学籍案②

1. 基本案情

郭某，兰州某大学信息科学与工程学院计算机软件与理论专业某级硕士研究生。2013 年，郭某署名第二作者的两篇论文参加由电子科技大学机械电子工程学院主办的 QR2MSE 国际学术会议。2013 年 12 月 12 日，兰州某大学收到了由 QR2MSE 国际学术会议大会秘书处及电子科技大学机械电子工程学院联名提出的"兰州某大学信息工程学院论文严重造假举报信"。该举报信提出，郭某参会的两篇论文系采用网上软件生成的造假论文，并希望兰州某大学对此查证，对相关的责任导师和研究生作出严肃处理。

据此，兰州某大学开展调查。经查，2013 年郭某从朋友处获取 10 篇小论文，除上述发表的 2 篇外，郭某将剩余 8 篇论文分别给了其他同学。2014 年 5 月 26 日，兰州某大学给予郭某开除学籍的处分。

---

① 蒋碧昆：《宪法学》（修订本），中国政法大学出版社 1999 年版。
② 本案例根据下列资料整理而成：
李辉：《论文造假被开除学籍　在读研究生将学校告上法庭》，《兰州晨报》2015 年 10 月 24 日 A03 版，网址：http://www.lzcbnews.com/html/2015-10/24/content_344089.htm，2015 年 10 月 24 日。
《论文造假被开除学籍　学生诉校方法院维持原判》，新华网：http://news.xinhuanet.com/legal/2016-03/08/c_128782564.htm，2016 年 3 月 8 日。

郭某对于兰州某大学作出的处分决定所认定的事实及作出处分的程序并无异议，仅对兰州某大学据以处分的法律依据提出异议，故向法院提起行政诉讼，要求撤销兰州某大学作出的"兰州某大学关于给予郭某等8名研究生纪律处分的决定"中对郭某的开除学籍的处分。

2. 裁判结果

城关区法院一审判决驳回郭某的诉讼请求，兰州中院二审判决：驳回上诉，维持原判。

3. 裁判理由

城关区法院一审认为，依照《教育法》、《教育部关于严肃处理高等学校学术不端行为的通知》的有关规定，教育部授权各高校制定规章制度对学术不端行为进行惩治，并且可根据性质和情节给予相应的行政处分。郭某以造假论文参加国际学术会议的行为，使得兰州某大学的学术声誉在国际上受到了不良影响。该行为符合《兰州某大学研究生学术道德规范（试行)》（简称"规范"）第四条第（二）项的规定，是一种违反学术道德规范的行为，且在学术界和社会上也产生了不良影响。故兰州某大学对郭某作出开除学籍处分并无不当。对郭某主张兰州某大学仅适用《规范》而未引用上位法就对其作出处罚依据不充分的理由不能成立，法院不予支持。据此，法院判决驳回郭某的诉讼请求。

兰州中院二审后认为，本案的立案时间为2014年6月13日，而新修改的《行政诉讼法》自2015年5月1日起施行，故原审法院判决驳回郭某的诉讼请求并无不当，应予以维持。据此，判决如下：驳回上诉，维持原判。

第五十三条 【处分决定书内容】

第五十三条　学校对学生作出处分，应当出具处分决定书。处分决定书应当包括下列内容：

（一）学生的基本信息；

（二）作出处分的事实和证据；

（三）处分的种类、依据、期限；

（四）申诉的途径和期限；

（五）其他必要内容。

本条是关于处分决定书内容的规定。

处分决定是学校依本规定第五十五条，对学生的违法违规违纪行为事实进行审查后，就实体问题所做的具有约束力的结论性的决定。处分决定书是学校依法对违法违规违纪学生做出处分决定的书面形式。处分决定书应当载明内容：①学生的基本信息；②做出处分的事实和证据；③处分的种类、依据、期限；④申诉的途径和期限；⑤其他必要内容。

规范和完善处分决定书的形式和内容十分重要，它不仅体现学校的行政水平，而且还会影响到处分决定书的法律效力和学校的管理声誉，因此，学校应当严格规范处分决定书的形式和内容，确保处分决定书的法律效力，维护学校的声誉。

第五十四条　【处分的原则】

第五十四条　学校给予学生处分，应当坚持教育与惩戒相结合，与学生违法、违纪行为的性质和过错的严重程度相适应。学校对学生的处分，应当做到证据充分、依据明确、定性准确、程序正当、处分适当。

本条是关于学校对学生实施处理或处分的总体要求和规定。

一、学校给予学生处分，应当坚持教育与惩戒相结合，与学生违法、违纪行为的性质和过错的严重程度相适应

1. 坚持教育与惩戒相结合原则

学校给予学生处分应当坚持教育与惩戒相结合。教育不能代替处罚，必须以处罚为后盾。为了达到制止并预防违法的目的，对受处罚的违法、违纪行为，应在纪律处分时给予帮助教育，二者不可偏废。现实的高等学校学生管理中，要严格防止针对同种性质的行为，以"教育"为幌子，根据学生的"认错"态度的"好坏"而给出截然不同的纪律处分决定。

2. 坚持处分与行为性质、过错严重程度相适应原则

学校给予学生的纪律处分，应当与学生违法、违规、违纪行为的性质和过错的严重程度相适应。"认真对待权利"是法治文明在高等学校学生处分中的基本要

求。尊重权利就是尊重法律，尊重并执行法律是法治社会的必然要求。学校对学生的处分要力求与学生违纪行为的事实、性质、情节以及社会危害性相当、与学生违纪的主观过错相适应，真正做到过处相当。例如：对于警告、严重警告、记过、留校察看、开除学籍等处分，学校应该在上位法的授权范围内，明确各自的适用条件与范围，注意惩罚的适当性。既不能对严重违纪甚至违法犯罪的学生做出过轻的处分，更不能对有轻微违纪的学生做出过重的处分。①

二、学校对学生的处分，应当做到事实清楚、程序正当、证据充分、依据明确、定性准确、处分适当

1. 事实清楚

事实清楚，是指受处分学生的违法、违规和违纪行为发生的时间、地点、动机、目的、手段、后果以及其他有关情况必须清楚。事实清楚可用"五何"要素来概括：何人、何时、何地、何事、何情节。这是对违法违纪违规行为正确定性的客观基础。事实的存在及其正确认定，是处分行为能够成立的基本事实要件，是处分行为正确性和合法性的前提和基础。如果事实不清，或者认定错误，或者根本就不存在，或者没有足够的证据证明，或者未经充分调查而确定，都应属于处分行为在事实方面的错误，从而影响到处分行为的合法性。学校对学生的处分，必须事实清楚，不能前后矛盾、牵强附会、含糊不清，更不能把一些捕风捉影、道听途说，甚至无中生有、颠倒是非、随意夸大或缩小的材料，作为对学生处分所依据的事实。当然，事实是否确实充分、是否清楚明了，是需要通过证据来证明的。

2. 程序正当

程序正当是高校学生处分正当的根本保障。程序的本质特点不是形式性也不是实质性，而是过程性和交涉性。② 程序正当本质上是一种"过程价值"，并主要体现在程序运行的过程中，是评价程序本身正义与否的价值标准。公正的程序让利益主体不仅可以参与程序而且可以自主行使权利，从而足以让主体在道德上增强对程序结果的可接受性，这是程序正当的灵魂。为此，程序主体的知情权、参与权、陈述权等程序性权益是否能得到保障便成为程序参与者参与程序的重要保障。

高等学校学生处分程序的正当性表现于高等学校在行使学生处分权时如何保障

---

① 程琥：《高等学校处分学生应遵循正当程序原则》，《教育发展研究》2006 年第 15 期。

② 季卫东：《法律程序的意义——对中国法制建设的另一种思考》，《中国社会科学》1993 年第 1 期。

学生的知情权、参与权、陈述权等权益，以最终保障学生的权益不被权力侵蚀。然而，我国由于长期受"重实体，轻程序"意识的影响，强调结果公正而忽略程序公正在我国高等学校的学生管理中也体现得比较突出。在学生的处分中"片面强调的是学生某种行为应当受到所谓应有的责难、惩戒和处分，而并非关注应当按照一套合理、公正的程序去给学生以适当的处分。处分的适当与否，往往以学校或管理者的自我判断或自我感觉为标准，至于究竟是否适当，实际上很难有被处分者的意见参与其中"。① 甚至认为程序无关紧要，按程序办事就是作茧自缚，既影响效率又增加成本。在具体处分过程中，重视定性准确、证据确凿，忽视处分的具体实施程序，或任意省略或增加处分步骤与程序，或做出处分决定时不告知被处分学生享有的陈述权、申辩权，或处分决定根本不向当事人送达等。因此，为保障学生的合法权益，学校在对违纪学生做出处分决定之前，必须进行认真调查，对主要事实要仔细查对核实，并以必要证据为支撑。同时，经调查认为符合处分决定条件的，应当在做出处分决定之前，及时告知被处分学生。不仅要告知拟被处分学生学校对其做出处分决定的事实、理由及依据，还要告知学生享有的权利。学校应当充分听取学生对处分决定的陈述、申辩，对于学生提出的反驳或异议的事实、理由和证据，应当进行认真复核。学生提出的反驳或异议的事实、理由和证据成立的，学校应当采纳，不得因学生的陈述、申辩而加重对学生的处分。② 实践中仍然存在个别高等学校忽视学生陈述、申辩乃至以正当诉求等正当行为为"不配合管理"、"认错态度差"而加重学生处罚，完全背离"以事实为根据、以法律为准绳"的原则而完全以学校主观态度作为处罚标准。这是严重地剥夺学生程序性权利的与法治进程不相容的学生管理行为。

3. 证据充足

证据是据以认定学生违法违规违纪行为真实情况的事实材料。证据要能够证明案件的真实情况，必须具备三个特征：

第一，证据必须具有客观真实性。证据所记载的情况和所反映的情况都必须是客观真实的，不能伪造、篡改，更不能主观臆造。

第二，证据必须与案件的事实具有一定的关联性，证据所证明的事实必须是案件的事实，证据与案件事实之间存在内在的联系。如果与案件事实无关，即使是客观事实，也不能作为认定事实的证据。

第三，证据必须具有合法性。证据的来源、内容、形式以及取得证据的方式和

---

① 湛中乐：《大学法治与权益保障》，中国法制出版社 2011 年版。
② 程琥：《高等学校处分学生应遵循正当程序原则》，《教育发展研究》2006 年第 15 期。

程序都必须合法。根据我国法律规定，证据包括：书证、物证、视听资料、电子数据、证人证言、当事人的陈述、鉴定意见、勘验笔录或现场笔录。

书证，即作为证据的文书，是指以其内容、文字、符号、图画等来表达一定的思想并用以证明事件事实的材料。其特征是通过其所表达或反映的思想内容来证明案件的事实。

物证，即作为证据的物品，是指以其存在的外形、规格、质量、特征等形式来证明案件事实的物品。其基本特征是以物品的自然状态来证明案件事实，不带有任何主观内容。

视听资料，是指利用录音、录像、计算机储存等手段所反映出的声响、影像或其他信息证明案件事实的资料。视听资料是随着现代科学技术的进步而发展起来的一种独立的证据种类。其特征是以其声响、影像或其他信息等内容来证明案件的事实，其内容的显示通常需要借助于一定的科学仪器，并且它一般是以动态的内容来起证明作用的。

电子数据，是指建立在计算机应用、通信技术和现代管理技术等电子化技术手段基础上，以一定的数字格式为表达形式，能够传递和交流信息的文字、图形、符号、数字、字母等的客观资料。具体包括电子邮件、电子数据交换、网上聊天记录、博客、微博、手机短信、电子签名、域名等形式。

证人证言，是指了解案件情况的人以口头或书面的方式，所做的与案件事实有关的事实陈述。证人必须是自然人，凡是了解案件情况的人，都可以作为证人。但是，不能正确表达意志的人不能作为证人。

当事人陈述，是指当事人就其所经历的案件事实所做的陈述。作为证据的当事人陈述，只限于当事人对案件事实的陈述，它包括承认、反驳和支持叙述三个方面的内容。但是，由于当事人与案件处理结果有直接的利害关系，因此，当事人的陈述可能存在一定的片面性和虚假性。

鉴定意见是指具有专门知识和专门技能的人对某些专门性问题进行分析、鉴别和判断，从而得出的能够证明案件事实的意见。

勘验笔录是指对物品、现场等进行察看、检验后所做的能够证明案件情况的记录。如对有争议的建筑物进行拍照，确定方位并以文字、表格、图画等形式对所得结果做出记录。现场笔录是指对某些事项当场所做的能够证明案件事实的记录。

以上证据，须经学校查证核实后，才能作为处分学生的依据。

证据充足指在对学生实施处分时，须有上述多种证据，且证据之间相互关联、相互印证和相互支持。证据充足是保证处分决定正当性与合法性的重要条件，也是保证学校在与学生的诉讼中保障、维护学校管理声誉的重要条件。学校应当高度重视学生违法违规违纪证据的收集和使用。

4. 依据明确

对学生进行处分或处理的依据，是对学生行为进行评价的标准和适用处分种类的根据，包括违纪行为处分的"定性"依据和"定量"依据。所谓依据明确，就是学生的违法、违规、违纪行为及处分与国家和学校相关规定中的相应条款要有明确或直接的对应关系。如果没有明确或直接的对应关系，就是依据不明。学校可以通过管理制度的建立，畅通管理过程，形成管理链条，使其形成与国家相关规定中相应条款之间的明确或直接的对应关系，从而达到预期的教育管理目的。

5. 定性准确

定性准确是指在事实清楚、证据确凿的基础上，对学生违法、违规、违纪行为的性质认定准确。准确地认定案件的性质，是正确处理案件的前提，直接关系到学生处分能否得以正确执行。不同性质的违法、违规、违纪行为，受到的处分或处理结果不同。要做到定性准确，必须要有正确认定案件性质的依据。办案人员应当严格按照法律、法规、规章和学校管理规定规定的违法、违规、违纪行为构成要件来认定案件的性质，切忌将此行为认定为彼行为。定性不准，必然会导致对案件的错误处理。如果学生有违法、违规、违纪行为，到底违反了国家或学校明确规定的应为或不应为的哪一条、哪一款。如果没有这样的明确规定及对应关系就不能将其作为处分依据的定性。

定性准确包含三个层次的内容：①定性应建立在事实清楚、证据确凿的基础上；②所认定的案件性质应具备该种性质案件的构成要件；③适用法律、法规、规章和学校的管理规定要准确。

6. 处分恰当

在定性准确并已确定给予学生处分时，还要做到处分恰当，使学生所犯错误的情节和性质与处分的程度相当，这就是"过罚相当"原则。情节指学生违法、违规、违纪行为的手段、方式和产生的后果或影响，以及外界条件和行为者的身心状况及意愿等主客观因素。对情节进行分析，就是对这些因素予以综合评估与判断，得出情节轻微、严重、特别严重等结论，并使情节不同的行为对应不同程度的处分。

处分恰当除了使所受处分与违法、违规、违纪行为的情节和性质相比是恰当的之外，还包括：①所受处分与本校其他学生在情节相同情况下所受处分相比是恰当的；②所受处分与其他高校或相应法律、法规、规章的惩处相比是恰当的。

处分恰当是对学生实施处分的基本原则和要求。教育的目的是育人。对学生实施处分,是对学生的一种辅助教育形式,是对学生偏离基本行为规范和教育目的的警示和纠正,其目的也是育人。因此,对学生实施处分,要坚持正确的指导思想,坚持"惩前毖后,治病救人"的方针和慎重、适度的原则,要把纪律处分与思想教育结合起来,使学生在接受处分的过程中感到关爱、真情和尊重。这是学校对学生实施处分的总体要求和原则,学校在对学生实施处分时应当自觉遵守。

◆**热点问题:学校对学生处分的正当性问题**

问题:高等学校对学生进行纪律处分的目的正当性与实体正当性问题。

一、高等学校学生处分的目的正当性

目的的正当性是高校对学生纪律处分的正当性的前提。只有高校对学生处分的目的符合社会理性,才能为社会所认同,才能为受处分学生所接受。高校必须基于目的在于对学校公共秩序与学校公共利益的维护,才能对违纪侵害公共秩序与公共利益的学生作出适当的处分。

本来维护公共管理秩序应该是政府与国家的职责,和自治的大学相去甚远。但是在我国教育体制从强制性向诱使性变迁过程中,[①] 高校至今仍承担着部分国家教育行政管理权,从一定程度上扮演着行政主体的角色。早在 1990 年国家教委发布的《高等学校校园秩序管理若干规定》第三条第二款规定:"学校应当加强校园秩序管理,采取措施,及时有效地预防和制止校园内的违反法律、法规、校规的活动。"自此学校通过校规对违反法律、法规和校纪,破坏校园公共秩序的学生给予相应的处分,便获得了权源与理由正当性。但是由于高等学校法律地位不明、权能职责不清,经常出现目的混淆、角色错位、权力越位等权力滥用的现象。在学生管理行为中,并集中表现高校在制定处分管理规定时,经常发生借学生处分达到学校民事管理与学籍管理的目的。因此,高校在设定学生处分适用情形时,必须注意目的的正当性,严格限定在校园公共秩序的管理与维护上,并注意两个方面的问题。

1. 要注意将学生处分权与学校民事管理权相分离

现实的问题是,中国高校既可以基于法律授权而成为教育行政管理主体,也可

---

① 劳凯生:《教育体制改革中的高等学校法律地位变迁》,《北京师范大学学报》(社会科学版)2007 年第 2 期。

以基于法律规定而以法人地位成为民事行为主体。① 高校法律地位的双重性决定了高校在与学生进行行为时的目的也具有双重性。作为行政主体，其"天然欲望"是"权力扩张"；作为民事主体其"本性追求"是"利益最大"。② 具有民事与行政双重主体属性的高校在对学生行使处分权时，要充分注意目的的正当性，努力防止通过行政权力干涉本应该与学生形成的民事关系，侵害作为公民的学生的合法权益。不能因为方便学校事务管理或者学生学籍管理、节约成本，"借用"行政权力之"手""摸向"与学生的民事领域，借公共秩序管理之名行民事行为之实，从而竭力免除学校的责任、加重学生责任或者排除学生的主要权利（如居住权等）。③ 即以校园社会公共秩序管理之名，实现学校的民事利益或管理之便，借用学生处分的手段来严重限制学生的权利，这是学生处分目的不具正当性的典型体现。

2. 要注意将学生处分权与学籍处理权相分离

学籍处理，准确地讲不是一种对学生的处分，而是学术自由在大学自治中的体现。学籍处理是大学以学术评价方式对学生学籍事务进行的管理行为。因此，学生处分是对学校针对不特定学生利益而对校园公共秩序的管理与维护，而学籍管理是学校对学术评价自由的体现。前者本质上属于一种国家教育行政管理权，而后者则是一种学术自治权的表现。正是目的的不同决定着两种权力运行的程序和约束的机制有着重大的分歧。这也是本书力求将学籍处理与学生处分相分离的重要理由。如果从权源上分析，学籍处理则是学术自由派生出来的一项学校的自治性权力，而学生处分是基于国家教育行政管理权的授予与延伸而得的学校的行政性权力。

二、高等学校学生处分正当性的基础——实体正当

实体的正当性是高校学生处分的正当性的基础。当前，由于法律规定较为原则粗疏，未明确高校实施学生处分权的具体情形、范围和种类，因此高校学生处分权自由裁量过大，相同性质的行为，在不同的大学甚至在同一所大学，可能会受到迥然不同的处分。

高校对学生的处分是对违法、违规、违纪的学生给予的一种或名誉处罚或剥夺受教育权的处罚。"以事实为根据、以法律为准绳"不仅是司法运用的重要原则，也应当成为高校对学生处分所应遵循的基本原则。"证据充分、依据明确、定性准确、处分恰当"正是对高校学生处分满足实体正当性的基本要求，表现在三个

---

①③　李华、李刚：《高校学生事务管理法治化探析》，《高校辅导员》2011 年第 2 期。
②　李华：《从司法监督审视高校学生管理行为》，《现代教育管理》2010 年第 9 期。

方面：

1. 依据的合法性——处分所依据的规范性文件之间彼此位阶协调、互不冲突

高校对学生作出的处分所依据的规范性文件表现为：法律、法规、规章或校纪。在这四类规范性文件之间，一定要努力保障下位阶的规范文件不得与上位阶的规范文件相违背，充分保证规范性文件之间效力和谐。一方面，高校应当在上位法的授权范围内就处分的情形、种类、范围与条件作出比较明确具体的规定，并尽量保持规定的相对稳定性，不能朝令夕改。只有明确且具体并具有相当稳定性的规则才能有效地对人的行为产生规范性的指引。另一方面，要坚持信息公开，防止高校通过校纪的制定，以处分的形式干涉与学生形成的民事关系，侵犯公民的人身权、财产权等合法权益。学生处分所依据的规范文件的正当性，直接决定着处分实体是否正当。以维护学校的管理秩序为名，以学校校规为依据，对"接吻"、"同居"、"使用违规电器"等行为的学生，课以开除学籍等处分，是严重地与上位法冲突的、违法侵害学生权益且缺乏正当性的处分。

2. 惩罚的适当性——处分要与所认定事实、情节以及受处分的主观过错相适应

实体正当不仅体现在处分依据正当性上，还表现在高校在对学生进行处分时，应当本着正当的目的，在法定的范围与幅度内，恰当地行使自由裁量权，真正做到过处相当，公正地对待被处分的学生。"认真对待权利"是法治文明在高校学生处分行为中的基本要求。尊重权利也就是尊重法律。尊重并执行法律是法治社会的必然要求。对学生的处分要力求与学生违纪行为的事实、性质、情节以及社会危害性相当、与学生违纪的主观过错相适应。如对于警告、严重警告、记过、留校察看、开除学籍等处分，学校应该在上位法的授权范围内，明确各自的适用条件与范围，注意惩罚的适当性。既不能对严重违纪甚至违法犯罪的学生做出过轻的处分，更不能对有轻微违纪的学生做出过重的处分。[①] 在现实的高校学生管理中，经常发生针对发生同种性质行为的学生，以"教育为目的"为幌子，依学生"认错"态度的"好坏"而给出截然不同的处分决定。

3. 后果的正当性——实体违法的处分应被视为无效的处分

建立与完善学生处分所依据的法、规、纪是保障学生处分正当性的基础。对于一些重要的涉及学生身份变更的处分行为应该通过立法以法律、法规的形式具体规

---

① 程琥：《高等学校处分学生应遵循正当程序原则》，《教育发展研究》2006年第15期。

定，不得由教育行政机关或学校自行创设其处分的条件、范围和种类。学校违反上位法规定径直以自己的规定对学生实施了开除学籍的处分或变相开除学籍（勒令退学）是严重违反上位法的超越权限或滥用权力的剥夺学生受教育权的无效的处分行为。

同时，对于一些非涉及到学生身份变更的处分，应该通过法律规定由学校章程来进行规范，以充分保障大学自治、尊重学术自由。但学校章程必须有明确的规定。如果有学校章程但没有规定，或者根本没有学校章程，而径直对学生实施非学生身份变更的处分却影响到学生的毕业证与学生证的取得，也应该被视为一种无效处分。如个别学校将处分与学位证、毕业证相勾连，受过记过以上处分的学生不能获得毕业证、学位证，其实质也相当于对学生受教育权的剥夺，应该被认定为一种无效的勾连。

第五十五条 【受处分学生的知情、陈述和申辩，送达】

第五十五条 在对学生作出处分或者其他不利决定之前，学校应当告知学生作出决定的事实、理由及依据，并告知学生享有陈述和申辩的权利，听取学生的陈述和申辩。

处理、处分决定以及处分告知书等，应当直接送达学生本人，学生拒绝签收的，可以以留置方式送达；已离校的，可以采取邮寄方式送达；难于联系的，可以利用学校网站、新闻媒体等以公告方式送达。

本条是关于受处分学生的知情权、申辩权及处分决定书的送达的规定。

一、在对学生作出处分或者其他不利决定之前，学校应当告知学生作出决定的事实、理由及依据，并告知学生享有陈述和申辩的权利，听取学生的陈述和申辩

1. 保障受处分学生对处分决定的事实、理由及依据的知情权

知情权，又称为信息权或了解权，是指学生享有知悉对学生及学生权益相关事务信息的权利。学生了解、知悉与对学生及学生权益相关事务的信息，是学生行使参与权、表达权和监督权的前提。《规定》第六条规定学生在校期间"对学校与学生权益相关事务享有知情权、参与权、表达权和监督权"。学校对学生的处分涉及对学生学习权及相关权利的限制、剥夺，与受处分学生权益密切相关，应当保障学

生对纪律处分的知情权，特别是应当让受处分学生知悉受处分的事实、理由及依据。让受处分学生知悉纪律处分的事实、理由及依据，既有利于对学生的教育，也有利于学生陈述权、申辩权和申诉权的行使。

2. 保障学生的陈述权和申辩权

由于处分涉及学生的权益，为保护学生的合法权益，使学校的处分决定合法合理，学校在对学生作出处分决定之前，除应当告知学生作出决定的事实、理由及依据，还告知学生享有陈述和申辩的权利，并听取学生或其代理人的陈述和申辩，并认真作好笔记。一般而言，结束时，拟受处分学生或其代理人应在笔录上签字。如果拒绝签字，由主笔人写出文字说明。学生陈述和申辩之后，根据笔录整理成书面报告，并附笔录原件，送指派部门。

审批部门应根据学生或其代理人的陈述和申辩，作如下处理：

（1）属认识偏差或无正当理由的，责成学生所在院（系）做好工作；

（2）与事实和定性确有偏差的，应予复查和补证或重新取证；

（3）学生的申辩材料及相关报告应归入学生处分材料，作为学生处分报告的附件。对学生正式作出处分决定时，应审阅学生的申辩材料。

根据本条第二款规定，学校应当制作处分告知书，在处分告知书中明确载明两个重要内容：①作出处分的事实、理由及依据；②申诉的途径和期限。

二、处理、处分决定以及处分告知书等，应当直接送达学生本人，学生拒绝签收的，可以以留置方式送达；已离校的，可以采取邮寄方式送达；难于联系的，可以利用学校网站、新闻媒体等以公告方式送达

学校对学生作出处分，应当出具处分决定书，送达本人。

1. 学校出具处理决定书或处分决定书

处分决定书是处分决定的书面表现形式。由于学校对学生作出处分是对学生违法违规违纪行为的否定性评价，因此，学校对学生作出处分应当按照第五十一条规定的处分种类和第五十三条规定的内容，出具处分决定书。

处理决定书是除根据《规定》第五十一条、第五十三条作出的五种处分决定书以外的，涉及学生学籍变动并与学生利益直接相关的学籍处理决定的书面表达形式。学籍处理决定主要表现在如下六个方面：①根据《规定》第十条学校对新生审查不合格而作出的取消入学资格的决定；②根据《规定》第十一条学校复查不合格而作出的取消入学资格的决定；③根据《规定》第十五条学校对学生留级、

降级等处理决定；④根据《规定》第二十一条学校作出的不予转专业的处理决定；⑤根据《规定》第二十二条学校作出的不予转学的处理决定；⑥根据《规定》第三十条学校作出的退学处理决定。凡直接涉及学生利益应学生申请的学生处理决定，学校应当制作学籍处理决定书。

2. 学校送达处理或处分决定书以及处分告知书

送达是学校将处理、处分决定书以及处分告知书等送交受处分学生本人的行为。送达有如下三个特征：①送达的主体是学校。学校应当派专人送达处理、处分决定以及处分告知书等。②对象是受处理或受处分学生。受处理或受处分学生，是直接利害关系人。对处理或处分决定内容的了解是其实现知情权、申辩权、申诉权的重要基础和保障。③送达的内容是处理决定书，或处分决定书以及处分告知书。与学生利益直接相关的处理决定书、处分决定书以及处分告知书，应当送达受处理或受处分学生本人。

送达作为纪律处分的一项重要制度，其意义主要体现在两个方面：①送达是联系学生申诉行为的重要纽带，直接影响学生对处分决定有异议时能否正常、按时提起申诉。《规定》第六十条规定："学生对学校的处理或者处分决定有异议的，可以在接到学校处理或者处分决定书之日起 10 日内，向学校学生申诉处理委员会提出书面申诉。"②送达有利于维护学校处分决定的正当性。送达既体现了对受处分学生知情权、申诉权的尊重，也是学校对纪律处分的合法性、公开性、透明性、民主性的遵守，是保障纪律处分正当性的前提和基础。因此，为保障受处分学生的知情权、异议权、申诉权等程序性权利，学校应当将处分决定书以及处分告知书及时送达受处分学生本人。

3. 学校送达的方式

送达主要有直接送达、留置送达、邮寄送达和公告送达四种方式。

（1）直接送达。直接送达是学校派专人将处理决定书或者处分决定书以及处分告知书直接送交给受处理或受处分学生本人的送达方式。因为直接送达不仅时间最短而且最为可靠，所以直接送达是四种方式中的首选方式。因此，只有在直接送达确有困难时，才可酌情使用其他适宜的送达方式。

（2）留置送达。留置送达是指受处理或者受处分学生拒绝签收处理、处分决定以及处分告知书时，送达人将处理、处分决定以及处分告知书留置在受送达人住所即视为完成送达的送达方式。适用留置送达应当注意两个方面的问题：①适用留置送达的前提是受送达学生拒绝签收时才能适用，是直接送达的特殊情况。②适用留置送达应当采用"见证人制度"。学校采用留置送达时，应当有见证人见证，并拍照或录像留置送达过程。

（3）邮寄送达。邮寄送达是指受送达学生离校而导致直接送达、留置送达有困难时，将处理、处分决定以及处分告知书以邮局挂号的方式邮寄给受送达学生的送达方式。适用邮寄送达应当注意如下几个问题：①学生离校：学生离校的，但能联系上的，学校才可以采用邮寄送达；②地址清楚：学校应当联系上离校学生，获得明确的邮寄地址；③附送达回证：采用邮寄送达时，应当附有送达回证。挂号信回执上注明的收件日期与送达回证上注明的收件日期不一致的，或者送达回证没有寄回的，以挂号回执上注明的收件日期为送达日期。

（4）公告送达。公告送达是指受送达学生离校难以联系的，学校可以利用学校网站、新闻媒体等以公告的形式将送达内容告诉社会公众，经过一定期限即视为送达的送达方式。适用公告送达应当注意以下几点：①适用前提是受送达学生离校并难以联系的，才能适用公告送达。②根据本规定，公告的形式可以是学校网站，也可以是新闻媒体。首先通过学校网站的，学校应当通过学校网站建立公告栏，将送达公告在公告栏中挂出。其次通过新闻媒体的，学校应当根据受送达学生可能活动的范围和媒体受众的群体，作出合理的选择。尽量防止 A 省 B 市的受送达学生，学校却选择 C 省 D 市的市级日报刊登公告。③公告送达应当有相对统一的公告期限。尽管《规定》没有统一规定公告期限，学校可以实际情况制定统一的公告期限。建议参照《民事诉讼法》第九十二条规定，"自发出公告之日起，经过六十日，即视为送达"。

第五十六条 【学生重大利益的处理或者处分决定】

第五十六条　对学生作出取消入学资格、取消学籍、退学、开除学籍或者其他涉及学生重大利益的处理或者处分决定的，应当提交校长办公会或者校长授权的专门会议研究决定，并应当事先进行合法性审查。

本条是关于对学生重大利益的处理或者处分决定的规定。

取消入学资格、取消学籍、退学、开除学籍的处理或者处分决定，均涉及到学生受高等教育权资格的丧失，属于学生的重大利益的调整，学校应当进行合法性审查，并经校长办公会或者校长授权的专门会议研究决定，慎重作出处理或者处分决定。

本条规定的"其他涉及学生重大利益的处理或处分决定的"是兜底规定，但适用本条存在如下两个问题：①未明确其他哪些处理、处分行为涉及"学生重大利益"；②也未明确由谁来判定：是学生认为还是学校规定，不清晰明确。

第五十七条 【处分的解除】

第五十七条 除开除学籍处分以外，给予学生处分一般应当设置6到12个月期限，到期按学校规定程序予以解除。解除处分后，学生获得表彰、奖励及其他权益，不再受原处分的影响。

本条是关于解除处分的规定。

高校学生处分解除制度是高校对因违法违规违纪受到处分的学生，在符合实体条件和程序条件时，由学校对其给予解除处分的制度。建立处分解除制度是学生处分制度的补充与完善，符合现代教育理念，有利于激励并引导受处分学生改过自新，达到育人的根本目的。适用本条规定应当注意如下几点：

一、关于解除处分的前提

学校对学生的纪律处分有警告、严重警告、记过、留校察看、开除学籍五种。受开除学籍处分的学生，其学籍已经丧失，并按《规定》五十八条规定限期离校，学校无法也不能设置期限进行考察。而且，开除学籍是最严重的处分，直接剥夺了学生的受教育权，不能恢复到处分之前的状态。因此，学生处分解除制度只能适用除学籍处分以外的留校察看、记过、严重警告、警告及学校规定的其他处分。

对除纪律处分以外的学校对学生的各种处理决定，不适用解除。

二、关于解除处分的期限

解除处分应当设置解除期限。学校可以根据处分的种类和学校管理的实际设置不同的期限。但解除期限根据本条规定最低不少于6个月、最高不超过12个月。

三、关于解除处分的程序

解除处分的程序由学校自行规定。一般而言，可以由受处分学生提出申请，学校进行审查并作出决定是否解除。但是，本条并没有直接规定也没有授予学校规定学生解除处分的条件。是否处分只要经历一定期限、根据一定程序，不考虑任何条件，都可以解除？这也是本条需要进一步完善的地方。学校不仅应当健全学生处分制度，还应当建立学生处分解除制度，明确设置除开除学籍以外处分的期限和解除处分的实体条件与程序条件。学校应当按照学校规定的处分的实体条件和程序条件，公开、公平、公正地执行学生处分解除制度。

四、关于解除处分的后果

根据本条规定，受处分学生解除处分后，有权获得同其他同学同行的表彰、奖励及其他权益，并不再受原处分的影响。

◆**热点问题：解除处分制度是否体现公平正义**

疑问：解除处分制度是否体现公平正义？

尽管"正义有着一张普洛透斯似的脸，变幻无常，随时可呈不同形状并具有极不相同的面貌"。[①] 也正如马克思所说："关于永恒公平的观念不仅是因时因地而变，甚至也因人而异。""正义却始终只是现在经济关系在其保守方面或在其革命方面的观念化、神圣化的表现。"[②] 但是，关于公平正义的理解至少应当包括促进个人发展和促进社会发展两个层面，而且最根本也是最重要的公正应当是社会公正而不是个人公正。社会属性是人的根本属性。一般而言，个人公正与社会公正发生冲突时，必须在选择社会公正的前提下尽可能增进个人公正。因此，建构学生处分解除制度，基本上是从受处分学生成长角度来理解和促进个体公正的，未能充分地从社会角度和从未受处分的绝大多数学生角度来理解社会公正。

不可否认，处分解除主要目的是对处分制度惩戒功能的消解。从功能优化选择而言，与其建立高校处分解除制度，不如完善处分制度，这也许是合理的选择。社会公平正义更多是个体间利益冲突平衡的体现，是社会大多数人利益的满足。建立高校学生处分解除制度，仅仅是从受处分学生的利益来考虑与架构的，未能真正体

---

① ［美］E. 博登海默著：《法理学——法律哲学与法律方法》，邓正来译，中国政法大学出版社1999年版。

② 中共中央马克思、恩格斯、列宁、斯大林著作编译局：《马克思恩格斯选集》（第二卷），人民出版社1972年版。

现社会的公平正义。这主要基于如下三个原因：①明知社会对受处分学生有限制性规则（如公务员等岗位考录限制），反而还要通过解除处分的方式来消解社会的否定性评价。这种行为是对社会公正的不尊重。②更为重要的是，这种行为剥夺了那些遵守法律、法规和学校管理制度的绝大多数学生的平等就业权。莫让"守法成本"高于"违法成本"是当前法治时代呼唤的强音。③这种制度未见得有多么合理。况且，为同样达到教育学生的目的，还有其他比这种制度更优的选择，那就是通过慎用处分的方式去完善处分制度。既然可以在处分后设置期限解除，为什么不加大对处分前的考察期设置呢？这不更有利于教育和警示学生吗？与其劳神费力地建立处分解除制度却让学生处分制度的底线失守，不如努力健全学生处分制度来慎重地给予学生处分。当前，时有发生的学生因不服学校的处分而状告母校的案例，不正时刻警醒着高校学生处分制度还存在严重缺陷吗？！

建构处分解除制度，说到底就是选择侵害其他绝大多数未受处分学生公平获取社会认同的权利。宽容违法者绝对不能以牺牲守法者的利益为代价。采用强制手段让受处分学生从社会获取比未受处分更多或者一样利益的制度，绝不是一项公正的制度。社会公平正义规则不会因高校为促进所谓受处分学生个体的公平正义建构解除学生处分制度而被改变。相反，学校各项学生管理制度必须服从与服务于社会的公平正义规则。建构学生处分解除制度，与其说是促进个体公平正义，不如说是严重破坏社会公平正义，更不如说是严重危及高校的社会信任度。当前中国社会比较严重的问题是不仅未能对破坏社会规则的人进行严肃处理，至少没有受到与其对社会造成损害相当的制裁，反而还为破坏社会规则的人辩护。违法违规违纪成本太低是当前导致社会信任流失的重要原因。

第五十八条　【奖励与处分归档】

第五十八条　对学生的奖励、处理、处分及解除处分材料，学校应当真实完整地归入学校文书档案和本人档案。

被开除学籍的学生，由学校发给学习证明。学生按学校规定期限离校，档案由学校退回其家庭所在地，户口应当按照国家相关规定迁回原户籍地或者家庭户籍所在地。

本条是关于受处分学生善后相关问题的规定。

一、对学生的奖励、处理、处分及解除处分材料，学校应当真实完整地归入学校文书档案和本人档案

按照本条规定，对学生的奖励、处分材料，学校应真实完整地归入学校文书档案和本人档案。具体可按以下办法处理：

第一，给予学生的奖励和处分均应按相应的公文管理办法正式行文，并按学校公文（文件）管理办法建档保存。

第二，对学生实施奖励，应填写表彰（先进）申报审批表。申报审批表的内容和形式由表彰部门规定。此表应一式二份，经审批同意后，一份存学生所在学校，一份装入学生档案。附属的申报材料，由审批机关或学校保存，一般不装入学生档案。

第三，对学生实施处分，应填写学生处分登记表。登记表的内容和形式由学校规定。学生处分决定书、学生处分登记表、学生申诉复查结论，应分别存入学校文书和学生本人档案。处分的相关材料归入学校文书（文件）管理，不装入学生档案。

执行本条规定时应当注意，在以往的学生管理规定中，要求将学生的奖励、处分材料归入学生本人档案，但对是否应当归入学校文书档案，未作明确规定，致使一些学校对学生资料及信息（如基本情况、奖励与处分情况、毕业、结业情况等）的管理混乱，从而造成了很多工作上的被动局面，因此，学校在执行本规定时，应当按本规定要求，规范学生档案管理，即不仅要建立和管理好学生的个人档案，而且要在学校文书档案中，建立和管理好学生的重要档案材料及信息，如学生的基本情况、奖励与处分情况、毕业、结业情况等重要材料和信息，不仅要归入学生本人档案，而且也要归入学校文书档案，应当创造条件，建立学生档案信息电子化系统，实现学生档案管理电子化。

二、被开除学籍的学生，由学校发给学习证明。学生按学校规定期限离校，档案由学校退回其家庭所在地，户口应当按照国家相关规定迁回原户籍地或者家庭户籍所在地

第一，被开除学籍的学生，由学校发给学习证明。

在以往的学生管理规定中，规定对"勒令退学的学生只发给学历证明；开除学籍的不发给学历证明"，本《规定》取消了"勒令退学"处分种类，并在本款规定对"被开除学籍的学生，由学校发给学习证明"，学校应当按此规范，并注意以

往是"学历证明",而本条规定是"学习证明"。

学生受到开除学籍处分,表明其行为已严重触犯了国家相关法律法规和学校的管理制度。但学生的严重失范行为,往往带有一定的偶发性,因此,不能因为学生一时的错误行为,就全盘否定其以前的表现。学生在受到开除学籍处分之前的学习状况是客观存在的,是学生经过努力取得的成果,因此,应当依法享有,同时,受到开除学籍处分的学生,已在心理上产生了很大压力,面临着就业或再学习的问题,对其之前的学习成绩予以承认,有利于增强其改正错误、重新振作的信心,也有利于学校和社会稳定。

第二,被开除学籍的学生,应按学校规定期限离校。

学生取得学籍,即与学校建立了一种特殊的权利义务关系,学校有义务为学生的学习、生活提供相应的保障条件。被开除学籍的学生,自开除学籍处分决定生效之日起,即被取消了学籍。学生丧失了学籍,也就失去了与学校的这种特殊的权利义务关系。学校没有义务再为其提供相应的保障条件。

为防止发生意外和保护被开除学籍学生的人身、财产等安全,被开除学籍的学生一般应由其家人或当地组织接回,特殊情况下由学校指派专人护送回家。对执意不离校者,在做好思想工作的同时,所在学校可请求相应的公安机关依法协助护送离校。

第三,被开除学籍的学生,其档案、户口退回家庭户籍所在地。

实施本条规定时,应注意与本规定第三十一条相关规定的区别。第三十一条规定受退学处理的学生,属本专科的,其档案、户口退回其家庭户籍所在地,而属研究生的,可按已有毕业学历和就业政策予以就业,只有在学校规定时间内没有聘用单位的,其档案、户口才退回其家庭户籍所在地。而本条规定,凡受开除学籍处分的所有学生(本专科学生和研究生),其档案、户口均退回其家庭户籍所在地。

被开除学籍的学生凭学习证明和处分决定书,在家庭所在地办理户籍和档案管理等有关事宜。对被开除学籍的学生,学校可出具相应的证明或函件,以方便其办理户籍和档案管理手续,但不能发给或出具《全国普通高等学校毕业学生报到证》等专用于毕业生的相关证件。

第六章　学生申诉

申诉是公民对有关问题向国家机关申述意见、请求处理的行为。它可以分为诉讼上的申诉与非诉讼上的申诉。[①] 本章中的高校学生申诉属于非诉讼上的申诉，它是指高校学生在接受大学教育过程中，对高等学校给予的纪律处分和重大的学籍处理决定不服向学校、教育行政部门提出要求重新处理的制度。高校学生申诉制度具有准司法性、行政性和专门性三个特征。建立高校学生申诉制度，对于保障学生权利、规范学校权力和解决矛盾纠纷有着重要的意义。

本《规定》设"学生申诉"专章，对学生申诉处理委员会、学生申诉具体办法、学生申诉期限、学生申诉程序做了更明确的规定。新修订的学生申诉制度的内容更加翔实更具指导性，程序更加健全更具操作性，更有利于保障学生合法权益。

第五十九条　【学生申诉委员会】

第五十九条　学校应当成立学生申诉处理委员会，负责受理学生对处理或者处分决定不服提起的申诉。

学生申诉处理委员会应当由学校相关负责人、职能部门负责人、教师代表、学生代表、负责法律事务的相关机构负责人等组成，可以聘请校外法律、教育等方面专家参加。

学校应当制定学生申诉的具体办法，健全学生申诉处理委员会的组成与工作规则，提供必要条件，保证其能够客观、公正地履行职责。

本条是关于成立学生申诉处理机构的规定。

---

① 辞海编辑委员会：《辞海》（1999 年版缩印本：音序），上海辞书出版社 2002 年版。

一、学校应当成立学生申诉处理委员会，负责受理学生对处理或者处分决定不服提起的申诉

1. 学校应当成立学生申诉处理委员会

学校成立专门的学生申诉处理机构，是保护学生合法权利的具体体现，是缓解政府及司法机关工作压力，提高管理效率，维护校园秩序的具体体现。《高等教育法》第十一条规定："高等学校应当面向社会，依法自主办学，实行民主管理。"对学生的自主管理是高校依法自主办学的重要内容。学校拥有依法办学和管理的权力，同时也应当履行相应的责任。学生提出申诉是学生依法享有的权利，学校应当为保护学生申诉权利履行相应责任。学校应当成立学生申诉处理委员会，负责受理学生申诉。

2. 学生申诉处理委员会受理申诉的范围

根据本规定，受理申诉的范围主要体现在两个方面：

（1）受理学生对处理不服的申诉。学校对学生的处理主要表现在如下六个方面的学籍处理：①根据《规定》第十条学校对新生审查不合格而作出的取消入学资格的决定；②根据《规定》第十一条学校复查不合格而作出的取消入学资格的决定；③根据《规定》第十五条学校对学生留级、降级等处理决定；④根据《规定》第二十一条学校作出的不予转专业的处理决定；⑤根据《规定》第二十二条学校作出的不予转学的处理决定；⑥根据《规定》第三十条学校作出的退学处理决定。学生对上述学校作出的学籍处理决定不服的，可以提起申诉，学生申诉委员会应该受理。

（2）受理学生对处分决定不服的申诉。学校对学生的纪律处分只有警告、严重警告、记过、留校察看、开除学籍五种。受处分学生对学校处分决定的事实、理由、依据和程序不服，均可以向学生申诉处理委员会提起申诉，学生申诉委员会应该受理。

二、学生申诉处理委员会应当由学校相关负责人、职能部门负责人、教师代表、学生代表、负责法律事务的相关机构负责人等组成，可以聘请校外法律、教育等方面专家参加

本规定对学生申诉处理委员会的人员组成作了明确的规定。为保证学生申诉委

员会处理学生申诉的公正性，学生申诉处理委员人员不仅应当有学校相关负责人、职能部门负责人，还应当有教师代表、学生代表，更应当有负责法律事务的相关机构负责人。为保障处理学生申诉的合法性，学校也可以聘请校外法律、教育等方面专家参加到学生申诉委员会中来，参与到学生申诉处理中去。

三、学校应当制定学生申诉的具体办法，健全学生申诉处理委员会的组成与工作规则，提供必要条件，保证其能够客观、公正地履行职责

为保障学生申诉处理委员会能够客观、公正地履行职责，学校应当按照本规定制定学生申诉的具体办法，明确学生申诉处理委员会的组成人员，细化学生申诉委员会内部机构、运行体制等工作规则；学校应当为学生申诉委员会处理学生申诉提供必要的经费、场所、时间等必要条件。

第六十条 【学生向学校申诉】

第六十条 学生对学校的处理或者处分决定有异议的，可以在接到学校处理或者处分决定书之日起 10 日内，向学校学生申诉处理委员会提出书面申诉。

本条是对学生提起申诉条件的规定。

一、提起申诉的前提

学生提起申诉的前提是学生对学校的处理或处分决定有异议的。此处的"有异议"不仅指对作出处理或处分决定的事实、理由或依据有异议，还指对作出处理或处分的程序有异议。根据行政法的相关规定，学生在提出申诉时不应承担举证责任，只要学生对处分的实体与程序有异议，就可以提出申诉。

二、提起申诉的期限

学生提起申诉的期限是学生"在接到学校处理或处分决定书之日起 10 日内"提起申诉。如果学生在申诉期限内提出申诉，学生申诉处理委员会应予受理。如果学生超过申诉期限而提出申诉，学生申诉处理委员会可以不予受理。学生如因不可抗力因素消除后说明理由并提供相关证明材料，经学生申诉处理委员会核查属实的，可视为申诉期限内提出，但作出复查结论的时间，仍应自收到书面申诉之日算起。

三、提起申诉的形式

学生向学校学生申诉处理委员会提出申诉的形式应当是书面形式，写明异议的对象、理由，并可以附上相关依据。学生口头提起申诉，申诉处理委员会不予受理。学生没有附上相关依据的，不影响学生以书面形式提起申诉。

四、提起申诉的后果

根据第六十一条"学生申诉处理委员会认为必要的，可以建议学校暂缓执行有关决定"的规定，对学生处理或处分作出时生效，学校送达和学生接到处理或处分决定仅影响学生提起申诉的期限，不影响处理或处分的效力执行。

◆**热点问题：学生申诉期限的合理性问题**
疑问：学生申诉期限的起算和期间是否合理？

学生申诉的重要特征就是要依法进行，有法定的程序。学生提起申诉是学生申诉的启动程序，没有学生提起申诉，学生申诉程序也不能启动。本条是学生对学校的处理或者处分决定不服申诉复查的期限作出的规定。但是本条规定的学生申诉期限的合理性存在如下两个方面的质疑：

一、学生申诉期限的起算点

根据本条规定，学生申诉期限的起算点以学生"接到"学校决定书起开始起算。这意味着，如果学生没有"接到"学校处理或处分决定书，则申诉期限就不能确定。《规定》第六十四条规定："自处理、处分或者复查决定书送达之日起，学生在申诉期内未提出申诉的视为放弃申诉，学校或者省级教育行政部门不再受理其提出的申诉。"第五十五条规定："处理、处分决定以及处分告知书等，应当直接送达学生本人，学生拒绝签收的，可以以留置方式送达；已离校的，可以采取邮寄方式送达；难于联系的，可以利用学校网站、新闻媒体等以公告方式送达。"学校采用直接送达与留置送达的，可以直接认定学生"接到"了学校决定书，从而确定学生申诉期限的起算点。但是,学校如果采用邮寄送达或公告送达时,特别是学校无法联系到学生而采用公告送达时,很有可能因为多种原因导致学生无法、不能"接到"学校决定书或者很长时间后才"接到"学校决定书。这必将导致学生申诉长期处于一种不确定状态,从而给学校带来极大的管理难度。尽管"接到"行为是客观事实行为,极利于保护学生的权益,但却不利于法律关系的确定和矛盾纠纷的解决。因此,建议本条学生申诉期限的起算点应当修改为"知道或应当知道学校处理或处分决定之日起"开始计算。

二、学生申诉期限的期间

原《规定》第六十一条规定"学生对处分决定有异议的,在接到学校处分决定书之日起5个工作日内,可以向学校学生申诉处理委员会提出书面申诉。"本次修订将"5个工作日内"修改为"10日内",延长了申诉期限。尽管"10日内"有利于学校的管理,但依然太短,在特定的情况下,也可能无法完成。而且,还没有规定因不可抗力或者其他正当理由耽误申请期限的情况下是否可以自动顺延。如:自然灾害等原因直接导致学生在"接到"决定书起"10日内"无法提出书面提出申诉。因此,建议本条增加规定"因不可抗力或者其他正当理由耽误申请期限的,申请期限自障碍消除之日起继续计算"。

第六十一条 【学校对申诉的复查】

第六十一条 学生申诉处理委员会对学生提出的申诉进行复查,并在接到书面申诉之日起15日内作出复查结论并告知申诉人。情况复杂不能在规定限期内作出结论的,经学校负责人批准,可延长15日。学生申诉处理委员会认为必要的,可以建议学校暂缓执行有关决定。

学生申诉处理委员会经复查,认为做出处理或者处分的事实、依据、程序等存在不当,可以作出建议撤销或变更的复查意见,要求相关职能部门予以研究,重新提交校长办公会或者专门会议作出决定。

本条是关于学生申诉处理委员会工作职责及工作时效等问题的规定。

一、关于学生申诉处理委员会复查的形式

学生申诉处理委员会根据申诉人的申诉理由和申诉请求，可以通过提取原处分决定的原始材料，对申诉人提出的新的线索予以核实或查证，并听取原处分经办人及相关领导、教师的意见，进行认真复查。在条件许可的情况下，申诉处理委员会可以采取公开听证的方式予以复查处理。

二、关于学生申诉委员会复查的期限

申诉处理委员会经复查和必要的重新取证后，应当在接到书面申诉之日起15日内作出复查结论并告知申诉人。情况复杂不能在规定限期内作出结论的，经学校负责人批准，可延长15日。因故确需延长作出复查结论时间的，应提前告知申诉人。但学生申诉处理委员会复查的最长时间不得超过30日。

三、关于学生申诉委员会复查的处理

学生申诉处理委员会经复查，认为作出处理或处分的事实清楚、依据明确、定性准确、程序正当，不需要撤销或改变的，应当直接作出复查结论；认为作出处理或处分的事实、依据、程序等存在不当，可以作出建议撤销或变更的复查意见，要求相关职能部门予以研究，重新提交校长办公会或者专门会议作出决定。复查结论或复查决定应当以书面的形式作出，并根据第六十四条载明学生向教育行政部门提起申诉的期限，同时送达和告知申诉人，以保证申诉人向所在地省级教育行政部门申诉的权利实现。

◆**热点问题：学校学生申诉处理委员会处理申诉是否引入听证制度？**

疑问：学校学生申诉处理委员会处理申诉是否引入听证制度？

听证制度其理论源于西方"当事人非经听取意见不受人身与财产的处罚"。英国普通法中的"自然公正"原则最初适用于司法听证，后发展为立法听证。听证的基本功能在于给予行政相对人陈述意见、说明情况、当面质证的机会。行政相对人可以充分利用这一重要程序行使权利，抵御行政机关可能的非法侵害，以维护自

己的权益。① 因此，听证制度从理论上是舶来品，并主要表现为行政程序的一项基本原则或制度，通常也称为行政听证制度。行政听证制度，作为保证决定合法、合理的程序性法律制度，被公认为现代行政程序法的核心制度。但是，听证制度在行政程序运用中也有一定的条件与范围限制，并不是所有的行政行为都应当或可以举行听证制度。

1. 高校学生管理实施听证的意义

在高校的学生管理中，设立适当的听证制度，对重大的学生管理行为举行听证，既有利于高校学生管理的规范化，也有利于保障学生的合法权益，更有利于实现教育的目的。

（1）建立听证制度是高校学生管理民主法治化的需要。同行政管理类似，高校学生管理也主要采用规则的制定与执行两种方式。② 前者指通过制定相关学生管理规则，规范学生行为，以提高组织管理效率，实现组织管理目标。后者指依据有关规定对涉及学生重大权益的事件和行为做出具体处理决定。

其一，建立听证制度是决策民主的需要。按照现代民主法治的要求，在制定重大的直接影响全体学生权利、关系全体学生发展的相关学生管理规则时，应当设立听证制度，充分吸纳广大学生的意见和建议，以保障规则制定的科学性。美国法学家伯尔曼说："法律活动中更广泛的公众参与乃是重新赋予法律以活力的重要途径。除非人们觉得那是他们的法律，否则他们不会尊重法律。"③ 然而，部分高校管理的决策机制是首长负责制，不是民主表决，追求的是行政效率优先、兼顾行政公平。这在反映民意方面明显存在缺陷和不足。高校在制定有关规章制度时，往往只是从职权行使的便利性和有效性来考虑问题，而对职权运行的法律机制考虑得似嫌不足，难以达到公正的目的。因此，拓展学校规范文件制定过程中学生参与的渠道，在高校学生管理中设置听证程序可以发挥学生主体性，使学生的各种意见、观点、主张和建议得到更为充分而直接的表达，学生的普遍利益和要求也可以在学校的规章制度中得到最大程度的体现。决策过程的民主化为未来决策的施行奠定了深厚的民众基础，增强学生对规章制度的认同感和遵守的自觉性，从而降低了执行成本。

其二，建立听证制度是协商民主的需要。高校对涉及学生重大权益事项做出决定时，如对学生的纪律处分、对学生休学留级等影响受教育权的学籍处理决定，建

① 姜明安：《行政法与行政诉讼》（第二版），法律出版社2006年版。
② 曾洁雯：《论在高校学生管理中引入听证制度的必要性与可行性》，《教育探索》2006年第1期。
③ ［美］伯尔曼著：《法律与宗教》，梁治平译，商务印书馆2012年版。

立听证制度，让学生参与程序中，给学生陈述、辩解、说明理由的机会，有利于促进管理者对客观事实做出合理判断。俗语说："兼听则明，偏听则暗。"仅有一面之词，只以一方当事人所知悉的证据作为行政决定做出的事实根据，在认定事实和适用法律上当然容易有失公允和公正。

让学生参与行政程序，广泛听取受教育者的意见，有利于教育管理部门全面、客观地弄清案件事实，获取证据并准确地适用法律、法规和规章，从而为学校做出合法、公正的裁决提供了程序保障。

（2）建立听证制度是学生权益保障的需要。高校管理权的行使往往是以行政管理的方式出现，无论是从行为的单方意志性、强制性来看，还是从对相对方的确定力、约束力和执行力来看，都具有权力运行的行政性。这就需要在高校学生管理中对学生权利的保护问题给予必要的关注。

高等学校在管理过程中与高校学生形成的管理法律关系，一个主要的特点就是法律关系主体具有不平等性。同时，高等学校又集行政管理权、自治管理权和法人民事权于一身。因此高等学校在学校日常的教学和生活秩序维护中，极易出现权力扩张与滥用而损害学生权益。因而必须对权力加以制约和相应的控制。听证制度给行政权力的运行设立了一个严格的程序，当事学生通过运用听证程序中的抗辩权，充分地表达自己的意见、观点和主张，并对行政主体一方的证据和主张进行质证、反驳，以此对权力的行使过程进行约束，从而达到控制行政权，促成行政权的正当行使，最大限度地限制行政权的恶意滥用，以保障受管理者——学生的合法权益。

（3）建立听证制度是教书育人的需要。首先，惩罚是手段，教育是目的，惩罚与教育相结合是人才培养应当遵循的一条重要原则。面对思想较为复杂的大学生，只处分而无引导，只让其接受处罚结果而不能使其心悦诚服，则学生可能迫于外界压力暂时委曲求全、屈服就范。由于没有使学生真正认识到错误所在，学生就不会有自责、悔过及自愿承担责任的心理，甚至会产生抵触情绪，其结果往往使学校对这样的学生的教育更加困难，得不偿失。事实上，学生的违纪违章行为大部分属于无知无意的行为，是个体成熟发展中的正常现象。教育者在做出处理决定之前，若能公开举行听证，给予当事学生提供陈述、申辩的机会，更能全面查明事实真相，使决定有足够的证据支持。同时，教育者对所适用的规章、规定做出解释和说明，不仅可以避免学生受到不公正的处理，而且能使学生端正心态，自觉服从处理决定，同时还可以让参加旁听的其他人受到生动的法治教育，从而在更大范围内发挥听证制度的教育功能。

其次，教育是一个双向的过程。没有交流就没有教育，教育者的外在教化必须与受教育者的自我教育相结合，充分发挥教育者的主导性和受教育者的主体性，才能取得更好的教育效果。教育应该是一个平等的互动过程，教育双方相互之间享有一定的权利，同时又必须履行一定的义务。听证程序引入教育管理过程中，可使双方得到充分的接触和了解，进行良好的互动和沟通。教育者在履行听取当事人意见的义务、查明事实的义务、决定必须说明理由的义务的同时，有责任允许作为教育管理承受者的学生就相关的事实和法律问题充分发表自己的意见，提出证据，进行质证辩论。赋予学生对决定过程和裁决结果的充分参与权利，有利于提升学生的教育主体地位，促进学生的自我完善和全面发展。

最后，高校学生管理的出发点，不是束缚人、禁锢人，而是创造条件发展人、培育人。在管理中设立听证程序，教育者利用有效的途径，充分了解学生的欲望、需求、情感、思想、疾病以及他们之间的差异和区别，意味着把学生作为一个鲜活的生命来接纳。这种接纳也表明了一种真诚的平等和尊重，尊重学生的意志和人格，尊重学生表达其思想的权利，尊重他们的自主性，理解他们的心理需要，相信他们的潜能。设立适当的听证制度，方便学生提出自己的疑问、发表自己的见解，有利于学生学会正确辨别是非、正确认识和评价自己。

2. 高校学生管理实施听证的范围

任何制度都有其适用范围，听证也是如此。效率是管理的重要目的，听证程序的设立给管理增加了环节和程序，如果适用不当，势必会影响行政效率，从而影响行政管理的公正性。高等学校不仅依法享有行政管理权力，而且还享有自治管理权力。因此，以崇尚"学术自由"和"大学自治"为理念的高等学校，对学生所有的管理行为都要举行听证，那既不符合高等学校的实际情况，也不符合听证制度之本性。因此，高校学生管理中，实施听证的管理行为和管理事务应当限定在如下范围：

（1）涉及有关学生权益的重大决策和管理规则的制定。涉及对不特定学生重大权益的出台，如学校章程、学籍管理办法、学生行为处分办法、奖助学金评定办法等学生权益密切相关的重大决策的制定，应当主动举行听证，听取广大学生的意见和建议，在保证决策和规则制定的科学性的同时，还能增强学生对学校事务建设的积极性、主动性和创造性。2013年教育部出台的《全面推进依法治校实施纲要》中指出："学校制定章程或者关系师生权益的重要规章制度，要遵循民主、公开的程序，广泛征求校内外利益相关方的意见。重大问题要采取听证方式听取意见，并以适当方式反馈意见采纳情况，保证师生的意见得到充分表达，合理诉求和合法利益得到充分体现。"

（2）涉及个体学生权益的重大纪律处分。依据《普通高等学校学生管理规定》，高等学校对学生实施的处分分为警告、严重警告、记过、留校察看和开除学籍五种。前四种处分，体现的是一种戒罚，主要通过对受处分学生的名誉、荣誉等施加的影响，引起其精神上的警惕，使其不再出现违"法"现象，而且在实践中，受过处分的同学往往在学生入党、评优评奖和资助评定等方面都会受到严重的影响或失去资格。而开除学籍处分则是一种更为严厉的处罚措施，它不仅对学生的名誉、荣誉施加影响，更主要在于对学生受教育权进行剥夺。总之，高等学校对学生的处分本质上是一种行政处分，将会严重影响学生名誉以至于最严重时还要剥夺学生受教育这一基本权利，是一种具有惩罚性的制裁措施。

如果说高等学校学生管理权是国家教育行政管理权在高等学校中的延伸，那么高等学校学生处分权则应该是国家教育行政处罚权在高等学校学生管理行为中的表现。因此，高等学校在对学生进行纪律处分时，学校应当建立听证制度，学生要求举行听证的，应当举行听证。

（3）涉及学生受教育权剥夺与限制的重大的学籍处理决定。学生学籍处理往往有两个方面：一方面，应学生的申请，提出休学、退学时，学校可以依申请直接做出决定，不举行听证；另一方面，如果学校依职权主动对违反管理规定的学生做出休学、退学和留级、降级处理决定，学生可以申请听证。学生申请听证的，学校应当举行听证。

3. 高校学生管理实施听证的程序

听证程序一般包括告知听证、提出听证、通知听证和举行听证4个程序。

（1）告知听证。①凡属于涉及有关学生权益的重大决策和管理规则的制定事项，学校有关部门必须举行听证，并提前告知学生听证会的时间、地点及相关程序。广大学生可以申请并得到许可后参加听证会。这也是大学自治彰显学生民主权益的重要形式。②凡涉及个体学生的重大行政纪律处分和重大学籍处理决定，学校必须告知学生有申请听证的权利。

（2）提出听证。学生听证是学生基本权利。凡属于听证范围的管理事务，尤其是涉及个体学生的重大行政纪律处分和重大学籍处理决定，更应充分保障并尊重学生的听证权。受处分（处理）的学生，可以在被告知听证权后合理期限内申请听证。学生提出申请的，学校必须举行听证。学生未提出申请的，可视为学生放弃听证的权利。学校对此可不举行听证。

（3）通知听证。学校管理机构应当在举行听证前的合理期限内，通知当事人举行听证的时间、地点，以便当事人为听证做充分的准备。

（4）举行听证。根据听证事项涉及利益的程序不同，举行听证会的方式也应有所不同。①对属于涉及有关学生权益的重大决策和管理规则的制定事项，听证会由学校校务委员会相关人员召集、召开和主持。②对涉及个体学生的重大行政纪律处分和重大学籍处理决定，听证会可以由学校学生申诉处理委员会相关人员主持，由纪律处分或学籍处理的调查人员提出当事人的相关事实、证据和纪律处分（学籍处理）建议，再由当事人进行质证与申辩，经过调查人员与当事人的相互辩论后，受纪律处分（学籍处理）的学生可以做最后的陈述。听证会除涉及国家秘密、商业秘密或者个人隐私外，一律公开举行，接受社会的监督。听证会实行代理制度，当事人既可以亲自参加听证会，也可以委托 1~2 人代理。听证会的全部过程要制作听证笔录，笔录应当交当事人审核，无误后由当事人签字盖章。听证笔录是纪律处分（学籍处理）的重要依据，纪律处分（学籍处理）决定应在笔录范围内做出。

4. 高校学生管理引入听证制度必须注意的问题

有学者认为："由于高等学校对学生的纪律处分，是对学生在校情况的一种较为严重的不利评价，或者直接决定学生资格的存在与否，或者间接影响其既得利益与未来发展。因此参照司法程序建立高校违纪学生处分的听证制度，使其充分发挥排除恣意、优化选择、疏导不满、强化服从等功能是十分必要的。"① 但是，设立听证制度必须根据学校实际，绝不能无视具体情况与条件。

那种认为所有高校都必须建立听证制度的观点有失妥当，其理由主要有三：①就听证的处分范围而言，并不是所有学生处分都应当听证。公正与效益是程序永远追寻但却需要平衡的两个相互独立的程序价值目标。针对有的高等学校将记过以上的处分与学生能否顺利毕业紧密联系的实践情况，对于记过以上的重大处分，学校应当设立听证制度并举行听证，而对警告与严重警告，则可以不适用听证制度，以提高高等学校学生管理的效率，节约管理运行的程序成本。如学生不服学校的处分可以通过申诉、复议与诉讼程序来实现自己合法权利的保障。这既有利于发挥行政管理权力的作用，又能切实地尊重大学自治的权力，还能有效地监督权力的运行。②就处分权行使的主体而言，听证的主体设置很难与行使处分权的主体完全分离开来，部分学校的听证主体基本等同于处分权行使的主体。因此，听证主体受先入为主的影响，很难通过听证来改变自己的观点，其必然结果是学生力图通过听证来实现自己权益保障的目的基本不可能实现，而且现实学生管理实践中，真正因受处分而获得听证的学生也很少见。③就申请听证的主体而言，申请听证的主体只能是受处分的学生自己。听证表现为学生的一种权利，学生可以申请听证也可以不申请听证。因此，是否设立听证制度并不是实现程序公正问题的必然，问题在于什么样的学生处分可以听证、由谁来启动听证和谁来举行听证。不当设立和举行听证既会增加学校管理成本，也会使听证被空置而难以发挥作用。

---

① 尹晓敏：《高校处分权行使的程序规范要论》，《高等工程教育研究》2005 年第 1 期。

因此，只有对学生进行重大处分时才设立和举行听证制度，才能有效地平衡学生与学校之间的利益。对于非重大的学生纪律处分，尤其是警告处分，更易提倡程序的简捷高效，提高学校的管理效益。无论设置多么精妙的程序性规定，只要现实生活不发生程序规定所适用的行为，这样的规定就只能是美丽的装潢而没有任何益处。法律规范是普遍适用的而不是个别适用的规范。

第六十二条 【学生向教育行政部门申诉】

第六十二条 学生对复查决定有异议的，在接到学校复查决定书之日起 15 日内，可以向学校所在地省级教育行政部门提出书面申诉。

省级教育行政部门应当在接到学生书面申诉之日起 30 个工作日内，对申诉人的问题给予处理并作出决定。

本条是对学生不服学校复查决定向学校所在地省级教育行政部门提出申诉的规定。

一、学生向教育部门提起申诉的条件

1. 前提条件：对复查决定有异议

学校学生申诉处理委员会对学生向其提起申诉并受理的，经过复查，无论做出处理或者处分的事实、依据、程序等是否存在不当，都应当书面复查决定并告知申诉人。然而，学校学生申诉处理委员会根据学生的申诉对处理或者处分决定进行复查毕竟是一种学校内部的救济行为，无法根本上保障学生权益的实现。建构学生申诉制度应当引入外部行政救济制度，以保障学生的权益。因此本条规定，学生对学校的复查决定有异议的，可以向学校所在地省级教育行政部门进一步提出书面申诉。学生向学校所在地省级教育行政部门提出申诉是学生应当享有的权利。

2. 期限条件：在接到学校复查决定书之日起 15 日以内

学生对复查决定有异议的，在接到学校复查决定书之日起 15 日内，可以向学校所在地省级教育行政部门提出书面申诉。根据第六十四条规定，学生在 15 日内"未提出申诉的视为放弃申诉"，"省级教育行政部门不再受理其提出的申诉"。

3. 形式条件：以书面的形式提起申诉

学生对复查决定有异议欲向教育行政部门提起申诉的，应当在接到学校复查决定书之日起 15 日以内，以书面的形式提起申诉。申诉人应当写明申诉人的基本信息、申诉的请求、申诉的理由及相关依据。学生口头提起申诉，不予受理。但学生没有附上相关依据的，不影响教育行政部门的受理。

二、省级教育行政部门处理申诉的期限

省级教育行政部门应当在接到学生书面申诉之日起 30 个工作日内，对申诉人的问题给予处理并作出决定。

第六十三条 【省级教育行政部门的处理】

第六十三条 省级教育行政部门在处理因对学校处理或者处分决定不服提起的学生申诉时，应当听取学生和学校的意见，并可根据需要进行必要的调查。根据审查结论，区别不同情况，分别作出下列处理：

（一）事实清楚、依据明确、定性准确、程序正当、处分适当的，予以维持；

（二）认定事实不存在，或者学校超越职权、违反上位法规定作出决定的，责令学校予以撤销；

（三）认定事实清楚，但认定情节有误、定性不准确，或者适用依据有错误的，责令学校变更或者重新作出决定；

（四）认定事实不清、证据不足，或者违反本规定以及学校规定的程序和权限的，责令学校重新作出决定。

本条是有关省级教育行政部门处理申诉的规定。

一、关于对申诉审查的形式

受理、审查、处理对学校处理或者处分决定不服提起的学生申诉，是省级教育行政部门应当履行的职责。省级教育行政部门对学生申诉进行复查时，应当申诉学生和学校的意见，可以根据需要，调阅原处理或原处分及学校复查时的相关材料，

要求学校写出相应说明；派人到学校听取相关人员意见和进行必要的取证。

二、关于对申诉处理的形式

省级教育行政部门根据审查结论，可以作出予以维持、予以撤销、责令学校变更、责令学校重新作出决定四种形式的处理决定。

1. 予以维持

省级教育行政部门审查认为事实清楚、依据明确、定性准确、程序正当、处分适当的，应当作出予以维持的处理。

2. 予以撤销

省级教育行政部门审查认为认定事实不存在，或者学校超越职权、违反上位法规定作出决定的，应当责令学校予以撤销。根据本规定，省级教育行政部门没有直接撤销学校作出的处理或处分决定的权利。

3. 责令学校变更或者重新作出决定

省级教育行政部门审查认为：学校处理或处分所认定事实清楚，但认定情节有误、定性不准确，或者适用依据有错误的，应当责令学校变更或者重新作出决定。

4. 责令重新作出决定

省级教育行政部门审查认为：学校处理或处分所认定事实不清、证据不足，或者违反本规定以及学校规定的程序和权限的，应当责令学校重新作出决定。

第六十四条 【申诉期的效力】

第六十四条 自处理、处分或者复查决定书送达之日起，学生在申诉期内未提出申诉的视为放弃申诉，学校或者省级教育行政部门不再受理其提出的申诉。

处理、处分或者复查决定书未告知学生申诉期限的，申诉期限自学生知道或者应当知道处理或者处分决定之日起计算，但最长不得超过 6 个月。

本条是关于申诉期限效力的规定。

建立申诉时效制度的法律意义主要在于两个方面：一方面，有利于稳定高校学生管理秩序。原则上，权利的行使与否取决于权利人的意志，权利不会因不行使而自动消灭。但是，如果权利人能行使而长期不行使，义务人的义务长期不履行，这就使当事人之间的权利义务关系长期处于不确定状态，并影响社会关系的稳定。申诉权亦如此。因此，实行申诉时效制度，受处分学生不行使申诉权经过一定的时间便不再受法律保护，有利于稳定高校学生管理秩序。另一方面，有利于促进权利人积极行使申诉权。申诉权人如不及时行使申诉权，就可能导致申诉权利不受法律保护，这就促使申诉权人在法定期限内积极行使申诉权，以维护自己的利益。

一、关于申诉期限的效力

学生申诉应当在法定期限内提出，否则申诉人的申诉权不受法律保护，申诉也不会产生预定的法律效果。根据《规定》第六十条"学生对学校的处理或者处分决定有异议的，可以在接到学校处理或者处分决定书之日起 10 日内，向学校学生申诉处理委员会提出书面申诉"。第六十二条"学生对复查决定有异议的，在接到学校复查决定书之日起 15 日内，可以向学校所在地省级教育行政部门提出书面申诉"。自处理、处分或者复查决定书送达之日起，学生在规定的申诉期内未提出申诉的，视为放弃申诉。学校或者省级教育行政部门不再受理其提出的申诉。

二、关于申诉期限的延长

申诉期延长应当满足三个条件：

1. 前提条件

学校对学生的处理、处分或者复查的决定应当载明并告知学生申诉期限。如果处理、处分或者复查决定书未告知学生申诉期限的，则将导致申诉期限延长。

2. 期限起算

处理、处分或者复查决定书未告知学生申诉期限的，申诉期限自学生知道或者应当知道处理或者处分决定之日起计算，而不是从决定书送达之日起计算。

3. 期限延长时限

处理、处分或者复查决定书未告知学生申诉期限的，申诉期限自学生知道或者应当知道处理或者处分决定之日起计算，可以延长，但最长不得超过 6 个月。"但最长不得超过 6 个月"是指学生如果从处分决定或者复查决定送达之日起 6 个月后，才知道和应当知道申诉期限并提起申诉的，学校或者省级教育行政部门也不再受理其提出的申诉。

第六十五条　【学生管理的监督】

第六十五条　学生认为学校及其工作人员违反本规定，侵害其合法权益的；或者学校制定的规章制度与法律法规和本规定抵触的，可以向学校所在地省级教育行政部门投诉。

教育主管部门在实施监督或者处理申诉、投诉过程中，发现学校及其工作人员有违反法律、法规及本规定的行为或者未按照本规定履行相应义务的，或者学校自行制定的相关管理制度、规定，侵害学生合法权益的，应当责令改正；发现存在违法违纪的，应当及时进行调查处理或者移送有关部门，依据有关法律和相关规定，追究有关责任人的责任。

本条是关于对学生管理进行监督的相关规定。

一、学生对学校学生管理的监督

本《规定》既约束学生，也约束学校。一方面，学校及其工作人员在学生管理过程中应当遵守本《规定》。如果学生认为学校及其工作人员违反本《规定》，侵害学生合法权益的，可以向学校所在地省级教育行政部门投诉。同时，根据《规定》第六条第六项规定，对上述行为也可以提出申诉或者依法提起诉讼。另一方面，学校在学生管理过程中有权在法律法规和本规定的授权范围内，自治学生管理的规章、办法与制度，规范学生的行为。但是，学生如果认为学校制定的规章制度与国家法律法规和本规定抵触的，可以向学校所在地省级教育行政部门投诉。

二、教育主管行政部门对学校学生管理的监督

1. 教育主管部门责令改正的情形

教育主管部门在实施监督或者处理申诉、投诉过程中，实施责令学校改正的情形有两种：①发现学校及其工作人员有违反法律、法规及本规定的行为或者未按照

本规定履行相应义务的，应当责令改正；②发现学校自行制定的相关管理制度、规定，侵害学生合法权益的，应当责令改正。

2. 教育主管部门调查处理或移送处理

教育主管部门在实施监督或者处理申诉、投诉过程中，发现学校存在违法违纪的，应当及时进行调查处理或者移送有关部门，依据有关法律和相关规定，追究有关责任人的责任。

◆**热点问题：高校学生申诉制度能否引入司法监督**

疑问：高校学生申诉制度能否引入司法监督？[①]

当任何人的权利受到损害在穷尽其他救济机制而得不到保障的情况下，向法院提起诉讼，由法院进行审查和裁判，是保障公民权利和实现社会正义的最后屏障。法院不能拒绝受理、审查和裁判，而应该成为公民最后说理的地方。高等学校因处理或处分学生引发的纠纷也应如此。

一、司法监督有利于规范高校学生管理行为

高校学生管理权是高等学校依法享有作用于学生并体现于高校内部行政事务、学籍事务和民事事务上的管理权。它是由高校对学生的行政管理权、自治管理权和民事管理权三种不同法律性质的"权"组合成的集体概念，是一种集合型的管理"权"。高校学生管理权的集合性决定高校在对学生行使行政管理权、自治管理权和民事管理权时，容易角色"错位"、职能"越位"、管理"缺位"与"虚位"，形成管理"权"滥用，进而侵害学生的合法权益。因此，引入司法监督，既有利于制约高校学生管理权的行使，又有利于规范高校教育管理行为，还有利于防止高校滥用学生管理权。

1. 引入司法监督有利于制约高校学生管理权力

根据高等教育法第六条、第十一条、第十三条、第十四条规定，我国现行高等学校是依法举办的，由国家统一领导和管理。国家授权高等学校实施部分国家的教

---

① 李华：《从司法监督审视高校学生管理行为》，《现代教育管理》2010 年第 9 期。

育行政管理权。高校行使学生行政管理权是国家教育行政权力在高校学生管理中的体现，是我国特定历史条件下的产物。在现行政治体制构架下和相当长的时期内，这种行政管理权还将继续存在。典型表现：①高校基于校园治安秩序、教育教学秩序的维护而享有对学生纪律处分的权力。《规定》第五十二条规定学校可以对"违反本规定和学校规定，严重影响学校教育教学秩序、生活秩序以及公共场所管理秩序的"给予开除学籍的纪律处分。②国家委托高校行使的国家奖学金、国家助学金的认定、评审与发放权。国家奖学金与国家助学金是国家财政给付行为，是典型的行政给付行为。

一个被授予权力的人总是面临滥用权力的诱惑、面临逾越社会道德与正义的诱惑，而且往往难以抵制这种诱惑。要防止滥用权力，就必须以权力约束权力。司法审查实质上是司法权力对行政权力的监督与约束。作为"现代民主法治国家普遍设立"的司法审查制度，是"国家通过司法机关对其他行使国家权力"和"社会公权力"的活动进行审查，对违法活动通过司法活动予以纠正，并对由此给公民、法人或者其他社会组织合法权益造成的损害给予相应补救的法律制度"。[1]

2. 引入司法监督有利于规范高校学生民事事务管理权利的行使

根据《高等教育法》第三十条规定，高校除享有对学生的教育行政管理权力外，还可以法人民事主体的法律地位与学生形成民事法律关系，行使对学生的民事事务管理权利。在民事活动中，根据权利与义务对等性原理，高校作为民事法人主体，在享有权利的同时应当承担和履行相应的义务。按照主体"意思自治"与"契约自治"的民事活动基本原则，高校与学生形成的民事法律关系本应是高校与学生两个民事主体基于平等、自愿和意思自治下设立、变更和终止民事权利与民事义务的平权型法律关系。但遗憾的是：在学生管理中，处于垄断与优势地位的现行高等学校，在民事权利义务的设立上，常常借"行政权力"，以"大学自治"为由，介入民事领域，严重影响学生的知情权、参与权、选择权和监督权。学校制定的很多规则呈现学校权利多义务少、学生义务多权利少、实体规范多程序规范少，从而形成了典型的压制性教育管理模式。高校与学生原本应在平等、自愿、协商一致的基础之上行使民事权利、达成民事权利义务关系，学校却以单方设定自己权利和学生义务的形式，排除限制学生的主要权利、加重学生的义务，以至于危及和侵害学生的权利。况且这些规定还被经常修订，缺乏稳定性。只有相对稳定的规范，才能对人产生相对稳定的指引。高校对学生管理中民事权利要限定在既定的相对稳定的学生管理规定范围内，不得单方任意变更或解除。学校更不能在与学生发生纠

---

[1] 姜明安：《行政法与行政诉讼法》（第二版），法律出版社 2006 年版。

纷时，坚持以"大学自治"之名，竭力规避法律的监督和司法的审判。

因此，将司法监督引入高校学生的管理行为中来，是规范高校管理行为，保障学生合法权益的必然选择。允许学生认为自己的民事权益在学校的管理过程中受到学校的损害时，在穷尽其他救济制度而无力实现权利保障时，可以向法院提出民事诉讼，这是法治中国、法治社会、法治高校的必然要求。将高校治理纳入司法监督的视野之下，而不是因"大学自治"等原因被排斥在法院的大门之外，是依法治校、依法治教的重要体现。只有在法槌之下，才能防止高校为追求利益的最大化而滥用自己的法人权利；只有在法槌之下，高等学校与学生进行民事行为才能得到有效的约束，高等学校的学生管理行为才能得到有效的规范。

3. 引入司法监督有利于防止高校滥用学生管理"权"

我国现行法律规定高等学校是具有行政主体与民事主体的双重角色，但却没有清晰界定双重主体各自的权力（权力）范围。双重地位、权限不清，这既在主观上又在客观上为高等学校角色错位、权力与权利滥用与混用提供了现实的土壤。

权力主体总想把自己的权力用到极致才罢休。权利主体总想千方百计地通过权利的行使，追求和实现自己利益的最大化，甚至不择手段。高等学校既享用权力又享有权利，在"物欲横流"的今天，追求自己利益的最大化（实际上是少数人的行为）便成为高等学校滥用权力（权利）的主观的天然动机和欲望。如果仅有主观的欲望，客观上做了良好的规制，权力（权利）被滥用也很难在现实中实现；但恰恰是法律规定了高等学校具有双重的角色，却没有明确双重角色下的权限范围，这就为高等学校滥用权力（权利）提供了现实滋生的土壤。

行政权力作为国家权力的一种表现形式，行政主体行使行政职权时拥有较大的自由裁量权。高等学校，依我国法律、法规的授权成为教育行政管理的主体，在行使对学生的管理权力时，也拥有较大的自由裁量权。但这种自由裁量不是为所欲为，而是有边界的，必须严格限定在法定范围内。综观现行法律、法规之规定，法律明确授权高校行使的国家教育行政权力只有国家学位的认定与授予权。而诸如教学组织实施权、招生自主权、对学生奖励处分的决定权等有关高校学生的管理"权"在性质上并未像学位"授予"权那样明确清晰。这些"权"究竟是法律的授权，还是高校作为教育行政管理主体享有的教育行政管理权力，或者是法律规定的高等学校作为法人的民事主体而享有的民事权利，法律规定不能含糊其辞、模棱两可。

然而，"权力扩张"是权力主体的天然欲望，"利益最大"则是民事主体的本性追求。价值取向与社会功能迥异的两种主体要是结合于一体，便极易成为腐败滋生的温床。在受"权力本位"和"官本位"传统思想的影响和"权力扩张"、"利益最大"的双重目标的诱使下，加之现行法律未明确高校双重身份的职权范围，因此极易导致：在高校的民事管理行为中，本应处于平等主体地位的高等学校，为实现自己利益的最大化，自觉不自觉地借教育行政管理之名，以高校自治和学术自由为借口，"极大化"地行教育民事管理行为，忽略、限制乃至剥夺学生的权益。更为令人担忧的是：高等学校在从事学生管理行为时与学生发生的纠纷与案件被排斥在法院的大门外，使得高校学生管理行为游离于司法这道权利救济最后屏障之外，形成了"权力少监督，权利缺救济"的怪现象。从司法权的本性来讲，司法权是为了国家的行政权及保障人的权利而设立的。法治的基本原理蕴含着：所有纠纷当在穷尽所有的救济手段后，能被诉诸法院，接受司法的监督。司法的阳光是防止权力（权利）滥用的良好药方。

二、司法监督有利于保障高校学生权益

为保障"学术自由"而实行的"大学自治"本源于其与国家行政权力和其他社会公权力的对抗，目的在于保障教师和学生的权益，而不是对抗学生权利。大学自治更不能牺牲和侵害学生的权益。在法治的社会中，学生因权益受学校的不当侵害而寻求司法救济时，应当得到有效的保障而不是拒绝。

如前所述，高等学校既可以基于行政主体与学生形成教育行政管理关系，也可以基于民事主体与学生形成民事法律关系。但是，权力主体与权利主体所追求的价值与承载的功能的迥异决定着"学生与高校不能形成平等的民事法律关系"，[①] 至少不是普通意义上的民事主体之间的民事法律关系。这种主体之间不平等是教育行政管理关系主体不平等在民事领域的延伸和扩张，可谓"教育职能的过度延伸化"。进而在民事领域中，高校也就自然而然地与学生形成事实上的"学校处于优位、学生处于劣位"、"学校处于上位、学生处于下位"的"优劣位"、"上下位"的不平等关系。这种不平等的关系，极易滋生也正在滋生高校假借教育行政权、"大学自治"与"学术自由"之名，为实现自己的利益，对学生实施不当的行为。这既有损高等教育的形象也极易侵害学生的合法权益。随着中国法治进程的推进和民主权利意识的增强，这也成为诱发学生状告母校的深层次原因之一。

本是为保护权利而设立的司法保障机制，也应是学生权利的终极关怀与保障。因此，在高校的学生管理中，引入司法监督机制，对于加强处于"劣势"和"下位"学生权益保障有着非常重要的作用。

---

① 马怀德：《行政诉讼的范围不断扩张》，《人民法院报》1999 年 6 月 8 日第 3 版。

三、司法监督高校学生管理行为的局限性与规制

在法治的今天，让游离于法律之外、游离于司法监督之外的权力存在，无论是国家权力还是社会权力，不得不令人感到有些遗憾和畏惧。在社会由国家主导渐变为以人民为主导、由计划等级社会渐变为平等民主社会的民主化、法治化的进程中，一切的权力都应当受到法律的监督、受到司法的监督；一切权利行使都必须在法律的框架之内，且不应当给民众带来伤害。高校学生管理权无论是表现为公权力还是表现为法人性权利，在运行过程中与人发生争议，最终要么受到行政审判的监督，要么受到民事审判的监督。只有完善对高校学生管理权的司法监督，才能维护公共利益，保障学生的权益，防止高校自主权的滥用。在高校的学生管理活动中，学生的权益才能得到有效和终极的关怀与保障。也即：当高校行使权力（权利）对学生权利造成损害时，学生可以通过司法途径主张权利救济。高校的学生管理行为应当受到司法审查与监督，不能以高校自治与学术自由为借口排除司法干预，造成权利救济的真空。

但是，在引入司法监督机制的同时，我们也要认识到高校承载的一个非常重要的功能——促进学术研究。而要促进学术研究，倡导和实行学术自由非常之必要。鉴于此，在高校学生管理行为中，构建的应该是有限的正当的救济制度和司法监督机制。

1. 司法监督高校学生管理行为的有限性

司法的成本与效率决定着：司法介入高校学生管理不能是无限的、万能的，并不是所有的问题必须通过司法介入才能解决好。首先，我们必须清楚地认识到提倡学术自由的高校自治中存在的行政权力与学术权力，是两种不同性质的权力，有着不同的运行轨迹。司法监督侧重对行政权力的约束，防止学术权力的滥用，而不是不正当干预学术权力的运行。其次，现实决定着我国现行高校还可以作为民事主体享有民事权利。同理，民事权利与学术权力也有着不同的"权"的性质和不同的运行轨迹。司法监督的介入应侧重于保障学生的权利，约束高校的民事权利，而不是不正当干预学术权力的运行。因此，在高校学生管理中，为让司法监督的广度深度与大学自治相平衡，构建高校学生管理行为的司法监督体制必须坚持三条有限性原则：

其一，在行政权力与学术权力的区分上，限于涉及学生身份设立、变更与消灭的管理行为成为司法监督的对象。高校对学生管理影响到学生基本权利——受教育权的行使，尤其是涉及学生身份变动时，应视为教育行政管理行为而接受司法的审

查与监督。

其二，在民事权利与学术权力的区分上，限于涉及学生民事权利的设定、变更与消灭的管理行为可以成为司法监督的对象。司法权是基于对公民权利的保障而介入高校管理领域中的。同时，这也决定了司法在监督高校对学生的民事行为上，就以保障学生的基本权利为原则，而不能干涉高校学术权力的运行。

其三，在特定的国家行政管理职权的转移上，特定的事项可以成为司法监督的对象。

前两项原则，前文论及。这里着重探讨一下第三项原则：国家特定行政管理职权的转移。毋庸置疑，通过立法进一步明确高校学生管理行政权力，有效引入司法审查和司法监督制度，成为我国高等教育法治化改革必须思考并着力解决的问题。但问题的解决必须立足问题的现实。我国高等教育体制改革的基点应当着眼于中国现实，立足于中国国情。现阶段，我国教育体制正处于转型时期，出于对国家稳定与社会安宁的维护，现阶段高等学校不得不接受国家、地方政府和教育行政机关的委托，从事着其与教育有关甚至无关的行政管理行为。诸如：承担着国家奖助学金的评定与发放职责、地震灾区贫困及非地震灾区贫困生的认定与资助职能，甚至在学生的国家助学贷款中也受国家委托行使一定的国家教育行政职能等。这些职能、职权具有临时性、不确定性，并随国家的教育管理现状和政策的变化而变化，是国家特定行政管理权力转移的结果。但这种行为是单方的、强制的，对学生具有执行力和确定力，能对学生直接产生利害关系，可谓"行政确认"行为。毫无疑问，这种行为也属于行政行为，故而这种行为产生的行政纠纷也就具有可诉性的理论前提。但必须明确，这种行政行为的行政主体应为相关的教育行政机关，而不应是高等学校。高等学校充当的仅仅是受托行使这些职能的社会组织。我们有理由认为，在行政诉讼中，教育行政机关充当的是被告，而不是高等学校来充当被告。高等学校可以作为第三人参加诉讼，辅助对行政争议事实的认定，保障行政诉讼的顺利进行。赋予这些职能行为所产生的纠纷的可诉性，既有利于对学校管理权力的监督与制约，又有利于对学生权利的救济与保障，更有利于国家惠民政策在民众中的实现。

2. 建立健全以行政救济程序制度为前置的内部救济机制

根据现行《普通高等学校学生管理规定》第五条、第五十九至第六十三条规定，高校学生在对学校的处分行为不服时，享有向学校和学校的教育行政主管部门提起申诉的权利。相比较原来的规定，《普通高等学校学生管理规定》在明确学校对学生的纪律处分权时，增加并明确了学生对学校处分决定不服可以申诉的救济程序。这不能不说是高校法治化进行中的重要里程碑，既加强了对学生权益的保障，又强化了对学校学生管理行为的约束与规范。但是，现行的高校的学生申诉机制是高校内部特殊主体的权利救济机制，未能直接与外部的行政复议与行政诉讼相衔接。这也正是高校学生申诉制度的薄弱环节。高校学生申诉制度的建构与设定是依照现行教育法规，完全由高校内部自主设定，属于高校自主权范畴之一。学校的一级申诉制度与教育主管部门的二级申诉机制的具体性质如何、是否必须、能否与行政复议与行政诉讼相衔接，未置可否。这使得学生申诉机制的作用与功能大打折扣。管理规定并未赋予学生对申诉的最后处理决定不服时享有起诉的权利，而仅是一种内部救济制度或程序而已。这既无法有效保障学生的权利，又无法规制不当的学生管理行为。本应成为高校与学生关系的"减压阀"的学生申诉制度难免成为标榜高校法治的"门面"与"装潢"。

规定之所以如此，可能是担心司法权力的介入，影响和干预学术权力的行使、高校自治权的运行。但是社会是发展的，以人为本、以人的权益保障为本，已成为社会发展的价值取向，尤其是权利与权力冲突时更应如此。田永案学生用权利的情怀促动法官的心灵并撞开了高校的法治之门。司法介入高校学生管理行为既是权利推动的结果又是权利保障之需要。只是在建立司法介入制度时，必须平衡司法权力与学术权力，防止司法权力过度干预和严重影响学术权力的运行。为此建立以行政救济制度为前置的内部救济机制，并与司法机制相衔接，便成为问题解决的关键。立法也完全可以通过先申诉再复议再诉讼的原则来实现。①当学生不服学校的管理行为时，可以先向学校申诉；②当学生对学校申诉处理决定不服时，可以向学校的教育行政主管部门提起复议；③当学生对主管部门的复议结果不服时，可以向法院提起行政诉讼。当然为防止学校及其主管部门对学生申诉的不作为，可以设定当学校对学生申诉不作为时可以直接向学校的教育行政主管部门提起复议；当学校的教育行政主管部门对学生复议申请不作为时，学生可以直接向人民法院提起行政诉讼。这样在程序上既尊重高校"学术权力"的行使，又防范了学术权力的滥用，有效地保障了学生的权益。这样的机制"对学生来讲……在能够以较小的成本解决问题的情况下没有理由做出更沉重的选择；从社会的角度，可以节约司法资源，避免一些由内部机制就可以解决的当事人的权利救济问题进入司法程序，浪费国家宝贵的司法资源；同时也可以避免内部救济机制的虚置"；对学校而言，学生与高校的纠纷先行经过内部救济机制处理，这样既尊重了高校的"学术自由"又尊重了高校自治权的行使。

3. 引入司法监督，建立和完善以诉讼救济制度为保障的外部诉讼机制

一般而言，当任何人的权利受到损害在穷尽其他救济机制而得不到保障的情况下，向法院提起诉讼，由法院进行审查和裁判，法律是保障公民权利和实现社会正

义的最后屏障。法院不能拒绝受理、审查和裁判，而应当成为公民最后说理的地方。"无救济则无权利"。高校学生管理行为也理应如此。

但问题的关键在于高校的学生管理行为具有双重性质，现行法律对双重主体性的高校的职权范围又规定不清、界定不明，从而导致其引发的纠纷是以民事案由还是以行政案由提起，学生无法确定，法院也很难认定。所以残酷的现实是：有相当一部分高校学生管理行为引发的纠纷，却因法院不受理而被排斥在法院的司法审查与监督之外。然而，"社会的每一个成员都有权通过法院强制实现对社会的其他成员的任何请求。如果某人有一项请求，并确有正当根据认为这项请求是合乎实际的，那么他便有权向法院起诉实现这一请求"。当然，我们也不能过分苛求尽快通过立法清晰界定高校的职权范围与界限。探讨何种诉求机制便成为解决问题的关键。

问题的解决因分析问题的角度和切入点不同而大相径庭。以国家权力为视角来分析高校学生管理行为的模式是"权力本位观"的彰显。以学生权利为视角来分析高校学生管理行为的模式是"权利本位观"的彰显，也是法治社会以人为本的理念体现。我们该选择哪种途径呢？从现代的民主、法治、人权、和谐等理念判断，"权利本位"更彰显现代法治社会的进程。司法应当成为学生权利保障的最后屏障，法院应当成为学生最后说理的地方。因此，赋予高校学生的诉权、建立健全学生的诉权行使机制，让司法有效介入高校学生管理行为，便成为司法监督高校学生管理行为的重点。

当学校对学生的管理不只是行政权力属性的行政行为，还是民事权利属性的民事行为时，都应从保障处于"低位阶"的被管理的学生的权利出发。只要管理行为确定地作用于学生，均可以先假定为行政行为。学生当认为这种管理行为侵害自己的权益时，只要在寻求以申诉与复议机制为主体的内部前置救济机制后，仍有异议的，可以提起行政诉讼。至于是否属于行政争议，由法院来最终审查认定和受理。当纠纷属于行政纠纷，法院应通过行政诉讼程序解决该争议；当纠纷属于民事纠纷，应主动告知学生可以重新向法院依法提起民事诉讼，解决争议与纠纷。一般而言，法院只能在这两种性质之间进行选择，不得以不是法院的主管范围为由而拒绝受理。从而在司法程序上，建立起对学生权益保障有效的司法终结关怀机制。

引入司法监督制度，审查高校学生管理行为的合法性，监督高校学生管理权的运行，纠正高校在学生管理中的违法行为，既利于保障学生的合法正当的权利，又利于规范高校学生管理行为。在充分尊重高校自治基础上，合理平衡高校内部的行政权力、学术权力、法人权利与学生权利，建立有效司法监督机制，努力实现大学真正合法自治，无论是理论上还是司法实践上都有着重要的意义，也是当前高校法治化的重要内容。

第七章　附则

附则部分是法律、法规的附加性条款的总和，它是法律、法规的重要组成部分，通常包括法律、法规的解释权、实施时间、有关事项的处理办法以及实施的有关事项等。本《规定》对其他适用对象、实施细则的制定、生效日期和解释权等问题做了规定。

第六十六条　【其他类学生的管理】

第六十六条　学校对接受高等学历继续教育的学生、港澳台侨学生、留学生的管理，参照本规定执行。

本条是对接受其他类别高等教育学生适用本《规定》的说明。

由于考虑到高等学历继续教育在学生管理方面与普通高等学校既有共性又有其自身的特点，因此，本《规定》规定对接受高等学历继续教育的学生管理参照本《规定》实施。

另外，港澳台侨学生、留学生与普通高等学校学生的管理同样既有共性也有其自身的特点，不能完全按照本《规定》执行，只能参照执行。在参照本《规定》执行时，还要依据其他的规定对学生实施管理，例如《高等学校接受外国留学生管理规定》等。

第六十七条　【学校的学生管理规定】

第六十七条　学校应当根据本规定制定或修改学校的学生管理规定或者纪律处分规定，报主管教育行政部门备案（中央部委属校同时抄报所在地省级教育行政部门），并及时向学生公布。

省级教育行政部门根据本规定，指导、检查和监督本地区高等学校的学生管理工作。

本条是要求各高等学校根据本《规定》制定实施细则等问题的规定。

由于中央层次的立法一般要适用全国，而且为了保持立法的稳定性，所以中央层次的立法具有抽象性、原则性。为了将抽象的、原则的立法付诸实施，有必要对其作必要的延伸和具体化。各高等学校根据本《规定》制定实施细则就体现了这种延伸和具体化。由于各高等学校制定实施细则必须以《规定》为依据，不得与其内在精神和具体条款相冲突或抵触，并不得创设新的法律规则，因此，各高等学校制定的规定应当报主管教育行政部门备案，中央部委属校不仅要报中央主管教育行政部门备案，还要同时抄报所在省、自治区、直辖市教育行政部门。同时为了使学生掌握并自觉遵守各高校的规定，应当及时将已经生效的规定向学生公布。此外，根据本条第二款的规定，省级教育行政部门作为高等教育的主管部门，有权指导、检查和监督本地区高等学校依据本《规定》及其实施细则对学生实施管理的情况。

第六十八条　【时间效力问题】

第六十八条　本规定自 2017 年 9 月 1 日起施行。原《普通高等学校学生管理规定》（教育部令第 21 号）同时废止。其他有关文件规定与本规定不一致的，以本规定为准。

本条规定了本《规定》的生效时间以及本《规定》与原有相关规定的关系。

生效时间是指某项法律、法规或规章对其所调整的社会关系产生法律约束力的时间。任何一项法律文件都必须规定生效时间，否则就无法确定该项法律文件何时具有法律约束力，无法确定该法律文件的时间效力。法律文件的生效时间一般分为三种情况：一是自颁布之日起生效；二是另行规定生效时间；三是公布后要待其他某一法律文件生效一定期限后才能生效。本规定的生效时间属于第二种情况。

为保持高等学校法制的统一，本条规定原有的《普通高等学校学生管理规定》（教育部令第 21 号）在新的规定生效之日同时废止。进一步明确规定"其他有关文件规定与本规定不一致的，以本规定为准"。

附录1 《中华人民共和国高等教育法》

（1998 年 8 月 29 日第九届全国人民代表大会常务委员会第四次会议通过 根据 2015 年 12 月 27 日第十二届全国人民代表大会常务委员会第十八次会议《关于修改〈中华人民共和国高等教育法〉的决定》修正）

第一章 总 则

第一条 为了发展高等教育事业，实施科教兴国战略，促进社会主义物质文明和精神文明建设，根据宪法和教育法，制定本法。

第二条 在中华人民共和国境内从事高等教育活动，适用本法。

本法所称高等教育，是指在完成高级中等教育基础上实施的教育。

第三条 国家坚持以马克思列宁主义、毛泽东思想、邓小平理论为指导，遵循宪法确定的基本原则，发展社会主义的高等教育事业。

第四条 高等教育必须贯彻国家的教育方针，为社会主义现代化建设服务、为人民服务，与生产劳动和社会实践相结合，使受教育者成为德、智、体、美等方面全面发展的社会主义建设者和接班人。

第五条 高等教育的任务是培养具有社会责任感、创新精神和实践能力的高级专门人才，发展科学技术文化，促进社会主义现代化建设。

第六条 国家根据经济建设和社会发展的需要，制定高等教育发展规划，举办高等学校，并采取多种形式积极发展高等教育事业。

国家鼓励企业事业组织、社会团体及其他社会组织和公民等社会力量依法举办高等学校，参与和支持高等教育事业的改革和发展。

第七条 国家按照社会主义现代化建设和发展社会主义市场经济的需要，根据不同类型、不同层次高等学校的实际，推进高等教育体制改革和高等教育教学改革，优化高等教育结构和资源配置，提高高等教育的质量和效益。

第八条 国家根据少数民族的特点和需要，帮助和支持少数民族地区发展高等教育事业，为少数民族培养高级专门人才。

第九条 公民依法享有接受高等教育的权利。

国家采取措施，帮助少数民族学生和经济困难的学生接受高等教育。

高等学校必须招收符合国家规定的录取标准的残疾学生入学，不得因其残疾而拒绝招收。

第十条 国家依法保障高等学校中的科学研究，文学艺术创作和其他文化活动的自由。

在高等学校中从事科学研究、文学艺术创作和其他文化活动，应当遵守法律。

第十一条 高等学校应当面向社会，依法自主办学，实行民主管理。

第十二条 国家鼓励高等学校之间、高等学校与科学研究机构以及企业事业组织之间开展协作，实行优势互补，提高教育资源的使用效益。

国家鼓励和支持高等教育事业的国际交流与合作。

第十三条 国务院统一领导和管理全国高等教育事业。

省、自治区、直辖市人民政府统筹协调本行政区域内的高等教育事业，管理主要为地方培养人才和国务院授权管理的高等学校。

第十四条 国务院教育行政部门主管全国高等教育工作，管理由国务院确定的主要为全国培养人才的高等学校。国务院其他有关部门在国务院规定的职责范围内，负责有关的高等教育工作。

第二章 高等教育基本制度

第十五条 高等教育包括学历教育和非学历教育。

高等教育采用全日制和非全日制教育形式。

国家支持采用广播、电视、函授及其他远程教育方式实施高等教育。

第十六条 高等学历教育分为专科教育、本科教育和研究生教育。

高等学历教育应当符合下列学业标准：

（一）专科教育应当使学生掌握本专业必备的基础理论、专门知识，具有从事本专业实际工作的基本技能和初步能力。

（二）本科教育应当使学生比较系统地掌握本学科、专业必需的基础理论、基本知识，掌握本专业必要的基本技能、方法和相关知识，具有从事本专业实际工作和研究工作的初步能力。

（三）硕士研究生教育应当使学生掌握本学科坚实的基础理论、系统的专业知识，掌握相应的技能、方法和相关知识，具有从事本专业实际工作和科学研究工作的能力。博士研究生教育应当使学生掌握本学科坚实宽广的基础理论、系统深入的专业知识、相应的技能和方法，具有独立从事本学科创造性科学研究工作和实际工作的能力。

第十七条 专科教育的基本修业年限为二至三年，本科教育的基本修业年限为四至五年，硕士研究生教育的基本修业年限为二至三年，博士研究生教育的基本修业年限为三至四年。非全日制高等学历教育的修业年限应当适当延长。高等学校根据实际需要，报主管的教育行政部门批准，可以对本学校的修业年限作出调整。

第十八条 高等教育由高等学校和其他高等教育机构实施。

大学、独立设置的学院主要实施本科及本科以上教育。高等专科学校实施专科教育。经国务院教育行政部门批准，科学研究机构可以承担研究生教育的任务。

其他高等教育机构实施非学历高等教育。

第十九条 高级中等教育毕业或者具有同等学力的，经考试合格，由实施相应学历教育的高等学校录取，取得专科生或者本科生入学资格。

本科毕业或者具有同等学力的，经考试合格，由实施相应学历教育的高等学校或者经批准承担研究生教育任务的科学研究机构录取，取得硕士研究生入学资格。

硕士研究生毕业或者具有同等学力的，经考试合格，由实施相应学历教育的高等学校或者经批准承担研究生教育任务的科学研究机构录取，取得博士研究生入学资格。

允许特定学科和专业的本科毕业生直接取得博士研究生入学资格，具体办法由国务院教育行政部门规定。

第二十条 接受高等学历教育的学生，由所在高等学校或者经批准承担研究生教育任务的科学研究机构根据其修业年限、学业成绩等，按照国家有关规定，发给相应的学历证书或者其他学业证书。

接受非学历高等教育的学生，由所在高等学校或者其他高等教育机构发给相应的结业证书。结业证书应当载明修业年限和学业内容。

第二十一条 国家实行高等教育自学考试制度，经考试合格的，发给相应的学历证书或者其他学业证书。

第二十二条 国家实行学位制度。学位分为学士、硕士和博士。

公民通过接受高等教育或者自学，其学业水平达到国家规定的学位标准，可以向学位授予单位申请授予相应的学位。

第二十三条 高等学校和其他高等教育机构应当根据社会需要和自身办学条件，承担实施继续教育的工作。

第三章 高等学校的设立

第二十四条 设立高等学校，应当符合国家高等教育发展规划，符合国家利益和社会公共利益。

第二十五条 设立高等学校，应当具备教育法规定的基本条件。

大学或者独立设置的学院还应当具有较强的教学、科学研究力量，较高的教学、科学研究水平和相应规模，能够实施本科及本科以上教育。大学还必须设有三个以上国家规定的学科门类为主要学科。设立高等学校的具体标准由国务院制定。

设立其他高等教育机构的具体标准，由国务院授权的有关部门或者省、自治区、直辖市人民政府根据国务院规定的原则制定。

第二十六条 设立高等学校，应当根据其层次、类型、所设学科类别、规模、教学和科学研究水平，使用相应的名称。

第二十七条 申请设立高等学校的，应当向审批机关提交下列材料：

（一）申办报告；

（二）可行性论证材料；

（三）章程；

（四）审批机关依照本法规定要求提供的其他材料。

第二十八条 高等学校的章程应当规定以下事项：

（一）学校名称、校址；

（二）办学宗旨；

（三）办学规模；

（四）学科门类的设置；

（五）教育形式；

（六）内部管理体制；

（七）经费来源、财产和财务制度；

（八）举办者与学校之间的权利、义务；

（九）章程修改程序；

（十）其他必须由章程规定的事项。

第二十九条 设立实施本科及以上教育的高等学校，由国务院教育行政部门审批；设立实施专科教育的高等学校，由省、自治区、直辖市人民政府审批，报国务院教育行政部门备案；设立其他高等教育机构，由省、自治区、直辖市人民政府教育行政部门审批。审批设立高等学校和其他高等教育机构应当遵守国家有关规定。

审批设立高等学校，应当委托由专家组成的评议机构评议。

高等学校和其他高等教育机构分立、合并、终止，变更名称、类别和其他重要事项，由本条第一款规定的审批机关审批；修改章程，应当根据管理权限，报国务院教育行政部门或者省、自治区、直辖市人民政府教育行政部门核准。

第四章　高等学校的组织和活动

第三十条　高等学校自批准设立之日起取得法人资格。高等学校的校长为高等学校的法定代表人。

高等学校在民事活动中依法享有民事权利，承担民事责任。

第三十一条　高等学校应当以培养人才为中心，开展教学、科学研究和社会服务，保证教育教学质量达到国家规定的标准。

第三十二条　高等学校根据社会需求、办学条件和国家核定的办学规模，制定招生方案，自主调节系科招生比例。

第三十三条　高等学校依法自主设置和调整学科、专业。

第三十四条　高等学校根据教学需要，自主制定教学计划、选编教材、组织实施教学活动。

第三十五条　高等学校根据自身条件，自主开展科学研究、技术开发和社会服务。

国家鼓励高等学校同企业事业组织、社会团体及其他社会组织在科学研究、技术开发和推广等方面进行多种形式的合作。

国家支持具备条件的高等学校成为国家科学研究基地。

第三十六条　高等学校按照国家有关规定，自主开展与境外高等学校之间的科学技术文化交流与合作。

第三十七条　高等学校根据实际需要和精简、效能的原则，自主确定教学、科学研究、行政职能部门等内部组织机构的设置和人员配备；按照国家有关规定，评聘教师和其他专业技术人员的职务，调整津贴及工资分配。

第三十八条　高等学校对举办者提供的财产、国家财政性资助、受捐赠财产依法自主管理和使用。

高等学校不得将用于教学和科学研究活动的财产挪作他用。

第三十九条　国家举办的高等学校实行中国共产党高等学校基层委员会领导下的校长负责制。中国共产党高等学校基层委员会按照中国共产党章程和有关规定，统一领导学校工作，支持校长独立负责地行使职权，其领导职责主要是：执行中国共产党的路线、方针、政策，坚持社会主义办学方向，领导学校的思想政治工作和德育工作，讨论决定学校内部组织机构的设置和内部组织机构负责人的人选，讨论决定学校的改革、发展和基本管理制度等重大事项，保证以培养人才为中心的各项任务的完成。

社会力量举办的高等学校的内部管理体制按照国家有关社会力量办学的规定确定。

第四十条　高等学校的校长，由符合教育法规定的任职条件的公民担任。高等学校的校长、副校长按照国家有关规定任免。

第四十一条　高等学校的校长全面负责本学校的教学、科学研究和其他行政管理工作，行使下列职权：

（一）拟订发展规划，制定具体规章制度和年度工作计划并组织实施；

（二）组织教学活动、科学研究和思想品德教育；

（三）拟订内部组织机构的设置方案，推荐副校长人选，任免内部组织机构的负责人；

（四）聘任与解聘教师以及内部其他工作人员，对学生进行学籍管理并实施奖励或者处分；

（五）拟订和执行年度经费预算方案，保护和管理校产，维护学校的合法权益；

（六）章程规定的其他职权。

高等学校的校长主持校长办公会议或者校务会议，处理前款规定的有关事项。

第四十二条　高等学校设立学术委员会，履行下列职责：

（一）审议学科建设、专业设置，教学、科学研究计划方案；

（二）评定教学、科学研究成果；

（三）调查、处理学术纠纷；

（四）调查、认定学术不端行为；

（五）按照章程审议、决定有关学术发展、学术评价、学术规范的其他事项。

第四十三条　高等学校通过以教师为主体的教职工代表大会等组织形式，依法保障教职工参与民主管理和监督，维护教职工合法权益。

第四十四条　高等学校应当建立本学校办学水平、教育质量的评价制度，及时公开相关信息，接受社会监督。

教育行政部门负责组织专家或者委托第三方专业机构对高等学校的办学水平、效益和教育质量进行评估。评估结果应当向社会公开。

第五章　高等学校教师和其他教育工作者

第四十五条　高等学校的教师及其他教育工作者享有法律规定的权利，履行法律规定的义务，忠诚于人民的教育事业。

第四十六条　高等学校实行教师资格制度。中国公民凡遵守宪法和法律，热爱教育事业，具有良好的思想品德，具备研究生或者大学本科毕业学历，有相应的教育教学能力，经认定合格，可以取得高等学校教师资格。不具备研究生或者大学本科毕业学历的公民，学有所长，通过国家教师资格考试，经认定合格，也可以取得高等学校教师资格。

第四十七条　高等学校实行教师职务制度。高等学校教师职务根据学校所承担的教学、科学研究等任务的需要设置。教师职务设助教、讲师、副教授、教授。

高等学校的教师取得前款规定的职务应当具备下列基本条件：

（一）取得高等学校教师资格；

（二）系统地掌握本学科的基础理论；

（三）具备相应职务的教育教学能力和科学研究能力；

（四）承担相应职务的课程和规定课时的教学任务。

教授、副教授除应当具备以上基本任职条件外，还应当对本学科具有系统而坚实的基础理论和比较丰富的教学、科学研究经验，教学成绩显著，论文或者著作达到较高水平或者有突出的教学、科学研究成果。

高等学校教师职务的具体任职条件由国务院规定。

第四十八条　高等学校实行教师聘任制。教师经评定具备任职条件的，由高等学校按照教师职务的职责、条件和任期聘任。

高等学校的教师的聘任，应当遵循双方平等自愿的原则，由高等学校校长与受聘教师签订聘任合同。

第四十九条　高等学校的管理人员，实行教育职员制度。高等学校的教学辅助人员及其他专业技术人员，实行专业技术职务聘任制度。

第五十条　国家保护高等学校教师及其他教育工作者的合法权益，采取措施改善高等学校教师及其他教育工作者的工作条件和生活条件。

第五十一条　高等学校应当为教师参加培训、开展科学研究和进行学术交流提供便利条件。

高等学校应当对教师、管理人员和教学辅助人员及其他专业技术人员的思想政治表现、职业道德、业务水平和工作实绩进行考核，考核结果作为聘任或者解聘、晋升、奖励或者处分的依据。

第五十二条　高等学校的教师、管理人员和教学辅助人员及其他专业技术人员，应当以教学和培养人才为中心做好本职工作。

第六章 高等学校的学生

第五十三条 高等学校的学生应当遵守法律、法规，遵守学生行为规范和学校的各项管理制度，尊敬师长，刻苦学习，增强体质，树立爱国主义、集体主义和社会主义思想，努力学习马克思列宁主义、毛泽东思想、邓小平理论，具有良好的思想品德，掌握较高的科学文化知识和专业技能。

高等学校学生的合法权益，受法律保护。

第五十四条 高等学校的学生应当按照国家规定缴纳学费。

家庭经济困难的学生，可以申请补助或者减免学费。

第五十五条 国家设立奖学金，并鼓励高等学校、企业事业组织、社会团体以及其他社会组织和个人按照国家有关规定设立各种形式的奖学金，对品学兼优的学生、国家规定的专业的学生以及到国家规定的地区工作的学生给予奖励。

国家设立高等学校学生勤工助学基金和贷学金，并鼓励高等学校、企业事业组织、社会团体以及其他社会组织和个人设立各种形式的助学金，对家庭经济困难的学生提供帮助。

获得贷学金及助学金的学生，应当履行相应的义务。

第五十六条 高等学校的学生在课余时间可以参加社会服务和勤工助学活动，但不得影响学业任务的完成。

高等学校应当对学生的社会服务和勤工助学活动给予鼓励和支持，并进行引导和管理。

第五十七条 高等学校的学生，可以在校内组织学生团体。学生团体在法律、法规规定的范围内活动，服从学校的领导和管理。

第五十八条 高等学校的学生思想品德合格，在规定的修业年限内学完规定的课程，成绩合格或者修满相应的学分，准予毕业。

第五十九条 高等学校应当为毕业生、结业生提供就业指导和服务。

国家鼓励高等学校毕业生到边远、艰苦地区工作。

第七章 高等教育投入和条件保障

第六十条 高等教育实行以举办者投入为主、受教育者合理分担培养成本、高等学校多种渠道筹措经费的机制。

国务院和省、自治区、直辖市人民政府依照教育法第五十六条的规定，保证国家举办的高等教育的经费逐步增长。

国家鼓励企业事业组织、社会团体及其他社会组织和个人向高等教育投入。

第六十一条 高等学校的举办者应当保证稳定的办学经费来源，不得抽回其投入的办学资金。

　　第六十二条　国务院教育行政部门会同国务院其他有关部门根据在校学生年人均教育成本，规定高等学校年经费开支标准和筹措的基本原则；省、自治区、直辖市人民政府教育行政部门会同有关部门制订本行政区域内高等学校年经费开支标准和筹措办法，作为举办者和高等学校筹措办学经费的基本依据。

　　第六十三条　国家对高等学校进口图书资料、教学科研设备以及校办产业实行优惠政策。高等学校所办产业或者转让知识产权以及其他科学技术成果获得的收益，用于高等学校办学。

　　第六十四条　高等学校收取的学费应当按照国家有关规定管理和使用，其他任何组织和个人不得挪用。

　　第六十五条　高等学校应当依法建立、健全财务管理制度，合理使用、严格管理教育经费，提高教育投资效益。

　　高等学校的财务活动应当依法接受监督。

第八章　附　则

　　第六十六条　对高等教育活动中违反教育法规定的，依照教育法的有关规定给予处罚。

　　第六十七条　中国境外个人符合国家规定的条件并办理有关手续后，可以进入中国境内高等学校学习、研究、进行学术交流或者任教，其合法权益受国家保护。

　　第六十八条　本法所称高等学校是指大学、独立设置的学院和高等专科学校，其中包括高等职业学校和成人高等学校。

　　本法所称其他高等教育机构是指除高等学校和经批准承担研究生教育任务的科学研究机构以外的从事高等教育活动的组织。

　　本法有关高等学校的规定适用于其他高等教育机构和经批准承担研究生教育任务的科学研究机构，但是对高等学校专门适用的规定除外。

　　第六十九条　本法自 1999 年 1 月 1 日起施行。

附录2 《普通高等学校学生管理规定》

普通高等学校学生管理规定

中华人民共和国教育部令第 41 号

《普通高等学校学生管理规定》已于 2016 年 12 月 16 日经教育部 2016 年第 49 次部长办公会议修订通过，现将修订后的《普通高等学校学生管理规定》公布，自 2017 年 9 月 1 日起施行。

教育部部长
2017 年 2 月 4 日

目录

第一章　总则

第一条　为规范普通高等学校学生管理行为，维护普通高等学校正常的教育教学秩序和生活秩序，保障学生合法权益，培养德、智、体、美等方面全面发展的社会主义建设者和接班人，依据教育法、高等教育法以及有关法律、法规，制定本规定。

第二条　本规定适用于普通高等学校、承担研究生教育任务的科学研究机构（以下称学校）对接受普通高等学历教育的研究生和本科、专科（高职）学生（以下称学生）的管理。

第三条　学校要坚持社会主义办学方向，坚持马克思主义的指导地位，全面贯彻国家教育方针；要坚持以立德树人为根本，以理想信念教育为核心，培育和践行社会主义核心价值观，弘扬中华优秀传统文化和革命文化、社会主义先进文化，培养学生的社会责任感、创新精神和实践能力；要坚持依法治校，科学管理，健全和完善管理制度，规范管理行为，将管理与育人相结合，不断提高管理和服务水平。

第四条　学生应当拥护中国共产党领导，努力学习马克思列宁主义、毛泽东思想、中国特色社会主义理论体系，深入学习习近平总书记系列重要讲话精神和治国理政新理念新思想新战略，坚定中国特色社会主义道路自信、理论自信、制度自信、文化自信，树立中国特色社会主义共同理想；应当树立爱国主义思想，具有团结统一、爱好和平、勤劳勇敢、自强不息的精神；应当增强法治观念，遵守宪法、法律、法规，遵守公民道德规范，遵守学校管理制度，具有良好的道德品质和行为习惯；应当刻苦学习，勇于探索，积极实践，努力掌握现代科学文化知识和专业技能；应当积极锻炼身体，增进身心健康，提高个人修养，培养审美情趣。

第五条　实施学生管理，应当尊重和保护学生的合法权利，教育和引导学生承担应尽的义务与责任，鼓励和支持学生实行自我管理、自我服务、自我教育、自我监督。

第二章　学生的权利与义务

第六条　学生在校期间依法享有下列权利：

（一）参加学校教育教学计划安排的各项活动，使用学校提供的教育教学资源；

（二）参加社会实践、志愿服务、勤工助学、文娱体育及科技文化创新等活动，获得就业创业指导和服务；

（三）申请奖学金、助学金及助学贷款；

（四）在思想品德、学业成绩等方面获得科学、公正评价，完成学校规定学业后获得相应的学历证书、学位证书；

（五）在校内组织、参加学生团体，以适当方式参与学校管理，对学校与学生权益相关事务享有知情权、参与权、表达权和监督权；

（六）对学校给予的处理或者处分有异议，向学校、教育行政部门提出申诉，对学校、教职员工侵犯其人身权、财产权等合法权益的行为，提出申诉或者依法提起诉讼；

（七）法律、法规及学校章程规定的其他权利。

第七条 学生在校期间依法履行下列义务：

（一）遵守宪法和法律、法规；

（二）遵守学校章程和规章制度；

（三）恪守学术道德，完成规定学业；

（四）按规定缴纳学费及有关费用，履行获得贷学金及助学金的相应义务；

（五）遵守学生行为规范，尊敬师长，养成良好的思想品德和行为习惯；

（六）法律、法规及学校章程规定的其他义务。

第三章 学籍管理

第一节 入学与注册

第八条 按国家招生规定录取的新生，持录取通知书，按学校有关要求和规定的期限到校办理入学手续。因故不能按期入学的，应当向学校请假。未请假或者请假逾期的，除因不可抗力等正当事由以外，视为放弃入学资格。

第九条 学校应当在报到时对新生入学资格进行初步审查，审查合格的办理入学手续，予以注册学籍；审查发现新生的录取通知、考生信息等证明材料，与本人实际情况不符，或者有其他违反国家招生考试规定情形的，取消入学资格。

第十条 新生可以申请保留入学资格。保留入学资格期间不具有学籍。保留入学资格的条件、期限等由学校规定。

新生保留入学资格期满前应向学校申请入学，经学校审查合格后，办理入学手续。审查不合格的，取消入学资格；逾期不办理入学手续且未有因不可抗力延迟等正当理由的，视为放弃入学资格。

第十一条 学生入学后，学校应当在3个月内按照国家招生规定进行复查。复查内容主要包括以下方面：

（一）录取手续及程序等是否合乎国家招生规定；

（二）所获得的录取资格是否真实、合乎相关规定；

（三）本人及身份证明与录取通知、考生档案等是否一致；

（四）身心健康状况是否符合报考专业或者专业类别体检要求，能否保证在校正常学习、生活；

（五）艺术、体育等特殊类型录取学生的专业水平是否符合录取要求。

复查中发现学生存在弄虚作假、徇私舞弊等情形的，确定为复查不合格，应当取消学籍；情节严重的，学校应当移交有关部门调查处理。

复查中发现学生身心状况不适宜在校学习，经学校指定的二级甲等以上医院诊断，需要在家休养的，可以按照第十条的规定保留入学资格。

复查的程序和办法，由学校规定。

第十二条 每学期开学时，学生应当按学校规定办理注册手续。不能如期注册的，应当履行暂缓注册手续。未按学校规定缴纳学费或者有其他不符合注册条件的，不予注册。

家庭经济困难的学生可以申请助学贷款或者其他形式资助，办理有关手续后注册。

学校应当按照国家有关规定为家庭经济困难学生提供教育救助，完善学生资助体系，保证学生不因家庭经济困难而放弃学业。

第二节　考核与成绩记载

第十三条 学生应当参加学校教育教学计划规定的课程和各种教育教学环节（以下统称课程）的考核，考核成绩记入成绩册，并归入学籍档案。

考核分为考试和考查两种。考核和成绩评定方式，以及考核不合格的课程是否重修或者补考，由学校规定。

第十四条 学生思想品德的考核、鉴定，以本规定第四条为主要依据，采取个人小结、师生民主评议等形式进行。

学生体育成绩评定要突出过程管理，可以根据考勤、课内教学、课外锻炼活动和体质健康等情况综合评定。

第十五条 学生每学期或者每学年所修课程或者应修学分数以及升级、跳级、留级、降级等要求，由学校规定。

第十六条 学生根据学校有关规定，可以申请辅修校内其他专业或者选修其他专业课程；可以申请跨校辅修专业或者修读课程，参加学校认可的开放式网络课程学习。学生修读的课程成绩（学分），学校审核同意后，予以承认。

第十七条 学生参加创新创业、社会实践等活动以及发表论文、获得专利授权等与专业学习、学业要求相关的经历、成果，可以折算为学分，计入学业成绩。具体办法由学校规定。

学校应当鼓励、支持和指导学生参加社会实践、创新创业活动，可以建立创新创业档案、设置创新创业学分。

第十八条 学校应当健全学生学业成绩和学籍档案管理制度，真实、完整地记载、出具学生学业成绩，对通过补考、重修获得的成绩，应当予以标注。

学生严重违反考核纪律或者作弊的，该课程考核成绩记为无效，并应视其违纪或者作弊情节，给予相应的纪律处分。给予警告、严重警告、记过及留校察看处分的，经教育表现较好，可以对该课程给予补考或者重修机会。

学生因退学等情况中止学业，其在校学习期间所修课程及已获得学分，应当予以记录。学生重新参加入学考试、符合录取条件，再次入学的，其已获得学分，经录取学校认定，可以予以承认。具体办法由学校规定。

第十九条 学生应当按时参加教育教学计划规定的活动。不能按时参加的，应当事先请假并获得批准。无故缺席的，根据学校有关规定给予批评教育，情节严重的，给予相应的纪律处分。

第二十条 学校应当开展学生诚信教育，以适当方式记录学生学业、学术、品行等方面的诚信信息，建立对失信行为的约束和惩戒机制；对有严重失信行为的，可以规定给予相应的纪律处分，对违背学术诚信的，可以对其获得学位及学术称号、荣誉等作出限制。

第三节 转专业与转学

第二十一条 学生在学习期间对其他专业有兴趣和专长的，可以申请转专业；以特殊招生形式录取的学生，国家有相关规定或者录取前与学校有明确约定的，不得转专业。

学校应当制定学生转专业的具体办法，建立公平、公正的标准和程序，健全公示制度。学校根据社会对人才需求情况的发展变化，需要适当调整专业的，应当允许在读学生转到其他相关专业就读。

休学创业或退役后复学的学生，因自身情况需要转专业的，学校应当优先考虑。

第二十二条 学生一般应当在被录取学校完成学业。因患病或者有特殊困难、特别需要，无法继续在本校学习或者不适应本校学习要求的，可以申请转学。有下列情形之一，不得转学：

（一）入学未满一学期或者毕业前一年的；

（二）高考成绩低于拟转入学校相关专业同一生源地相应年份录取成绩的；

（三）由低学历层次转为高学历层次的；

（四）以定向就业招生录取的；

（五）研究生拟转入学校、专业的录取控制标准高于其所在学校、专业的；

（六）无正当转学理由的。

学生因学校培养条件改变等非本人原因需要转学的，学校应当出具证明，由所在地省级教育行政部门协调转学到同层次学校。

第二十三条 学生转学由学生本人提出申请，说明理由，经所在学校和拟转入学校同意，由转入学校负责审核转学条件及相关证明，认为符合本校培养要求且学校有培养能力的，经学校校长办公会或者专题会议研究决定，可以转入。研究生转学还应当经拟转入专业导师同意。

跨省转学的，由转出地省级教育行政部门商转入地省级教育行政部门，按转学条件确认后办理转学手续。须转户口的由转入地省级教育行政部门将有关文件抄送转入学校所在地的公安机关。

第二十四条 学校应当按照国家有关规定，建立健全学生转学的具体办法；对转学情况应当及时进行公示，并在转学完成后 3 个月内，由转入学校报所在地省级教育行政部门备案。

省级教育行政部门应当加强对区域内学校转学行为的监督和管理，及时纠正违规转学行为。

第四节　休学与复学

第二十五条 学生可以分阶段完成学业，除另有规定外，应当在学校规定的最长学习年限（含休学和保留学籍）内完成学业。

学生申请休学或者学校认为应当休学的，经学校批准，可以休学。休学次数和期限由学校规定。

第二十六条 学校可以根据情况建立并实行灵活的学习制度。对休学创业的学生，可以单独规定最长学习年限，并简化休学批准程序。

第二十七条 新生和在校学生应征参加中国人民解放军（含中国人民武装警察部队），学校应当保留其入学资格或者学籍至退役后 2 年。

学生参加学校组织的跨校联合培养项目，在联合培养学校学习期间，学校同时为其保留学籍。

学生保留学籍期间，与其实际所在的部队、学校等组织建立管理关系。

第二十八条 休学学生应当办理手续离校。学生休学期间，学校应为其保留学籍，但不享受在校学习学生待遇。因病休学学生的医疗费按国家及当地的有关规定处理。

第二十九条 学生休学期满前应当在学校规定的期限内提出复学申请，经学校复查合格，方可复学。

第五节　退学

第三十条 学生有下列情形之一，学校可予退学处理：

（一）学业成绩未达到学校要求或者在学校规定的学习年限内未完成学业的；

（二）休学、保留学籍期满，在学校规定期限内未提出复学申请或者申请复学经复查不合格的；

（三）根据学校指定医院诊断，患有疾病或者意外伤残不能继续在校学习的；

（四）未经批准连续两周未参加学校规定的教学活动的；

（五）超过学校规定期限未注册而又未履行暂缓注册手续的；

（六）学校规定的不能完成学业、应予退学的其他情形。

学生本人申请退学的，经学校审核同意后，办理退学手续。

第三十一条　退学学生，应当按学校规定期限办理退学手续离校。退学的研究生，按已有毕业学历和就业政策可以就业的，由学校报所在地省级毕业生就业部门办理相关手续；在学校规定期限内没有聘用单位的，应当办理退学手续离校。

退学学生的档案由学校退回其家庭所在地，户口应当按照国家相关规定迁回原户籍地或者家庭户籍所在地。

第六节　毕业与结业

第三十二条　学生在学校规定学习年限内，修完教育教学计划规定内容，成绩合格，达到学校毕业要求的，学校应当准予毕业，并在学生离校前发给毕业证书。

符合学位授予条件的，学位授予单位应当颁发学位证书。

学生提前完成教育教学计划规定内容，获得毕业所要求的学分，可以申请提前毕业。学生提前毕业的条件，由学校规定。

第三十三条　学生在学校规定学习年限内，修完教育教学计划规定内容，但未达到学校毕业要求的，学校可以准予结业，发给结业证书。

结业后是否可以补考、重修或者补作毕业设计、论文、答辩，以及是否颁发毕业证书、学位证书，由学校规定。合格后颁发的毕业证书、学位证书，毕业时间、获得学位时间按发证日期填写。

对退学学生，学校应当发给肄业证书或者写实性学习证明。

第七节　学业证书管理

第三十四条　学校应当严格按照招生时确定的办学类型和学习形式，以及学生招生录取时填报的个人信息，填写、颁发学历证书、学位证书及其他学业证书。

学生在校期间变更姓名、出生日期等证书需填写的个人信息的，应当有合理、充分的理由，并提供有法定效力的相应证明文件。学校进行审查，需要学生生源地省级教育行政部门及有关部门协助核查的，有关部门应当予以配合。

第三十五条　学校应当执行高等教育学籍学历电子注册管理制度，完善学籍学历信息管理办法，按相关规定及时完成学生学籍学历电子注册。

第三十六条　对完成本专业学业同时辅修其他专业并达到该专业辅修要求的学

生，由学校发给辅修专业证书。

第三十七条 对违反国家招生规定取得入学资格或者学籍的，学校应当取消其学籍，不得发给学历证书、学位证书；已发的学历证书、学位证书，学校应当依法予以撤销。对以作弊、剽窃、抄袭等学术不端行为或者其他不正当手段获得学历证书、学位证书的，学校应当依法予以撤销。

被撤销的学历证书、学位证书已注册的，学校应当予以注销并报教育行政部门宣布无效。

第三十八条 学历证书和学位证书遗失或者损坏，经本人申请，学校核实后应当出具相应的证明书。证明书与原证书具有同等效力。

第四章 校园秩序与课外活动

第三十九条 学校、学生应当共同维护校园正常秩序，保障学校环境安全、稳定，保障学生的正常学习和生活。

第四十条 学校应当建立和完善学生参与管理的组织形式，支持和保障学生依法、依章程参与学校管理。

第四十一条 学生应当自觉遵守公民道德规范，自觉遵守学校管理制度，创造和维护文明、整洁、优美、安全的学习和生活环境，树立安全风险防范和自我保护意识，保障自身合法权益。

第四十二条 学生不得有酗酒、打架斗殴、赌博、吸毒，传播、复制、贩卖非法书刊和音像制品等违法行为；不得参与非法传销和进行邪教、封建迷信活动；不得从事或者参与有损大学生形象、有悖社会公序良俗的活动。

学校发现学生在校内有违法行为或者严重精神疾病可能对他人造成伤害的，可以依法采取或者协助有关部门采取必要措施。

第四十三条 学校应当坚持教育与宗教相分离原则。任何组织和个人不得在学校进行宗教活动。

第四十四条 学校应当建立健全学生代表大会制度，为学生会、研究生会等开展活动提供必要条件，支持其在学生管理中发挥作用。

学生可以在校内成立、参加学生团体。学生成立团体，应当按学校有关规定提出书面申请，报学校批准并施行登记和年检制度。

学生团体应当在宪法、法律、法规和学校管理制度范围内活动，接受学校的领导和管理。学生团体邀请校外组织、人员到校举办讲座等活动，需经学校批准。

第四十五条 学校提倡并支持学生及学生团体开展有益于身心健康、成长成才的学术、科技、艺术、文娱、体育等活动。

学生进行课外活动不得影响学校正常的教育教学秩序和生活秩序。

学生参加勤工助学活动应当遵守法律、法规以及学校、用工单位的管理制度，履行勤工助学活动的有关协议。

第四十六条 学生举行大型集会、游行、示威等活动，应当按法律程序和有关规定获得批准。对未获批准的，学校应当依法劝阻或者制止。

第四十七条 学生应当遵守国家和学校关于网络使用的有关规定，不得登录非法网站和传播非法文字、音频、视频资料等，不得编造或者传播虚假、有害信息；不得攻击、侵入他人计算机和移动通信网络系统。

第四十八条 学校应当建立健全学生住宿管理制度。学生应当遵守学校关于学生住宿管理的规定。鼓励和支持学生通过制定公约，实施自我管理。

第五章　奖励与处分

第四十九条 学校、省（区、市）和国家有关部门应当对在德、智、体、美等方面全面发展或者在思想品德、学业成绩、科技创造、体育竞赛、文艺活动、志愿服务及社会实践等方面表现突出的学生，给予表彰和奖励。

第五十条 对学生的表彰和奖励可以采取授予"三好学生"称号或者其他荣誉称号、颁发奖学金等多种形式，给予相应的精神鼓励或者物质奖励。

学校对学生予以表彰和奖励，以及确定推荐免试研究生、国家奖学金、公派出国留学人选等赋予学生利益的行为，应当建立公开、公平、公正的程序和规定，建立和完善相应的选拔、公示等制度。

第五十一条 对有违反法律法规、本规定以及学校纪律行为的学生，学校应当给予批评教育，并可视情节轻重，给予如下纪律处分：

（一）警告；

（二）严重警告；

（三）记过；

（四）留校察看；

（五）开除学籍。

第五十二条 学生有下列情形之一，学校可以给予开除学籍处分：

（一）违反宪法，反对四项基本原则、破坏安定团结、扰乱社会秩序的；

（二）触犯国家法律，构成刑事犯罪的；

（三）受到治安管理处罚，情节严重、性质恶劣的；

（四）代替他人或者让他人代替自己参加考试、组织作弊、使用通信设备或其他器材作弊、向他人出售考试试题或答案牟取利益，以及其他严重作弊或扰乱考试秩序行为的；

（五）学位论文、公开发表的研究成果存在抄袭、篡改、伪造等学术不端行为，情节严重的，或者代写论文、买卖论文的；

（六）违反本规定和学校规定，严重影响学校教育教学秩序、生活秩序以及公共场所管理秩序的；

（七）侵害其他个人、组织合法权益，造成严重后果的；

（八）屡次违反学校规定受到纪律处分，经教育不改的。

第五十三条 学校对学生作出处分，应当出具处分决定书。处分决定书应当包括下列内容：

（一）学生的基本信息；

（二）作出处分的事实和证据；

（三）处分的种类、依据、期限；

（四）申诉的途径和期限；

（五）其他必要内容。

第五十四条 学校给予学生处分，应当坚持教育与惩戒相结合，与学生违法、违纪行为的性质和过错的严重程度相适应。学校对学生的处分，应当做到证据充分、依据明确、定性准确、程序正当、处分适当。

第五十五条 在对学生作出处分或者其他不利决定之前，学校应当告知学生作出决定的事实、理由及依据，并告知学生享有陈述和申辩的权利，听取学生的陈述和申辩。

处理、处分决定以及处分告知书等，应当直接送达学生本人，学生拒绝签收的，可以以留置方式送达；已离校的，可以采取邮寄方式送达；难于联系的，可以利用学校网站、新闻媒体等以公告方式送达。

第五十六条 对学生作出取消入学资格、取消学籍、退学、开除学籍或者其他涉及学生重大利益的处理或者处分决定的，应当提交校长办公会或者校长授权的专门会议研究决定，并应当事先进行合法性审查。

第五十七条 除开除学籍处分以外，给予学生处分一般应当设置 6 到 12 个月期限，到期按学校规定程序予以解除。解除处分后，学生获得表彰、奖励及其他权益，不再受原处分的影响。

第五十八条 对学生的奖励、处理、处分及解除处分材料，学校应当真实完整地归入学校文书档案和本人档案。

被开除学籍的学生，由学校发给学习证明。学生按学校规定期限离校，档案由学校退回其家庭所在地，户口应当按照国家相关规定迁回原户籍地或者家庭户籍所在地。

第六章 学生申诉

第五十九条 学校应当成立学生申诉处理委员会，负责受理学生对处理或者处分决定不服提起的申诉。

学生申诉处理委员会应当由学校相关负责人、职能部门负责人、教师代表、学生代表、负责法律事务的相关机构负责人等组成，可以聘请校外法律、教育等方面专家参加。

学校应当制定学生申诉的具体办法，健全学生申诉处理委员会的组成与工作规则，提供必要条件，保证其能够客观、公正地履行职责。

第六十条 学生对学校的处理或者处分决定有异议的，可以在接到学校处理或者处分决定书之日起 10 日内，向学校学生申诉处理委员会提出书面申诉。

第六十一条 学生申诉处理委员会对学生提出的申诉进行复查，并在接到书面申诉之日起 15 日内作出复查结论并告知申诉人。情况复杂不能在规定限期内作出结论的，经学校负责人批准，可延长 15 日。学生申诉处理委员会认为必要的，可以建议学校暂缓执行有关决定。

学生申诉处理委员会经复查，认为做出处理或者处分的事实、依据、程序等存在不当，可以作出建议撤销或变更的复查意见，要求相关职能部门予以研究，重新提交校长办公会或者专门会议作出决定。

第六十二条 学生对复查决定有异议的，在接到学校复查决定书之日起 15 日内，可以向学校所在地省级教育行政部门提出书面申诉。

省级教育行政部门应当在接到学生书面申诉之日起 30 个工作日内，对申诉人的问题给予处理并作出决定。

第六十三条 省级教育行政部门在处理因对学校处理或者处分决定不服提起的学生申诉时，应当听取学生和学校的意见，并可根据需要进行必要的调查。根据审查结论，区别不同情况，分别作出下列处理：

（一）事实清楚、依据明确、定性准确、程序正当、处分适当的，予以维持；

（二）认定事实不存在，或者学校超越职权、违反上位法规定作出决定的，责令学校予以撤销；

（三）认定事实清楚，但认定情节有误、定性不准确，或者适用依据有错误的，责令学校变更或者重新作出决定；

（四）认定事实不清、证据不足，或者违反本规定以及学校规定的程序和权限的，责令学校重新作出决定。

第六十四条 自处理、处分或者复查决定书送达之日起，学生在申诉期内未提出申诉的视为放弃申诉，学校或者省级教育行政部门不再受理其提出的申诉。

处理、处分或者复查决定书未告知学生申诉期限的，申诉期限自学生知道或者应当知道处理或者处分决定之日起计算，但最长不得超过6个月。

第六十五条 学生认为学校及其工作人员违反本规定，侵害其合法权益的；或者学校制定的规章制度与法律法规和本规定抵触的，可以向学校所在地省级教育行政部门投诉。

教育主管部门在实施监督或者处理申诉、投诉过程中，发现学校及其工作人员有违反法律、法规及本规定的行为或者未按照本规定履行相应义务的，或者学校自行制定的相关管理制度、规定，侵害学生合法权益的，应当责令改正；发现存在违法违纪的，应当及时进行调查处理或者移送有关部门，依据有关法律和相关规定，追究有关责任人的责任。

第七章 附则

第六十六条 学校对接受高等学历继续教育的学生、港澳台侨学生、留学生的管理，参照本规定执行。

第六十七条 学校应当根据本规定制定或修改学校的学生管理规定或者纪律处分规定，报主管教育行政部门备案（中央部委属校同时抄报所在地省级教育行政部门），并及时向学生公布。

省级教育行政部门根据本规定，指导、检查和监督本地区高等学校的学生管理工作。

第六十八条 本规定自2017年9月1日起施行。原《普通高等学校学生管理规定》（教育部令第21号）同时废止。其他有关文件规定与本规定不一致的，以本规定为准。

参考文献

一、主要教育类法律、法规、规章及规范性文件

中华人民共和国宪法

中华人民共和国教育法

中华人民共和国高等教育法

中华人民共和国学位条例

中华人民共和国治安管理处罚法

中华人民共和国刑法

学校招收和培养国际学生管理办法（教育部令第 42 号）

普通高等学校学生管理规定（教育部令第 41 号）

高等学校预防与处理学术不端行为办法（教育部令第 40 号）

普通高等学校招生违规行为处理暂行办法（教育部令第 36 号）

学位论文作假行为处理办法（教育部令第 34 号）

国家教育考试违规处理办法（教育部令第 33 号）

高等学校信息公开办法（教育部令第 29 号）

高等学校消防安全管理规定（教育部令第 28 号）

高等学校档案管理办法（教育部令第 27 号）

学校食堂与学生集体用餐卫生管理规定（教育部令第 14 号）

学生伤害事故处理办法（教育部令第 12 号）

高等学校校园秩序管理若干规定（国家教委令第 13 号）

教育部办公厅《关于进一步规范普通高等学校转学工作的通知》（教学厅〔2015〕4 号）

教育部关于印发《高等学校学生学籍学历电子注册办法》的通知（教学〔2014〕11 号）

教育部关于公布《高等学校信息公开事项清单》的通知（教办函〔2014〕23 号）

共青团中央办公厅　教育部办公厅关于转发《中华全国学生联合会关于加强

和改进高校学生会研究生会建设的指导意见》的通知（中青办联发〔2014〕3 号）

教育部关于印发《全面推进依法治校实施纲要》的通知（教政法〔2012〕9 号）

高等学校勤工助学管理办法（教财〔2007〕7 号）

教育部关于印发《高等学校学生行为准则》的通知（教学〔2005〕5 号）

教育部共青团中央关于加强和改进高等学校校园文化建设的意见（教社政〔2004〕16 号）

教育部关于进一步加强高等学校学生公寓管理的若干意见（教发〔2002〕6 号）

教育部关于加强高等学校学生公寓安全管理的若干意见（教社政〔2002〕9 号）

教育部关于印发《高等教育学历证书电子注册管理暂行规定》的通知（教学〔2001〕4 号）

教育部关于印发《高等学校计算机网络电子公告服务管理规定》的通知（教社政〔2001〕10 号）

原国家教委关于印发《高等学校内部保卫工作规定（试行）》的通知（教政〔1997〕3 号）

原国家教委关于颁布试行《中国普通高等学校德育大纲》的通知（教政〔1995〕11 号）

原国家教委关于试行《普通高等学校学生安全教育及管理暂行规定》的通知（教学〔1992〕7 号）

二、中文、译文图书类文献

陈传明、周小虎：《管理学原理》，机械工业出版社 2007 年版。

辞海编辑委员会：《辞海》（1999 年版缩印本：音译），上海辞书出版社 2002 年版。

高铭暄、马克昌：《刑法学（第三版）》，北京大学出版社、高等教育出版社 2007 年版。

江平：《民法学》，中国政法大学出版社 2007 年版。

蒋碧昆：《宪法学（修订本）》，中国政法大学出版社 1999 年版。

姜明安：《行政法与行政诉讼》（第二版），法律出版社 2006 年版。

焦洪昌：《宪法学》，中央广播电视大学出版社 2004 年版。

湛中乐：《大学法治与权益保障》，中国法制出版社 2011 年版。

李华：《法治视野中高校学生管理权研究》，人民出版社 2015 年版。

李仁燕：《高校内部行政法律关系论》，中国政法大学出版社 2009 年版。

刘凯湘：《民法总论》（第 3 版），北京大学出版社 2011 年版。

刘作翔：《中国法治进程中的权利冲突——权利冲突典型案例剖析及其理论问题的思考》，载《中国法理学论坛》，中国人民大学出版社 2006 年版。

刘作翔：《法理学》，社会科学文献出版社 2005 年版。

罗国杰：《马克思主义伦理学》，人民出版社 1982 年版。

马焕灵：《高校学生纪律处分纠纷及其处理》，教育科学出版社 2011 年版。

孙玉荣：《科技法学》，北京工业大学出版社 2013 年版。

苏林：《行政契约：中国高校与学生新型法律关系研究》，教育科学出版社 2011 年版。

王海明：《伦理学原理（第三版）》，北京大学出版社 2009 年版。

夏民：《法学视野中的大学自治——以大学权力为中心的分析》，江苏大学出版社 2009 年版。

杨琼：《治理与制衡——学校法人论》，教育科学出版社 2011 年版。

赵曜、王伟光等：《马克思列宁主义基本问题》，中共中央党校出版社 2001 年版。

张文显：《法理学》，高等教育出版社、北京大学出版社 2007 年版。

张耀灿、郑永廷、刘书林等：《现代思想政治教育学》，人民出版社 2006 年版。

张立刚：《高校学生事务管理中的法律问题相关案例研究》，山东大学出版社 2015 年版。

中共中央党史研究室：《中国共产党的九十年》，中共党史出版社、党建读物出版社 2016 年版。

［法］卢梭：《社会契约论》，商务印书馆 2011 年版。

［美］E. 博登海默著：《法理学——法律哲学与法律方法》，邓正来译，中国政法大学出版社 1999 年版。

［美］伯尔曼著：《法律与宗教》，梁治平译，商务印书馆 2012 年版。

三、中文期刊、报纸类文献

程东宁：《管理人员无权"私闯"学生公寓》，《长江日报》2003 年 1 月 8 日。

程琥：《高等学校处分学生应遵循正当程序原则》，《教育发展研究》2006 年第 15 期。

郭建钢、林燕、官巧燕、苏健涵：《高校大学生转专业现状分析与思考》，《湖北经济学院学报》（人文社会科学版）2013 年第 5 期。

郭勤一：《大学生参与高校民主管理的实践探析》，《高校辅导员学刊》2015年第3期。

季卫东：《法律程序的意义——对中国法制建设的另一种思考》，《中国社会科学》1993年第1期。

劳凯生：《教育体制改革中的高等学校法律地位变迁》，《北京师范大学学报（社会科学版）》2007年第2期。

李华：《从司法监督审视高校学生管理行为》，《现代教育管理》2010年第9期。

李华：《论高校学生管理权的权限与扩张——兼评高校学生管理权的法律属性》，《现代教育管理》2009年第8期。

李华：《大学章程的性质与效力审视》，《四川师范大学学报》（社会科学版）2012年第4期。

李华：《高等学校辅导员的双重角色困境与协调路径——基于高等学校辅导员双重职责分析》，《四川师范大学学报》（社会科学版）2012年第4期。

李华：《高等学校与高校学生的法律关系》，《学校党建与思想政治教育》2010年第11期。

李华、李刚：《高校学生事务管理法治化探析》，《高校辅导员》2011年第2期。

李辉：《论文造假被开除学籍　在读研究生将兰大告上法庭》，《兰州晨报》2015年10月24日第A03版

刘长平：《大学生民主参与高校学生管理探析》，《高等农业教育》2013年第11期。

柳园：《大学章程——权力的边界》，《教育与职业》2011年第10期。

潘爱国：《论我国高等教育申诉制度的完善——关于学生申诉权问题》，《山西师大学报》（社会科学版）2011年第11期。

秦洁：《革命文化：中华民族最为独特的精神标识》，《红旗文稿》2016年第17期。

隋璐璐、王洛忠：《在大学生中培育和践行社会主义核心价值观的路径探析》，《思想教育研究》2014年第2期。

王伟光：《指导和推动中国特色社会主义伟大实践的科学指南——学习〈习近平总书记系列重要讲话读本〉》，《光明日报》2014年6月26日第02版。

吴玉萍：《基于大学治理权平衡视角的大学章程建设研究》，《中国高教研究》2011年第9期。

吴威威：《爱好和平：中华民族精神的重要体现》，《中共济南市委党校学报》

2003 年第 2 期。

吴涛、贺宏斌：《高校学生纪律处分解除制度的法治构建》，《中北大学学报》（社会科学版）2014 年第 2 期。

辛鸣：《理论新飞跃　行动新指南　斗争新武器》，《中国共青团》2016 年第 11 期。

夏鑫：《团结统一：中华民族精神的首要前提》，《中共济南市委党校学报》2003 年第 2 期。

尹晓敏：《高校处分权行使的程序规范要论》，《高等工程教育研究》2005 年第 1 期。

杨立成、李华：《高等学校学生处分正当性论纲》，《现代教育管理》2012 年第 7 期。

岳宗德、王志立：《高校学生诚信教育：缘由、机制》，《黄河科技大学学报》2005 年第 1 期。

湛中乐：《现代大学治理与大学章程》，《中国高等教育》2011 年第 9 期。

湛中乐、徐靖：《通过章程的现代大学治理》，《法制与社会发展》2010 年第 3 期。

朱喜坤：《勤劳勇敢：中华民族精神的重要内容》，《中共济南市委党校学报》2003 年第 2 期。

曾洁雯：《论在高校学生管理中引入听证制度的必要性与可行性》，《教育探索》2006 年第 1 期。

四、电子文献

《中共中央办公厅印发关于培育和践行社会主义核心价值观的意见》，http：//news. xinhuanet. com/politics/2013 – 12/23/c_ 118674689. htm，2013 年 12 月 23 日。

《习近平：青年要自觉践行社会主义核心价值观——在北京大学师生座谈会上的讲话》，http：//www. moe. edu. cn/publicfiles/business/htmlfiles/moe/moe_ 176/201405/167911. html，2014 年 5 月 5 日。

《教室接吻认定为非法性行为　成都两大学生被退学》，新华网：http：//news. xinhuanet. com/newscenter/2004 – 09/03/content_ 1941969. htm，2004 年 9 月 3 日。

《贷款逾期不还比例攀高　大学生老赖吓退银行助学》，腾讯网：http：//fj. qq. com/a/20120705/000326. htm，2012 年 7 月 5 日。

《河南"王娜娜被冒名上大学"事件 9 名责任人受处分》，新华网：http：//news. xinhuanet. com/2016 –03/19/c_ 1118382678. htm，2016 年 3 月 19 日。

《中纪委机关报评"真假王娜娜"：疑问需要回应》，中国教育与科研计算机网：http：//www.edu.cn/zhong_ guo_ jiao_ yu/jiao_ yu_ ping_ lun/te_ bie_ tui_ jian/201603/t20160321_ 1378124.shtml，2016 年 3 月 21 日。

《不让一个学生因家庭经济困难而失学——2016 年国家学生资助政策简介》，教育部官网：http：//www.moe.edu.cn/jyb_ xwfb/xw_ fbh/moe_ 2069/xwfbh_ 2016n/xwfb_ 160825/160825_ sfcl/201608/t20160825_ 276654.html。

《大学转专业利弊分析》，来源：http：//www.v4.cc/News – 1904784.html。

《教育部对湖南某大学违规办理研究生转学相关责任人作出处理》，教育部官网：http：//www.moe.gov.cn/jyb_ xwfb/gzdt_ gzdt/s5987/201501/t20150130_ 185502.html。

《高校转学的监管门槛有多高？——从湖南某大学 17 名转校研究生事件说起》，新华网：http：//education.news.cn/2015 – 01/27/c_ 1114150383.htm。

《湖南某大学一次性接受 17 名外校研究生转入 被批"转学腐败"》，http：//www.peixunwang.com.cn/hy/gnjy/2015 – 01 – 29/19224.html。

《2013 年国家鼓励大学生应征入伍服义务兵役政策》，大学生征兵网：http：//www.0730hao.cn/Article/jjdt/24468.html

《田某诉北京某科技大学拒绝颁发毕业证、学位证案》，中国法院网：http：//www.chinacourt.org/article/detail/2014/12/id/1524355.shtml

《某政法大学学费不缴清不能评三好 学生质疑》，http：//news.hsw.cn/2008 – 11/02/content_ 10374940.htm，2008 年 11 月 2 日。

《论文造假被开除学籍 学生诉校方法院维持原判》，新华网：http：//news.xinhuanet.com/legal/2016 – 03/08/c_ 128782564.htm，2016 年 3 月 8 日。

龚思红：《某矿大学生宿舍内电脑失窃状告学校败诉》，http：//old.china-court.org/html/article/200606/16/208704.shtml，2006 年 6 月 16 日。

李永胜：《辩证把握"四个自信"的关系》，http：//theory.gmw.cn/2016 – 09/13/content_ 21951883.htm。

晋浩天：《〈普通高等学校学生管理规定〉：让学生成为"主人翁"》，http：//gaojiao.jyb.cn/gjsd/201702/t20170217_ 696114.html，2017 年 2 月 17 日。

五、参考案例

江西省高级人民法院行政判决书（2015）赣行终字第 16 号，中国法院网：http：//www.chinacourt.org/article/detail/2014/12/id/1524367.shtml

后　记

　　《普通高等学校学生管理规定》是高校学生管理的重要法律依据。为了帮助广大高校学生管理工作者更好地理解和适用学生管理规定，为了帮助广大学生更好理解和自觉遵守学生管理规定，我们利用业余时间撰写了这本书，以理论研究者和管理实践者的双重身份，把我们对《普通高等学校学生管理规定》的认知和感悟与读者分享。

　　本书也是《法治视野中高校学生管理权研究》（李华著，人民出版社 2015 年版）的姊妹作品。

　　本书的条文释义和热点问题由李华研究员撰写，典型案例由赵建副教授撰写，全书由李华研究员统筹。全书所有案例涉及的学校和学生，作者均进行了化名处理。

　　由于作者受知识水平、学术造诣所限，书中难免存在浅薄、错误之处，敬请同行们批评指正，也希望同行们能将批评、指正与建议以电子邮件的方式反馈给我们（我们的电子邮箱为 lihualan@126.com）。我们将虚心接受，并争取再版时改正。

　　同时，感谢经济管理出版社曹靖为本书出版所付出的辛勤努力！

编著者

2017 年 7 月 16 日